U0963065

“十三五”全国航海类专业职业教育创新教材
“十二五”职业教育国家规划教材
经全国职业教育教材审定委员会审定
全国交通运输职业教育教学指导委员会规划教材

船舶操纵

主　编　孙　琦　应静华
主　审　尤庆华

大连海事大学出版社

© 孙琦　应静华 2019

图书在版编目(CIP)数据

船舶操纵 / 孙琦，应静华主编. — 大连 ：大连海事大学出版社，2019.11(2023.12 重印)

"十三五"全国航海类专业职业教育创新教材 "十二五"职业教育国家规划教材

ISBN 978-7-5632-3891-0

Ⅰ. ①船…　Ⅱ. ①孙… ②应…　Ⅲ. ①船舶操纵－高等职业教育－教材 Ⅳ. ①U675.9

中国版本图书馆 CIP 数据核字(2019)第 257562 号

大连海事大学出版社出版

地址:大连市黄浦路523号　邮编:116026　电话:0411-84729665(营销部)　84729480(总编室)

http://press.dlmu.edu.cn　E-mail:dmupress@dlmu.edu.cn

大连金华光彩色印刷有限公司印装　　大连海事大学出版社发行

2019 年 11 月第 1 版　　2023 年 12 月第 2 次印刷

幅面尺寸:184 mm×260 mm　印张:16.5　字数:355 千

出版人:刘明凯

责任编辑:宋彩霞　　责任校对:孙延彬　陈青丽

封面设计:张爱妮　　版式设计:张爱妮

ISBN 978-7-5632-3891-0　定价:41.00 元

总　序

随着我国产业结构优化升级不断加快和经济发展质量不断提高，职业教育重要地位和作用越来越凸现。为了适应我国经济社会不断发展的需要，职业教育改革形势迫在眉睫。《国家职业教育改革实施方案》(国发〔2019〕4号)指出：改革开放以来，职业教育为我国经济社会发展提供了有力的人才和智力支撑，现代职业教育体系框架全面建成，服务经济社会发展能力和社会吸引力不断增强，具备了基本实现现代化的诸多有利条件和良好工作基础。

航海职业教育在我国航海人才培养板块中占举足轻重的地位，培养了大批水上运输技术技能人才。“十三五”以来，航海职业教育改革不断深化，航海专业课程教学与教材的推陈出新是提高海员专业素质的直接抓手。为此，全国交通运输职业教育教学指导委员会航海类专业指导委员会，组织各校航海类专家在“经全国职业教育教材审定委员会审定的‘十二五’职业教育国家规划教材”基础上适当增加了其他课程教材，编写了“‘十三五’全国航海类专业职业教育创新教材”。本套教材具有如下三个创新点：

其一，紧密结合轮机工程技术和航海技术两个专业的国家级教学资源库、专家教学研究成果等立体化数字资源。本套教材以二维码的形式将传统教材与资源库、教学研究成果有机结合，实现了教学方法上的创新性，便于学生自学和知识扩展。

其二，紧密结合国家有关船员职业培训新规定。本套教材内容紧扣《中华人民共和国海船船员适任考试和发证规则》及《海船船员培训大纲(2016版)》等文件，覆盖规则和大纲的全部内容。

其三，紧密结合前沿的生产技术和衔接新老编写团队工作。本套教材新增企业一线技术人员参与编写，将前沿的生产技术和管理资料应用到教学工作，并在“经全国职业教育教材审定委员会审定的‘十二五’职业教育国家规划教材”基础上适当增加了其他课程教材，充分体现了知识和技能的实用性、先进性。

本套教材主要用作航海类院校相关专业学生学习用书，也可作为海船船员适任培训相关课程的学习资料。

全国交通运输职业教育教学指导委员会对本套教材的编写提出了许多好的建议。全国航海职教联盟和中国交通教育研究会职教分会专家库的专家们积极参与了有关教材的编写和审定。大连海事大学出版社为本套教材的出版做了大量的卓有成效的工作。在此一并表示衷心的感谢。

全国交通运输职业教育教学指导委员会
航海类专业指导委员会
2019年8月

总 序

编者的话

本书是为了履行《STCW 公约马尼拉修正案》中的规定，根据《中华人民共和国船员培训管理规则》及交通运输部编制的《海船船员培训大纲（2016）》的要求，按照《全国交通运输行业职业教育教学指导委员会高职航海技术专业教学标准与课程标准》中“船舶操纵”课程的基本内容和要求编写的。在编写过程中，编者注重理论与实践的紧密结合，精简过于深奥的操纵理论，注重实践的需求，力求做到概念清晰、理论正确、重点突出、文字通顺，并参考和引用航海教学资源库的相关内容，力求做到立体化，内容能够覆盖《海船船员培训大纲（2016）》的要求，便于自学。

本书由上海海事职业技术学院孙琦、应静华主编，上海海事大学尤庆华教授主审。其中，第一章、第三章、第四章、第五章由孙琦编写，第二章、第六章、第七章由朱金善编写，第八章由张兴芝编写，胡一民充实了第二章、第四章部分内容，应静华充实了第一章、第三章、第四章、第七章部分内容。第二、四、七章的近 50 幅插图由上海海事职业技术学院沈玉龙绘制。本书第一章至第七章立体化资源由应静华编制，第八章立体化资源由张兴芝编制。

由于编者水平有限，时间仓促，书中不足和错误之处在所难免，望同行及读者批评指正。

编　者

2019 年 10 月

编者的话

目　录

第一章

船舶操纵性能

【本章学习目标】

船舶的航行环境包括气象、水文和航行水域等因素。船舶在海上航行时，其运动状态不可避免将受到风和流的影响。此外，在受限水域航行时，船舶的运动状态还会受到水域宽度、水深等因素的影响。

【本章要求】

(1)掌握船舶变速性能、旋回性能、航向稳定性和保向性及其影响因素；
(2)掌握载重量、吃水、纵倾、航速和龙骨下水深对旋回圈和冲程的影响；
(3)了解船舶操纵性试验和IMO船舶操纵性衡准的基本内容；
(4)熟悉螺旋桨的致偏作用及其运用；
(5)了解侧推器的作用；
(6)熟悉舵的性能及舵效的影响因素。

第一节　船速与主机功率

一、阻力与推力

1. 阻力

船舶以某一速度在水面上航行时，将受到空气和水的阻碍作用，这种与船体运动方向相反的流体作用力称为船舶阻力，用 R 表示。船舶阻力按其形成的性质可分为空气阻力和水阻力，按其特征又可分为基本阻力 R_0 和附加阻力 ΔR 两部分，即 $R = R_0 + \Delta R$。

基本阻力 R_0(main resistance)是新出坞的裸体船(不包括附属体)在平静水面行驶

时水对船体产生的阻力。基本阻力由摩擦阻力 R_f(frictional resistance)、涡流阻力(形状阻力)R_e(eddy-making resistance)和兴波阻力 R_w(wave-making resistance)组成,后两者通常也称为剩余阻力 R_r(residual resistance),也即压差阻力。

摩擦阻力:当船体对水运动时,由于水的黏性,在船体周围水和船体湿表面之间产生的阻力。它的大小取决于船体的湿水面积、船体的粗糙度和船速,与船体湿表面面积成正比,与航速的 1.825 次方成正比。

兴波阻力:船舶在对水运动时产生船行波,沿船体周围的水的流速和压力将发生变化,在船首出现高波峰,在船尾出现低波峰,水位上升,压力增高;船中出现波谷,水位下降,压力降低,这种沿船体首尾方向由于兴波而构成压力差所产生的阻力称为兴波阻力。兴波阻力一般与航速的 4 ~6 次方成正比。

涡流阻力:船舶以一定航速对水运动时,在船体表面形状急剧变化处产生涡流,这种涡流形成的阻力称为涡流阻力。由于该阻力与船体的形状和对水流的位置有关,所以又称为形状阻力。它的大小与航速的平方成正比。

附加阻力由污底阻力 R_F(fouling resistance)、附体阻力 R_A(appendage resistance)、空气阻力 A_x(air resistance)和汹涛阻力 R_R(rough water resistance)组成。

污底阻力:水下船体生锈及海洋生物附着其上,使得该部分湿表面变得粗糙,导致阻力增加,这部分增加的阻力称污底阻力。

附体阻力:由于舵、舭龙骨及轴包架等附体对水运动而增加的一部分阻力。

空气阻力:空气作用于水面上的船体及上层建筑而产生的阻力。

汹涛阻力:船舶在风浪中航行,由于风、浪的作用及船身的剧烈摇摆运动而产生的阻力。

对于给定的船舶,其基本阻力(含 3 级风以下的空气阻力)的大小取决于该船的吃水和船速。当船速 v_S 一定时,基本阻力随吃水的增加而增加;当吃水 d 一定时,基本阻力随船速的提高而增加,在船速较低时,基本阻力与船速的关系近似于线性变化关系,而船速较高时,基本阻力随船速的增大而急剧增大,约与船速的平方成正比。其原因在于,船速较低时,摩擦阻力占基本阻力的比例较高;而船速较高时,则剩余阻力,尤其是兴波阻力,所占的比例将愈来愈大。虽然摩擦阻力在数值上也有增大,但其所占的比例却大大下降。基本阻力中各阻力占总阻力的比例随航速而变,在一般商船速度范围内,摩擦阻力所占比例最大,占总阻力的 70% ~80%,低速时所占比例更大;随着船速的提高,兴波阻力所占比例将增大;涡流阻力一般不足 10%,船型优良的船舶可在 5% 以下,而短宽肥大型船舶的涡流阻力所占比例较大。

附加阻力的大小取决于风浪大小、船体污底轻重、船型、载况以及航道浅窄情况。对商船而言,由于其速度不高,空气阻力仅占总阻力的 2% ~4%。

2. 推力

(1)推进器

推动船舶运动(前进或后退)的工具总称为推进器(propeller)。目前,机动船舶应用最广泛的推进器是螺旋桨(screw propeller),且大多为固定螺距螺旋桨(fixed pitch propeller, FPP)。可变螺距螺旋桨(controllable pitch propeller, CPP)虽然结构较为复杂,维修保养较为困难,但由于它是通过调节桨叶的螺距角来进行停车、正车、倒车操纵的,无须改变螺旋桨的旋转方向和转速即可达到换向目的,因而具有实施操纵快捷方便、停车性能良好的优点,现已开始用于一些现代化船舶上。其他种类的推进器还有明轮推进器、平旋式推进器、喷水推进器、Z 形推进器和悬挂式推进装置等。其中,近年来刚刚开始引入商船的悬挂式推进装置因其独特的设计而具有环保和节能的优点,被认为代表着推进器未来的发展方向。

船舶大多装有一只螺旋桨,称为单桨船。单桨船的螺旋桨按其旋转方向又可分为右旋式和左旋式两种。从船尾往船首看,正车时,螺旋桨做顺时针旋转,倒车时,做逆时针旋转,这种螺旋桨称为右旋式螺旋桨;反之,称为左旋式螺旋桨。目前,大多数商船均采用右旋式螺旋桨。

有些船舶出于操纵上的特殊需要而装有两只螺旋桨,左右各一只,称为双桨船。双桨船的螺旋桨按其旋转方向可分为外旋式和内旋式两种。进车时,左舷螺旋桨左转,右舷螺旋桨右转,则称为外旋式;反之,称为内旋式。一般 FPP 双桨船多采用外旋式,而 CPP 双桨船则多采用内旋式。

(2)推力

在主机驱动下,螺旋桨正车旋转时推水向后运动,水对螺旋桨的反作用力在船首方向的分量就是推船前进的推力 T(thrust),倒车时则产生指向船尾的拉力。流向螺旋桨盘面的水流称为吸入流(suction current);离开螺旋桨盘面的水流称为排出流(discharge current)。吸入流的特点是流速较慢,范围较广,流线几乎相互平行;排出流的特点是流速较快,范围较小,水流旋转剧烈(如图 1-1 所示)。

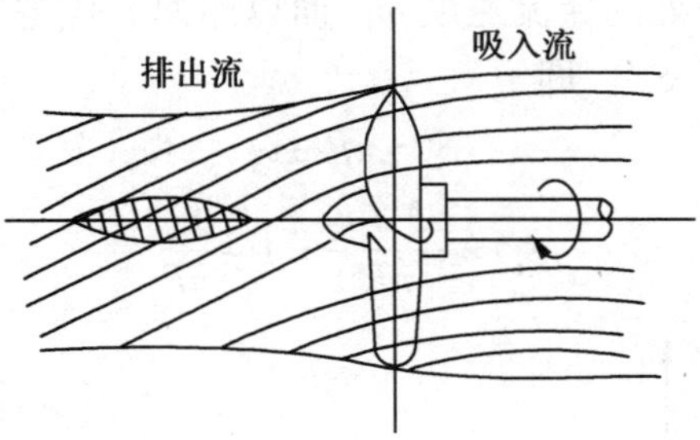

图 1-1 吸入流与排出流

螺旋桨在产生推力的同时,受到水的旋转阻力矩的作用,为此主机必须给螺旋桨提供一个与旋转阻力矩大小相等、方向相反的力矩,螺旋桨才能稳定保持某一转速 n。螺旋桨工作时受到的阻力矩称为转矩 Q。

对于给定的船舶,其螺旋桨推力和转矩的大小与转速 n、船速 v_s 以及螺旋桨桨轴在水中的沉深 h 有关。当船速一定时,转速越高,推力越大,且推力与转速的平方成正比,转矩也与转速的平方成正比;当转速一定时,船速越低,推力越大,随着船速的提高,推力逐渐下降,当船速为零(相当于系泊状态)时,推力最大。我们已经知道,船体的阻力是随船速的提高而增加的,由此可以看出推力和阻力之间的关系:当推力大于阻力时,船舶做加速行驶运动；当推力等于阻力时，船舶做匀速行驶运动；当推力小于阻力时，船舶做减速行驶运动。

螺旋桨桨轴在水中的沉深，即螺旋桨没入水中的深度对螺旋桨的推力也有较大影响。若螺旋桨没入水中的深度不足，则螺旋桨转动时会造成空气吸入现象，有时甚至会有部分桨叶露出水面，这些都会使螺旋桨的推进效率大大降低，螺旋桨的推力和转矩也将相应大大降低。

由于螺旋桨及主机结构方面的原因，在相同的转速、航速条件下，一般船舶倒车拉力只有进车推力的60% ~70%，大型船舶仅有进车推力的30% ~40%。

(3)滑失(slip)与滑失比(slip ratio)

由于螺旋桨是在水中运动而非在刚性介质中运动，所以常会发生滑失现象，即螺旋桨旋转一周后前进的距离 h_p 较螺距 P 小。同样，若螺旋桨转速为每秒 n 转，则其前进速度 v_P 比理论上应能前进的速度 nP 小。

螺距 P 与进程 h_p 之差，称为真滑失 S，即 $S = P - h_p$，如图 1-2 所示。螺旋桨理论上应能前进的速度 nP 与螺旋桨实际对水速度 v_p 之差，称为滑失速度，也可称为真滑失 S，即 $S = nP - v_P$。

真滑失与螺距之比，称为真滑失比 S_r，或定义为滑失速度与理论上可以前进的速度 nP 之比。即

$$S_r = \frac{P - h_p}{P} = 1 - \frac{h_p}{P} \tag{1-1}$$

或

$$S_r = \frac{nP - v_p}{nP} = 1 - \frac{v_p}{nP} \tag{1-2}$$

若不考虑螺旋桨盘面处的伴流速度 ω_P，而以船速 v_s 代替上述各式中的 v_P，则分别称为虚滑失 S' 和虚滑失比 S_r'。即

$$S' = nP - v_s \tag{1-3}$$

或

$$S_r' = \frac{nP - v_s}{nP} = 1 - \frac{v_s}{nP} \tag{1-4}$$

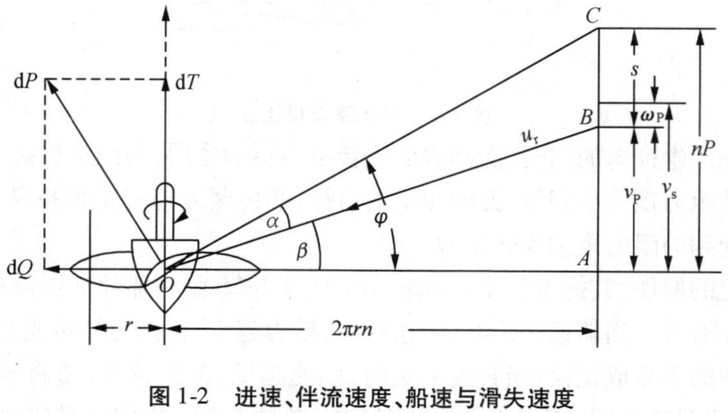

图 1-2 进速、伴流速度、船速与滑失速度

从图 1-2 可知，螺旋桨所能给出的推力和转矩的大小取决于螺旋桨的转速和螺旋桨的滑失(比)。当转速一定时，滑失越大，滑失比越高，则冲角 α 便越大，所得到的推

力就越大。由此可见，对于给定的船舶，当转速一定时，船速越低，滑失比越大，推力越大。当船速不变时，提高转速，滑失比增大，推力也将增大。在受限水域内操纵船舶，为提高舵效，往往采取先降速，即降低了螺旋桨进速 v_P，然后再加大转速 n 的措施，以尽可能地提高滑失比 S_r，其原因也正在于此。

滑失比的大小与船舶运动状态和螺旋桨的转速有关。对一艘给定的船舶而言，船体污底越重，海面状况越差，相同转速下船速越低，或相同船速下转速越高，或伴流速度越大时，滑失也就越大。此外，若船舶航行于浅窄航道中，或船舶浮态发生变化（如吃水增加、过大的首倾），则同样转速下，船速越低，滑失比就越大。在操纵中，我们可借助于提高滑失比来增加舵效。但滑失比长期较高或短时间过高的状态，对主机安全运转是极其不利的。这是因为当滑失比增加时，在增加螺旋桨推力的同时，也增加了螺旋桨的转矩，也即需要主机克服更大的转矩，容易使主机超负荷运转。因此，船舶在高速前进中突然高速倒车，后退中突然高速进车，或者静止中突然高速进车或倒车，往往会使主机超负荷工作，容易引起主机损坏，应予避免。

另外，从图 1-2 可看出，当螺旋桨处的伴流增加时，螺旋桨的滑失比也增加，推力随之增加，从而提高了螺旋桨的推进效率。但与此同时，舵叶处的来流速度会因此而降低，因而降低了舵效。

二、主机功率

1. 主机功率的分类

(1)最大持续输出功率

主机在平台试验时由测功器在飞轮端测得的最大有效功率，又称铭牌功率或额定功率，用 *MCR*(Max. continuous rating)表示。

(2)约定最大持续输出功率

船上实际使用的最大持续输出功率，是配桨的功率。该功率和转速均低于额定功率，一般用 *SMCR* 或 *CMCR* 表示。*SMCR* 是 90% *MCR*；*CMCR* 是 85% *MCR*，通常称为服务功率。

(3)过载(应急)输出功率

过载输出功率是指可供短时间使用的超过约定最大持续输出功率的输出功率。

(4)倒车输出功率

倒车输出功率是指倒车时的最大输出功率。

上述输出功率将因船舶类型和机型而有差异，一般情况下如表 1-1 所示。

表 1-1　主机输出功率的相互比较

种类	输出功率比	种类	输出功率比
最大持续输出功率	100%	过载(应急)输出功率	105% ~110%
约定最大持续输出功率	85% ~90%	倒车输出功率	40% ~70%

2. 有关推进功率名称和推进效率

从功率的传递情况看，主机发出的功率，除了驱动螺旋桨转动产生推力为船舶运动提供有效功率外，还必须提供驱动螺旋桨产生相应转矩所需要的功率，此外主机所发出的功率传至螺旋桨之前始终存在着摩擦等各类机械性损耗。因此，主机发出的功率比最终推动船舶运动所需的功率要大。实际上船舶航行所需功率仅有主机产生功率的一半左右。

(1)推进功率名称

主机发出的功率称为机器功率 *MHP*(machinery horse power)。根据主机种类的不同，其测定机器功率的部位不同，机器功率在不同类型的主机中就有不同表示。柴油机用 *BHP* 表示，汽轮机用 *SHP* 表示，蒸汽机则用 *IHP* 表示。

①主机指示功率 *IHP*(indicated horse power)

主机指示功率是主机在气(汽)缸内产生的功率。

②轴功率 *SHP*(shaft horse power)或制动功率 *BHP*(brake horse power)

轴功率是指由曲轴输出端测得的功率，也就是主机有效功率 *MHP*。由于轴上的负荷有使主机制动的趋势，故轴功率又称制动功率。

③推进器收到功率 *DHP*(delivered horse power)

收到功率是指主机传递至主轴尾端，通过船尾轴管(stern tube)提供给螺旋桨的功率。

④推力功率 *THP*(thrust horse power)

推力功率是指推进器获得收到功率后，产生推船行进的功率。它等于推进器发出的推力 T 和推进器的进速 v_P 的乘积，即

$$THP = T \cdot v_P \tag{1-5}$$

⑤船舶有效功率 *EHP*(effective horse power)

船舶有效功率是指船舶克服阻力 R 而保持一定船速 v_s 所消耗的功率，它等于船舶阻力与船速的积，即

$$EHP = R \cdot v_s \tag{1-6}$$

(2)各功率之间的关系

①传递效率 η_C：收到功率 *DHP* 与机器功率 *MHP* 之比，即 *DHP/MHP*，称为传递效率。该值通常为 0.95 ~ 0.98。中机型船该值为 0.95 ~ 0.97；尾机型船该值约为 0.97 ~ 0.98。

②推进系数 C_t：船舶有效功率 *EHP* 与机器功率 *MHP* 之比，即 *EHP/MHP*，称为推进系数，也称推进效率。该值一般为 0.50 ~ 0.70。也就是说，主机发出的功率变为船舶推进有效功率后损失将近一半。

③推进器效率 η_P：有效功率 *EHP* 与收到功率 *DHP* 之比，即 *EHP/DHP*，称为推进器效率，该值为 0.60 ~ 0.75。

三、船速的分类及测定

1. 船速的分类

(1)额定船速

对于根据一定标准验收后的主机,其标称输出功率,也就是可供海上长期安全使用的最大功率,即为该主机的额定功率。在可以忽略浅水影响的平静深水域中,在主机功率为额定功率稳定输出的条件下,所得到的主机稳定的转速称为主机的额定转速。

在可以忽略浅水影响的深水中,在额定功率和额定转速的条件下,船舶所能达到的静水中航速,即为该船的额定船速。它是船舶在深水中可供使用的最高船速。该船速并非一直不变的,新船投入营运后,由于主机的磨损和船体的陈旧,船速会有所降低。

(2)海上船速(sea speed)

为适应海上和船舶本身各种情况的变化,确保长期安全航行,在配桨时需留有适当的功率储备。因此,主机的海上常用功率通常为额定功率的85% ~90%;相应的海上常用转速则为额定转速的93% ~97%。

主机在海上常用输出功率和海上常用转速运转下,在深水中航行所得到的静水船速即为海上船速。

(3)港内船速(harbour speed)

港内航行时,船舶密集,水浅弯多,航行阻力增大,用舵频繁。为保护主机以及便于操纵和避让,港内航行的最高船速应比海上船速低。通常所说的备车船速、操纵船速和港内船速都是将主机输出功率降为常用功率的一半左右所得到的船速,此时的转速最高为海上常用转速的70% ~80%。

主机以港内功率和转速在深水中航行的静水船速即为港内船速。港内船速按主机输出功率的比例不同除可划分为"前进三""前进二""前进一"之外,尚有"微速前进"一挡;微速前进时的功率和转速,是主机可以输出的最低功率和最低转速。同样,倒车一般也分为"后退三""后退二""后退一",但多无"微速后退"一挡。通常港内"后退三"时的转速为海上常用转速的60% ~70%。

应当指出的是,在港内或某些内海航区或水道内,为保证安全,往往规定有最高限速。对高速船舶而言,如本船所用的港内船速高于该限速,则应遵照相应水域内的限速规定行驶。

(4)经济船速(economic speed)

在海上航行中,以节约燃料消耗、降低营运成本、提高营运效率为目的,根据航线条件等特点而采用的船速称为经济船速,有最低耗油率船速、最低营运费用船速、最大盈利船速三种。

①最低耗油率船速。动力装置每小时燃油消耗最低时的静水船速称为最低耗油率船速。柴油机在推进特性下工作,当功率与转速变化时,一般在85%负荷时耗油率最小,所以燃油消耗率最低时的船速即为经济船速。若柴油机在航行时经常处于较高负

荷下工作,应尽量使用最低耗油率船速。该船速仅考虑了柴油机本身的经济性。

②最低燃油费用船速。每海里航程燃油消耗量最低所对应的船速即为最节油的经济船速,对一定的航程其燃油费用最少。最低燃油费用船速不仅考虑了柴油机本身的经济性,也考虑了航行条件的影响。在船舶经常停航待命和降速航行时,才可能使用最低燃油费用船速,因为长期降速航行对机器保养是不利的。

③最高盈利船速。最高盈利船速,即在营运期内盈利最大的船速。上述两种经济船速因其经济性的局限,所以不一定就是船舶最高的盈利船速,欲获得船舶最大的盈利船速,尚须考虑船舶的折旧费、客货的周转量、运输成本及利润等因素。不同的航区和船舶种类将有其相应的最大盈利船速,需要通过调研、统计及分析来加以确定。

营运船舶的最佳经济船速,应是单位运输成本最低的船速。利用经济船速运行,一般不需要增加投资,只要求具有严格的科学管理和熟练的操作技术,就能获得显著的经济效果。

2. 测速(speed trial)

船舶新出厂或经修理出厂后都要做测速试验,其目的在于求出转速和船速间的相互关系,也可用于验证船舶在一定主机输出功率下所能开出的船速与燃料消耗量的关系。

(1)测定条件

①测速时的主机输出功率分别定为额定功率的2/4、3/4、4/4、11/10(过载);海面状况良好时可追加1/4额定功率。

②船舶吃水以满载状态最为理想。通常油船应为满载状态,不能以满载状态试验的货船应为压载状态,螺旋桨的桨毂所处的水深应超过0.45倍的螺旋桨直径。

③测试水域应足够广阔、平静、风流影响甚小,来往船舶较少。水深以不影响船舶阻力为准,例如VLCC应在4d以上的水深中进行测速,而高速货船则应在10d以上的水深中进行测速(d为船舶实际吃水)。

(2)测定方法

①叠标法

利用专用测速水域中设置的具有一定距离S(1~3 n mile)的两组平行叠标,测定船舶以垂直于叠标方位的航向驶过两组叠标线所用的时间来求出船速的方法,即叠标法。

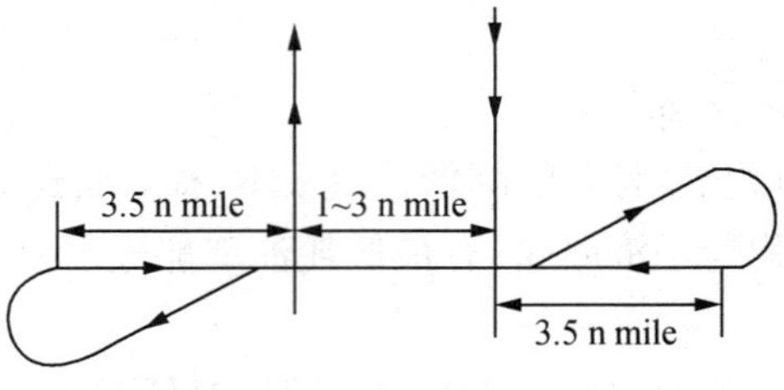

图1-3 叠标法测速示意图

在无风流影响时,通常测2次(一个往返)求其平均值即可;当有水流影响时,如属均匀流影响通常需要测 3 次，并用式(1-7)求取其值：

$$v_s = \frac{(v_1 + 2v_2 + v_3)}{4} \tag{1-7}$$

当有不均匀流影响时，则应测 4 次，并用式(1-8)求取其值：

$$v_s = \frac{(v_1 + 3v_2 + 3v_3 + v_4)}{8} \tag{1-8}$$

式中，v_1、v_2、v_3、v_4分别为各单次观测按次序算出的速度。

(2)抛板法

船舶以稳定的航向、转速做直线航进，两观测组分别设置在船首、尾处。自船首端将预先制作好的十字形小木架尽可能远地沿垂直于首尾线的方向抛出，当该小木架快要接近船尾端的横向方位时，通知船首迅速抛出下一个小木架。如船首尾抛板位置间的距离为 D，小木架移动所用时间为 t，则可根据抛出的木架数和时间，求出其平均值，即为船速 v_s。

该测试方法简单，且不受潮流影响，但当有风时会受到表层流的影响。此时抛板应向下风舷抛出，并尽可能远投，以减小航行波的影响。

(3)定位法

通过无线电波定位或 GPS(包括 DGPS)定位，利用所得到的精确船位来求取船速。

通常，中型以下船舶可采用叠标法和抛板法测试船速，而超大型船舶则多在外海沿岸的深水域中采用定位法来测定。然而，目前叠标法和抛板法测速都已基本不用，这里仅作为一种基本手段介绍给大家，现在不论是小型船舶还是大型船舶普遍都利用 GPS(包括 DGPS)定位求取船速。

第二节　舵的性能

一、舵力及舵力转船力矩

舵是船舶操纵的重要设备之一，操舵是船舶控制方向的主要手段。舵的作用是利用水流对舵的作用力使船舶保持或改变航向，或进行旋回。

1. 舵设备的组成和作用

舵一般位于螺旋桨的后方，舵的功能是利用流经船舶和舵面的水的作用力，在船尾产生一个横向的舵力，从而使船转动。舵设备是船舶在航行中保持和改变航向及做旋回运动的主要工具。它由舵装置(rudder)、操舵装置(steering gear)、操舵装置的控制装置(steering gear controller)及其他附属装置(auxiliary equipment)组成。操舵人员转动舵轮或扳动操舵手柄(或应急装置)，启动机械、液压或电力操舵装置即可控制舵机正转、反转及停止。操舵装置为舵机和转舵装置的统称，转舵装置又称传动装置，其作用

操舵设备的组成

是把舵机的动力传到舵轴,驱动舵叶转动。舵机和转舵装置均装于船尾舵机室内。目前,绝大多数船舶装有自动操舵仪(简称自动舵),以便在开敞、安全的水域中航行时取代人工操舵。另外,目前较先进的自动航迹舵操舵仪,不但具备一般自动舵的航向保持功能,还具有使船舶位置自动保持在预定航迹内的功能。

2. 舵力(单独舵)

若将舵单独置于水中并使之前进,或将舵放在有均匀流的水中使之与水流呈某一角度,即保持某一舵角,如图 1-4 所示,舵叶上将受到水动力作用,通常将作用于舵上的水动力称为舵力 P_R(rudder force)。

对水运动的舵叶相当于一个机翼,正舵时,流经舵叶两侧的水流是对称的,不会产生横向作用力,此时,船舶理论上应做直线运动。产生某一舵角 δ 之后,在舵的周围除了有平行于运动方向的水流外,还附加有由于操舵而产生的环绕舵的附加水流。因此,在舵的迎流面,平行流与附加流流向相反,流速减慢,流压增加;在舵的背流面,两者流向相同,流速增大,流压下降。这样,在舵叶的两侧出现了压力差,形成了一个垂直于流体方向的升力 P_L 与一个平行于流体方向的阻力 P_D,这两个力的合力称为舵力 P_R。就舵的性能而言,要求其升力大,阻力小。升力与阻力之比称为升阻比。升力 P_L 的作用是使舵产生舵力转船力矩;阻力 P_D 的作用是降低运动速度。

舵力 P_R 又可分解为垂直于舵叶纵剖面的正压力 P_N 和平行于舵叶纵剖面的切向分力 P_T(摩擦力)。由于摩擦力 P_T 极小,所以舵力与舵的正压力几乎相等,并与舵的纵剖面近似垂直。因此,在实际估算时,可用舵的正压力 P_N 代替舵力 P_R。

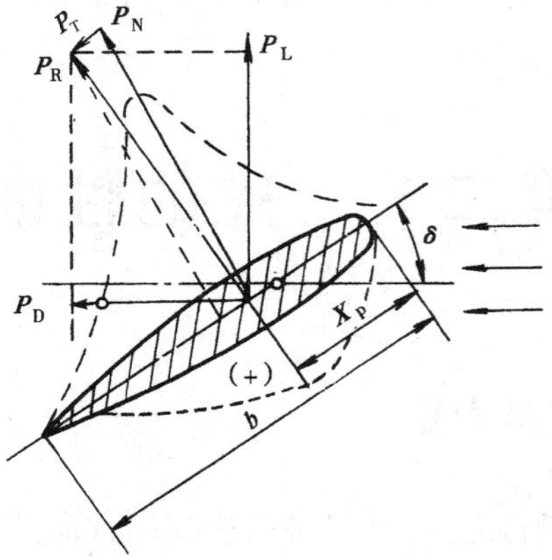

图 1-4 舵力及分解

表示平板舵上所受的正压力 P_N 和压力中心位置 X_P 的估算式常采用下述公式:

$$P_N = 576.2\ A_R \cdot v_R^2 \cdot \sin\delta \tag{1-9}$$

$$X_P = (0.195 + 0.305\ \sin\delta) \cdot b \tag{1-10}$$

式中:P_N——平板舵正压力(9.8 kN);

A_R——舵叶浸水面积(m^2);

v_R——舵速(舵相对于水的相对运动速度在船舶首尾方向上的分量)(m/s);

δ——水对舵的冲角或舵角(°);

b——平板舵的宽度(m)；

X_P——从平板舵的前缘至舵的正压力中心之间的距离(m)。

实际上，现代船舶大多采用流线型舵，其形状和截面多种多样，而且安装于船尾螺旋桨之后，受到船体以及螺旋桨流的影响，所以要准确地估算船尾的舵力并非易事，但运用舵力中心位置的表达式求出的值却是较为可信的。

3. 舵力转船力矩

航行中，船舶操某一舵角 δ 后，舵叶上将产生正压力 P_N，其支点为船舶重心 G，所以 P_N 产生的转船力矩为：

$$M = P_N \cdot l \tag{1-11}$$

式中，l 为重心 G 至舵正压力作用线的垂直距离，近似地取船舶重心位于船中，则：

$$l = L/2\cos\delta \tag{1-12}$$

式中，L 为船长。因此，船舶在航行中的舵力转船力矩为：

$$M = kA_R v_R^2 \sin\delta \cdot L/2\cos\delta = 1/4kLA_R v_R^2 \sin2\delta \tag{1-13}$$

式中，k 为系数。

从式(1-13)可以看出，当 $\delta = 45°$ 时，舵力转船力矩为最大值。但在实际中，受舵叶形状等方面原因的影响，在转头初期，若取 $\delta = 45°$，则系数 k 值常会减小，且阻力增加，舵机功率也需增大，所以一般万吨级船舶多取 32°～35°为极限角；而超大型船舶则往往取 40°作为极限角。

系泊时，船速为零，但一旦螺旋桨正转，其排出流作用在舵叶上，同样会产生正压力 P_N，只是支点要视具体情况而言。若采用甩尾离泊，则支点在船首，舵力转船力矩为：

$$M = P_N \cdot L \cdot \cos\delta \tag{1-14}$$

二、影响舵力大小的因素

1. 船尾舵的舵力

安装在船尾的舵由于受到船体和螺旋桨的影响，其所受水动力与单独舵有许多不同，主要表现在以下几个方面：

(1)舵与船体间的相互干扰

船舶操一舵角后，舵叶左右两侧的压力差将波及艉部船体两侧，相当于增加了舵叶面积，从而使舵力增加。此外，船体对舵周围的压力也会产生影响。据 Gawn 的研究，这种舵与船体之间的相互干扰将使船尾舵的舵力比单独舵的舵力提高 20%～30%。船尾的钝材越大，舵与船尾越近、间隙越小，增加越明显。

(2)伴流的影响

船舶在水中运动时，船体周围的水部分地追随船舶运动而形成的水流称伴流(wake current)，也称追迹流。伴流方向与船舶运动方向一致者称为正伴流；反之，则称为负伴流。

伴流按其产生原因可分成三种:摩擦伴流、势伴流和兴波伴流。摩擦伴流因其方向与船舶运动一致,属正伴流;船舶首、尾处的势伴流为正伴流,而中部舷侧处的势伴流则为负伴流;兴波伴流的正负取决于水质点的轨圆运动方向,当处于波峰时,兴波伴流的方向与波的传播方向相同,为正伴流,而处于波谷时,则与波的传播方向相反,为负伴流。

在船体各处,伴流的大小和方向不尽相同。其在首尾方向的分布特点是:船舶前进时,船首处为零,自首至尾逐渐扩大,最大处位于船尾附近;倒航时,则船尾伴流为零。此外,伴流分布还呈现近大远小、上大下小、左右对称的特点。

前进中的船舶,其船尾伴流为正伴流,即与船舶前进方向一致,使流经舵叶的水流速度降低,因而降低了舵力。单车单舵船因伴流影响,其舵力将降至单独舵舵力的一半以下,即伴流大约可使舵力下降60%左右。对于双车船,舵力也将下降50%左右。因此,当船舶,尤其是肥大型船($B/d \geqslant 3$)前进中突然停车时,因船速较高,伴流过强,可能会造成舵力极度降低,甚至出现无舵效的情况。

(3)螺旋桨排出流的影响

螺旋桨排出流的影响则与伴流相反,螺旋桨正车时,船舶操一舵角,则螺旋桨排出流以比船速高得多的速度冲击在舵叶上,大大提高了舵叶与水的相对速度,极大地增加了舵力。对于单车单舵船而言,这种有利影响几乎可以抵消伴流的不利影响,因此其船尾舵的正压力大致相当于单独舵的正压力。双车单舵船由于舵设置在双车的居中位置,排出流不作用在舵叶上,故对舵力几乎不产生作用。而所受伴流的影响与单车单舵船相差不大,因此双车单舵船的船后舵舵力大约只有单独舵的40% ~60%,这对操船是不利的。在靠离泊作业中,当船速甚低时,双车单舵船几乎没有舵效,不得不借助双车采取不同的转速和改变旋转方向来达到回转的目的。

综合船尾舵受伴流、排出流的影响,日本的冈田、藤井等人给出了试验表达式:

$$P_N = \frac{1}{2}\rho_w A_R v_s^2 (1-\omega)^2 (1+3.6 S_r^{1.5}) \frac{6.13\lambda}{(2\lambda+2.25)} \sin\delta \qquad (1\text{-}15)$$

式中:ρ_w——水的密度;

v_s——船速(m/s);

ω——伴流系数;

λ——舵的高宽比(纵横比);

S_r——滑失比;

P_N——舵的正压力(9.8 kN)。

伴流系数(wake factor)为伴流速度与船速之比,一般取 $\omega = 0.4$。

(4)船舶旋回中的舵力下降

船舶旋回中,舵附近的水流由于两方面的原因而对船舶首尾面产生偏离,减小了水流对舵的冲角,使有效舵角 δ_e 小于操舵舵角 δ_o,因而舵力较转舵时有一定程度的减弱。一方面是船舶绕旋回圈中心进行回转,在舵叶处存在一个漂角 β 而使水流的有效流入角减小造成的,且漂角越大,有效舵角越小,如图1-5(a)所示;另一方面是旋回中的船舶同步地绕自身转心 P 的自转运动造成的,如图1-5(b)所示,船尾舵叶处存在一个切线

方向的速度 $r \cdot L_p$ 使舵叶附近的水流对舵的冲角又减少了一个角度 γ，即 $\delta_e = \delta_o - \beta - \gamma$。

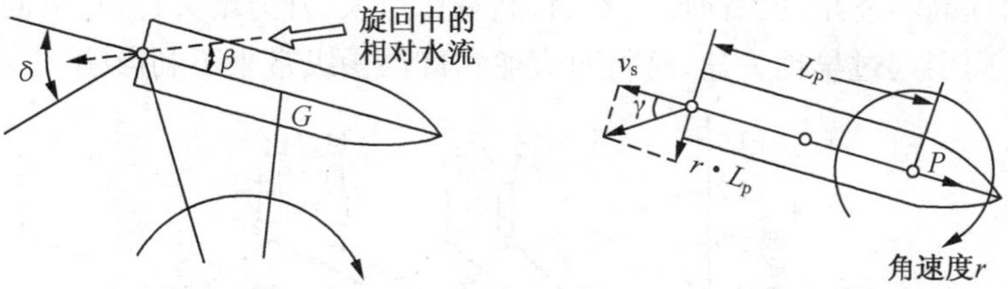

(a) 漂角 β 的影响 (b) 船体自转的影响

图 1-5 旋回中舵附近的水流对船首尾面的偏离

通常，所操舵角为35°（满舱）旋回时，其有效舵角将会减小 10°～13°。因此，在渴望具有良好舵效的超大型船上，常以40°作为满舵旋回的最大舵角。

2. 使舵力减小的流体现象

（1）失速（stall）现象

舵因其迎流面和背流面压力之差而产生舵力。在产生舵力的同时，在舵叶的上下两缘和随边处将产生涡流（vortex），如图 1-6 所示。该涡流具有降低舵的升力、提高舵的阻力的作用。通常，随着舵角 δ 的增大，舵的升力系数 C_L 和阻力系数 C_b 均具有增大的趋势；当舵角达到临界舵角时，由于流经舵背面的水流从舵的后缘之前严重地与舵的背面剥离，从而出现强涡时，舵升力系数 C_L 将骤然下降，如图 1-7 所示。这种现象称作失速现象。出现失速现象时的舵角 δ_S 称为失速舵角或临界舵角（critical angel）。在敞水单独舵的情况下，失速角一般为 20°左右。

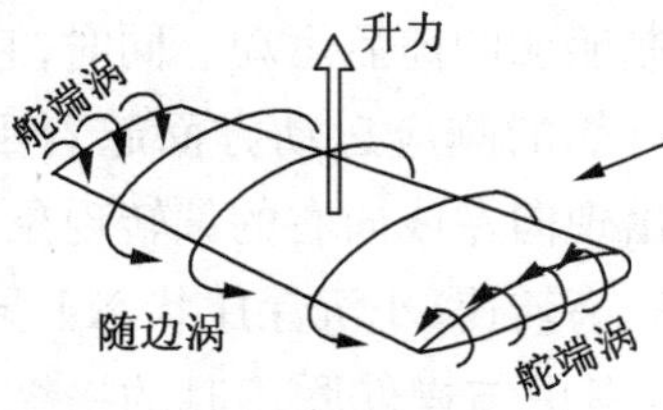

图 1-6 舵边缘的涡流

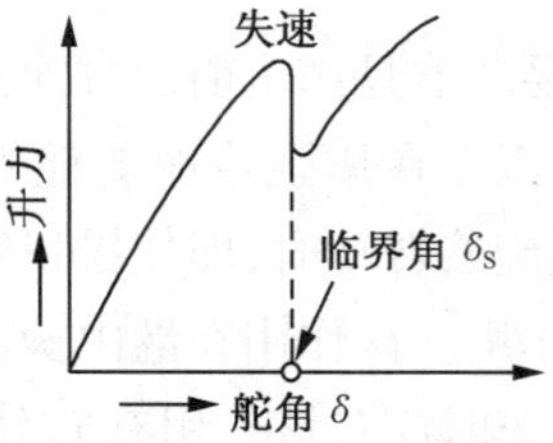

图 1-7 升力与舵角的关系

（2）空泡现象（cavitation）

当使用大舵角或舵的前进速度相当大，特别是舵的剖面形状之前端的曲率较大时，当舵的背流面压力下降至或接近于该温度下的汽化压力时，在舵的背流面将产生空泡现象，使该处的舵表面与水的接触发生阻断，流体的连续性遭到破坏，从而使升力减小。但空泡现象不像失速现象那样显著。

（3）空气吸入现象（aeration）

在舵叶表面吸入空气、产生涡流，使舵力下降的现象，称为空气吸入现象。在舵接近水面或部分露出水面且船速较高的情况下，容易发生此现象。

3. 舵的尺度、形状等因素对舵力的影响

临界舵角的大小与舵的高宽比 h/b，即纵横比 λ（又称展弦比）密切相关。如图 1-8

所示,舵的高宽比越大,舵力曲线斜率越陡,这就可以保证操较小的舵角就能得到较大的升力,从而提高小舵角的保向性。然而,高宽比过大,升力增大过快,将同时导致临界舵角变小,从而引起过早地失速,这将对大舵角旋回操纵带来不利影响。

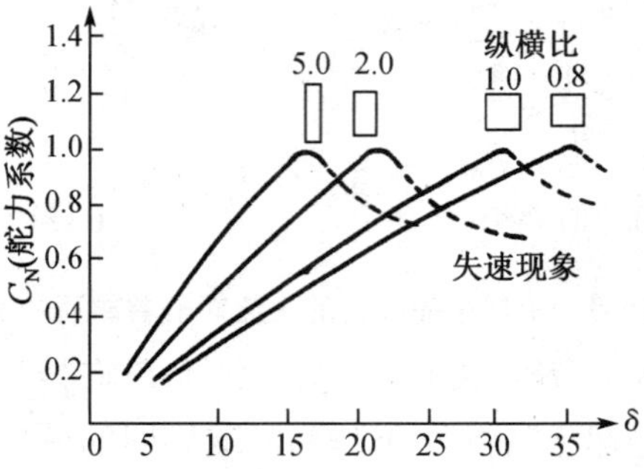

图 1-8 舵力系数临界舵角与高宽比的关系

此外,舵安装在船尾,提高其高宽比不得不受到船舶结构上的限制,即船舶实际吃水的限制,以及船尾线形的限制。当然,也会受到舵机功率方面的限制。因此,在实船上安装的舵,其高宽比一般多选择在 1. 4 ~ 1. 9 之间。舵剖面的形状以流线型为佳,并为多数船舶所采用。其厚宽比 e/b 多为 0. 12 ~ 0. 18,在这个范围内舵升力最大且阻力小。流线型舵的最大厚度位于距前缘 30% 舵宽处。

第三节　螺旋桨的致偏作用

螺旋桨的主要功能是产生前后方向的推力,以控制船舶的前后运动。同时,它对舵速有重大的影响,因而在增强或减弱舵效、改变船舶对舵的响应运动方面起着重大作用。除此之外,螺旋桨转动时,即使操正舵,船首也会出现向左或向右的偏转现象,这就是螺旋桨的致偏作用。该作用在港内操船时的低船速、高转速、小沉深比状态下异常明显,驾引人员在动车时应对该作用有充分的预见,综合考虑与操舵联用时的操纵效果,以便确定合理的操纵方案。

一、单螺旋桨横向力

1. 沉深横向力

沉深横向力(transverse force of propeller submergence)又称侧压力、侧推力或水面效应横向力。螺旋桨盘面中心距水面的垂直距离为螺旋桨的沉深 h,它与螺旋桨直径 D 之比即 h/D 称为沉深比。

实验表明,即使桨叶不露出水面,当 $h/D < 0.65 \sim 0.75$ 时,由于螺旋桨在其旋转过程中会出现空气吸入和产生空泡现象,使得上下桨叶所处流场不同,上桨叶所处流场的水密度低于下桨叶所处流场的水密度,使其推力和转矩下降,并出现上部桨叶所受的阻

力较下部桨叶为小的现象，如图 1-9 所示。上下桨叶旋转阻力的差值，构成了沉深横向力。以右旋单车船为例，进车时，该作用推尾向右，使船首向左偏转；倒车时，该作用推尾向左，使船首向右偏转。左旋式单车船的偏转方向相反。

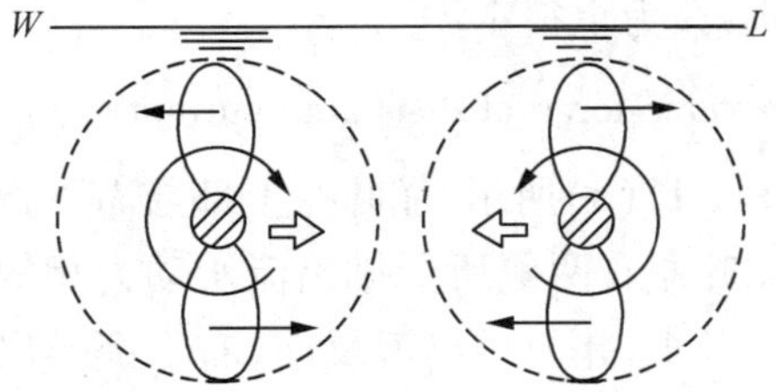

图 1-9　螺旋桨沉深横向力

影响沉深横向力的因素有以下几方面：

(1)沉深比：当 $h/D>(0.65\sim0.75)$ 时，桨叶距水面较深，空气不易吸入，该力很小；当 $h/D<(0.65\sim0.75)$ 时，随着 h/D 的逐渐减小，沉深横向力明显增大，h/D 越小，该力越大。

(2)螺旋桨的进速、转速及滑失：滑失越大，该力越大，即该力随着桨叶进速的降低或转速的提高而增大。螺旋桨启动时，该力显著，随着船速的增加逐渐减小。

(3)螺旋桨旋转方向：该力在倒车时比正车时大。

(4)该力受螺旋桨工况影响（螺旋桨处水面遮蔽程度、桨叶切面形状等）极为明显，而与操舵无关。

2. 伴流横向力

伴流除降低舵力、提高螺旋桨推力外，还会产生横向力。船舶前进时，船尾螺旋桨盘面处的伴流速度分布具有左右对称、上大下小的特点，如图 1-10 所示。因此，螺旋桨工作时，上部桨叶进速较低，冲角较大，推力增大，因而旋转阻力也较大。这种因伴流的影响而出现的上下桨叶的旋转阻力之差而构成的横向力称为伴流横向力（transverse force of wake effect）。

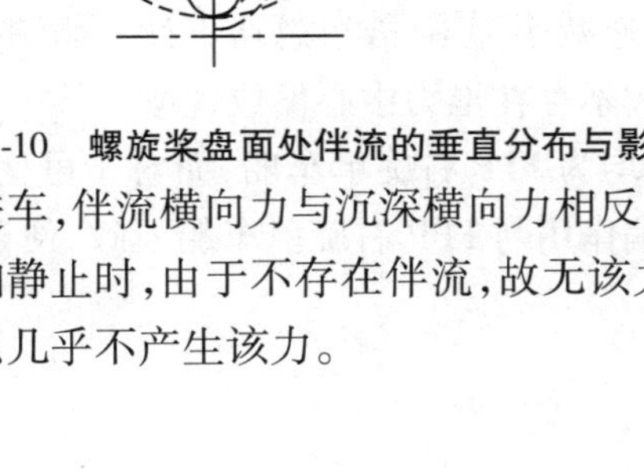

图 1-10　螺旋桨盘面处伴流的垂直分布与影响

右旋单车船，前进中进车，伴流横向力与沉深横向力相反，推尾向左，使船首向右偏转；倒车时方向相反。船舶静止时，由于不存在伴流，故无该力；船舶后退时，因为螺旋桨盘面处的伴流极小，所以几乎不产生该力。

伴流横向力的大小与伴流在螺旋桨盘面上下部的差值成正比。船速越高,伴流上下的速度差也就越大,则伴流横向力也就越大。在伴流存在的前提下,该力随着转速的提高而增大。此外,V 形船尾伴流上下相差较大,伴流横向力大;而具有 U 形船尾、导流管的船舶,因桨叶处伴流小,该力也很小。

3. 排出流横向力(transverse force of discharge current)

船舶正舵进车时,如图 1-11(a)所示,舵叶左上部与右下部分别受到排出流的有力冲击。如无伴流影响,则舵叶左右两侧所受排出流水动力相等,不存在排出流横向力。若存在伴流,由于伴流上大下小,并与排出流反向,右下部排出流的冲角明显大于左上部,使右侧的水动力高于左侧。因此,舵叶两侧水动力产生差异,构成排出流横向力。船舶前进中进车,该力推尾向左,使船首右偏。而且船速越高,伴流越大,该力也就越大。此外,V 形船尾、转速快、伴流上下分布差异较大,该力则大。船舶在静止或后退中进车,舵叶处伴流极弱,故该力很小,可忽略不计。

船舶进速较低时、静止中、后退中倒车,如图 1-11(b)所示,排出流将冲向艉部船体两侧。因为船尾型呈上肥下瘦,所以打在船尾右上方的排出流对船体的冲角和作用面积均大于船尾左下部位,故推尾向左,使船首向右偏转。

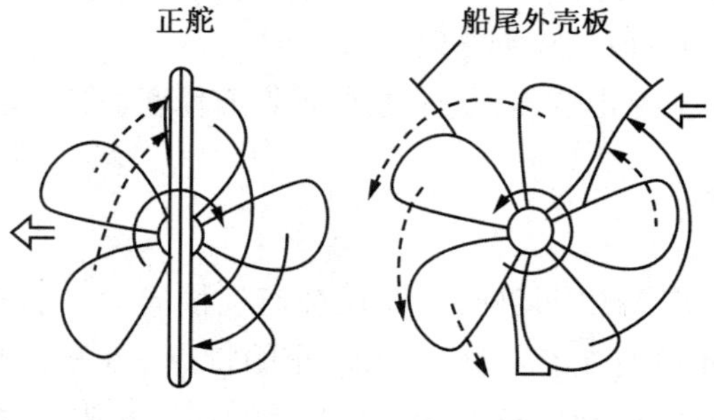

(a)进车排出流横向力　　(b)倒车排出流横向力

图 1-11　排出流的致偏作用

4. 推力中心偏位

前进中的船舶,由于上升斜流效应(吸入流沿水下船尾型线由船底向上呈斜上方向汇集于螺旋桨盘面),进车时右半圆桨叶呈顶流状态,左半圆桨叶呈顺流状态,使右侧桨叶的推力大于左侧桨叶的推力,致使螺旋桨的推力中心不在桨轴中心线上,而是偏向右方,这种现象称为推力中心偏位。其规律是偏位的方向与螺旋桨的旋转方向一致。船速越高、转速越高,推力中心偏位越明显。前进中倒车时,推力中心偏左,但该力不大且随船速的急剧下降而迅速减小到零,故可忽略不计。船舶静止或后退时,因船尾螺旋桨盘面无上升斜流作用,故不存在推力中心偏位现象。

上述分析讨论的对象均为 FPP 右旋单车船,而对于可变螺距螺旋桨(CPP)单桨船而言,为使其螺旋桨的致偏作用与 FPP 右旋单车船一致,便于驾引人员操纵,通常采用左旋式。

二、右旋单桨船(FPP)的偏转趋势

1. 静止中进车

船舶静止中进车,开始时船速较低,伴流、排出流、上升斜流的影响均较小。此时,若螺旋桨沉深比较小,则沉深横向力起主要作用使船首左偏,且尾吃水越浅(h/D 越小),左偏越明显;若尾吃水较深,则沉深横向力较小,船首偏转极小或几乎不发生偏转。

随着船速的提高,沉深横向力减弱,伴流、排出流、上升斜流的影响增强,这时船舶受沉深横向力、伴流横向力、排出流横向力和推力中心偏位四力影响而发生微量偏转。偏转方向视具体情况而定,对尾吃水较深的船舶而言,由于上升斜流增加明显,推力中心偏位起主要作用,因而船首出现左偏;而对于尾吃水较浅的船,因伴流横向力和排出流横向力占优,船首出现右偏。但不论出现何种偏转,均可用小舵角加以克服。

2. 前进中倒车

开始倒车时,船速仍较高,伴流仍很强,而倒车排出流横向力的影响不明显,此时伴流横向力使船首左偏,尽管尾吃水较浅的船沉深横向力使船首右偏,但综合影响结果,通常船舶偏转方向不定,此时用舵尚能克服偏转。

随着船速的降低,伴流减弱,倒车排出流的影响逐渐增强,船首将明显右偏。此时,船虽仍在前进,但倒车排出流使舵速大大降低,阻碍了舵效的发挥,因此即使用舵也无法克服偏转。为控制船首右转,只有在倒车开出之前先操左舵,使船舶先有左转趋势,上述右偏现象才能有所缓解。

3. 静止中倒车

船舶静止中倒车时,由于没有伴流和上升斜流,故不存在伴流横向力和推力中心偏位,只受排出流横向力和沉深横向力(尾吃水较小时)的影响而使船首向右偏转。由于此时吸入流产生的舵力很弱,故用舵无法克服这种偏转。

随着船舶退速的提高,沉深横向力减弱,排出流横向力也将因船体左侧所受水动力的影响而减弱。此时船首右转减缓,偏转速度将趋于稳定,进行船尾向左后方的大直径旋回。

三、FPP 右旋单桨船致偏作用的运用实例

FPP 右旋单桨船的横向力效应中最显著的是,船舶在静止中、低速前进中或后退中倒车时均出现船首右偏现象,且用舵难以克服,但若运用得当,却可给操船带来方便。

1. 倒车时的稳首操纵

在狭窄水域或港内航道中,常常需要用倒车减速,同时又要避免产生过大的首右偏,则可采取如下操纵方法:前进中倒车,可在倒车前先用左舵,使船产生左转的趋势后再倒车;静止中倒车,则操右满舵,利用后退时的反舵效以减弱首右偏,但这在船舶退速

较低时很难实现。实际操船中，较长距离的倒车后退往往需借助锚、拖船或侧推器，同时结合车、舵才能使船舶近乎正直后退。

2. 缩小向右掉头水域

为了在狭小的水域完成掉头操纵，右旋单桨船 FPP 多采取向右掉头的方法，以缩小掉头水域，如图 1-12 所示。这种方法可使船舶在 $2L$（L 为船长）左右或更小的水域内完成掉头。中小型船舶由于每排水吨分摊的主机功率数较高，故极易进行这种操作。万吨级船在无风、微流条件下亦可进行。具体操作步骤如下：

（1）船舶停车淌航至位①，操右满舵，前进三，此时由于螺旋桨滑失很大，在强大的排出流的作用下，舵力转船力矩很大，舵效极佳，船首迅速右转，而船速不大，故前冲距离并不大。

（2）在至位②之前，适时改用后退三，此时舵力、沉深横向力、倒车排出流横向力均推尾向左，使船首进一步右转。

（3）至位②时，即船舶停止前冲时操正舵，待船舶开始后退时即操左满舵，船首继续右转。

（4）至位③时，若确信水域足够，则可操右满舵，前进三，然后视情况调整车舵，完成掉头操纵。

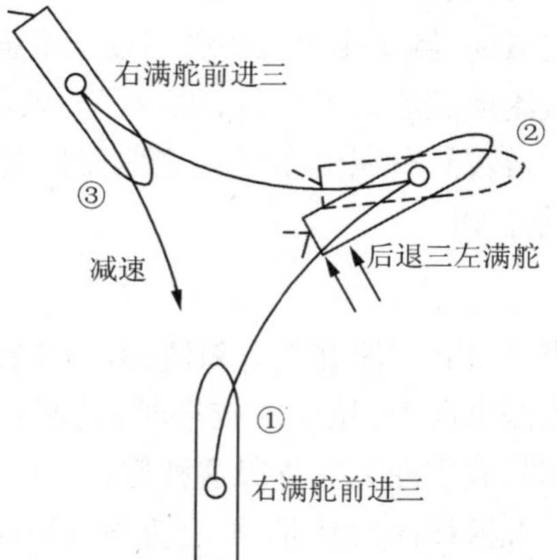

图 1-12　右旋单桨船（FPP）向右掉头

3. 自力靠码头操纵

左舷靠码头时，如图 1-13（a）所示，应以适当的靠拢角和余速缓慢接近泊位，以便在适当时候倒车，既能刹减余速，又能使船外转，从而使船舶近乎平行地靠上泊位。

若右舷靠泊，则应尽量减小靠拢角并略微加大船岸间的横距，以便倒车时，船首能平安地接近码头，然后再设法解决船尾入泊的问题，如图 1-13（b）所示。

4. 系靠单浮时的自力操纵

风流较弱时，船舶通常将浮筒置于船首右侧（1～1.5 倍船宽）入泊，在接近浮筒前倒车，既可刹减余速，又能使船首右转，从而使船首缓缓接近浮筒，如图 1-14 所示。

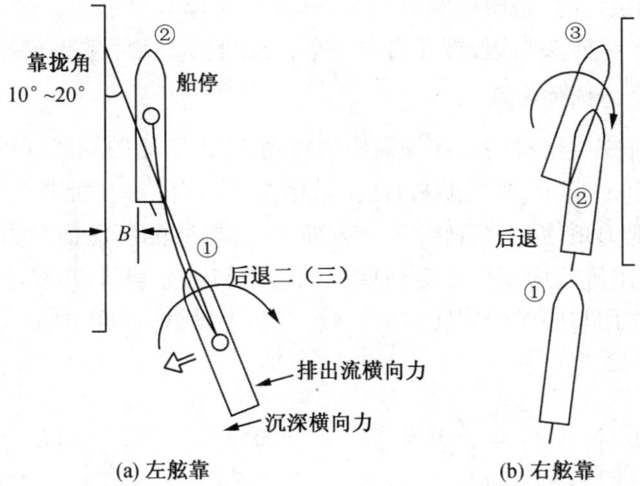

(a) 左舷靠 (b) 右舷靠

图 1-13 自力靠码头操纵

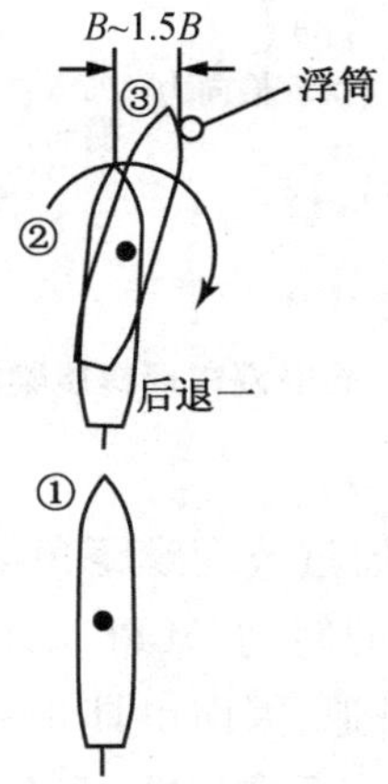

图 1-14 单点系泊自力操纵

四、双螺旋桨横向力

双螺旋桨船俗称双车船，有 FPP 和 CPP 两种。

当双车船的两车以同样转速同时进车或倒车时，它们所产生的横向力互相抵消，船舶基本不发生偏转。

当双车船两车的转速或旋转方向不同时，一方面因两车推力大小、方向不同，自然形成转船力矩；另一方面，螺旋桨的各偏转横向力与上述转船力矩方向一致。因此，只要双车配合得当，再加上舵的转船作用，几乎可使船在原地掉头。

为有助于船舶回转，操纵时往往采取一车进、另一车倒的方式，这时，如两舷排出流没有进行良好的分割，则可能互使他舷螺旋桨流被部分地吸入，造成附近水流复杂化，从而使舵效变差，影响转船效果。尤其是在驶于浅水域时，此类现象将明显加剧。因此，通常在做船舶设计时，将船尾做成V形，并在船尾设有分水踵。操纵时往往先利用一舷螺旋桨工作产生转头力矩，再开出另一车，协助转头，实际效果较好。

1. FPP 双车船的致偏效应

为了充分发挥螺旋桨横向力在操纵中的效用，有助于船舶旋回，FPP 双车船多做成外旋式，如图 1-15(a)所示，当船舶右转时，采用左进右退，一方面进车与倒车产生的推力和拉力构成转船力矩使船首右转；另一方面，两螺旋桨的沉深横向力、左车吸入流的减压作用、右车排出流的增压作用等使船首向右偏转。显然，FPP 双车船做成外旋式，其螺旋桨的致偏作用与船舶的回转方向一致，有利于操纵。FPP 内旋式则完全相反，如图 1-15(b)所示。

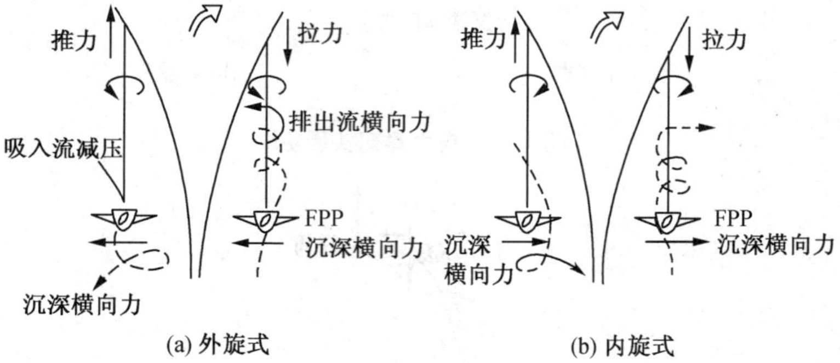

图 1-15　FPP 双车船螺旋桨的致偏作用

2. CPP 双车船的致偏效应

可变螺距螺旋桨(CPP)是仅通过改变螺距角即可达到换车目的的螺旋桨，即主机工作时始终以一定转速向一个方向转动。CPP 双车船多采用内旋式，当两车以反方向同转速动车时，能保证船舶直线进退，因而也具有一般双车船的优点。如图 1-16(a)所示，当船舶右转时，采用左进右退。不难分析，不论内旋式还是外旋式，其双车的沉深横向力均相互抵消，但内旋式双车船的左车吸入流产生的减压作用和右车排出流的增压作用有利于船舶右转；相比之下，CPP 外旋式双车则不具备上述优点，如图 1-16(b)所示。

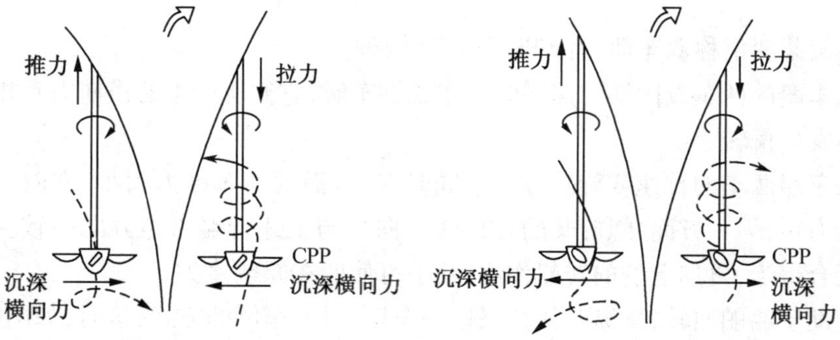

图 1-16　CPP 双车船螺旋桨的致偏作用

五、侧推器

侧推器(thruster)是装在轻载水线以下船首、船尾较低处,并与船舶首尾面垂直的隧道推进器,一般为电力拖动。其功率约为主机额定功率的10%,视实际需要而定。侧推器因其安装部位不同,又有首侧推器(bow thruster)和尾侧推器(quarter thruster)之分。

安装侧推器的目的在于提高自力操纵的机动性和控制性能,一般可直接在驾驶台遥控,通过操纵杆控制左右方向和转速,转速一般分为2~3挡或直接显示螺距。

侧推器只有在船舶处于低速时才能发挥较大的效用,随着船速的提高,船舶斜航时阻碍回转与横移的水阻力明显增强,侧推器的效用将相应降低。经验表明,有效发挥首侧推器作用的速度范围约为4 kn以下,且低速后退时最为明显。当船速超过8 kn时,则效果不明显。例如:载重量为6万吨的某船,当船速为3 kn时,侧推器与舵联用,转船力矩比单独用舵要大2.5倍;但当船速为8 kn时,与舵联用,转船力矩仅比单独用舵大0.28倍。

第四节　船舶旋回性

在船舶操纵中,就舵的使用而言,大致可分为小舵角的保向操纵、一般舵角的转向操纵及大舵角的旋回操纵三种。船舶旋回性是船舶操纵中极为重要的一种性能。

一、船舶旋回运动的过程

船舶以一定速度直线航行中,操某一舵角并保持之,船舶将做旋回运动。根据船舶在旋回运动过程中的受力特点及运动状态的不同,可将船舶的旋回运动分为以下三个阶段。

1. 第一阶段——转舵阶段

船舶从开始转舵起至转至规定舵角止(一般约8~15 s),称为转舵阶段或初始旋回阶段。

如图1-17所示,该阶段中,船速开始下降但幅度甚微;漂角也已出现但较小;旋回角速度不大,但旋回角加速度较大。由于船舶运动惯性的原因,船舶重心G基本上沿原航向滑进,在舵力转船力矩M_δ的作用下,船首有向操舵一侧回转的趋势,重心则开始向操舵相反一侧横移,横移速度较小,横移加速度较大,船尾则会出现明显的反向横移,与此同时,船舶因舵力位置比重心位置低而出现少量内倾。因此,该阶段也称为横移内倾阶段。

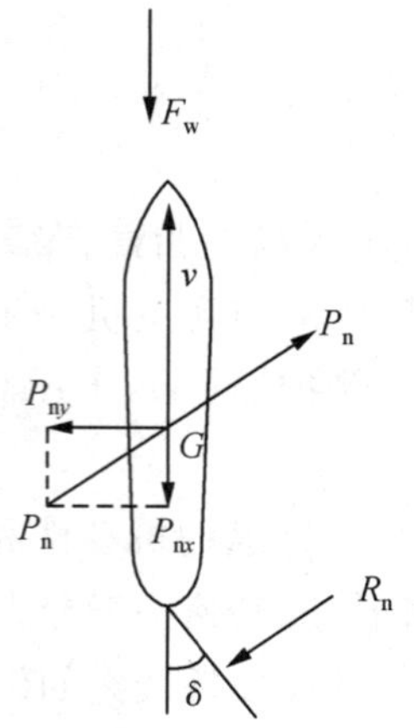

图 1-17　旋回转舵阶段受力情况

2. 第二阶段——过渡阶段

操舵后，由于船舶出现向操舵相反一侧横移而使其运动方向发生改变，形成了漂角 β。越来越明显的斜航运动将使船舶进入加速旋回阶段，同时伴有明显的降速。

如图 1-18(a)所示，该阶段中，船舶的旋回角速度、横移速度和漂角均逐步增大，水动力 F_w 的作用方向由第一阶段来自正前方逐渐改变为来自船首外舷方向。由于水动力 F_w 作用点较重心更靠近船首，因而产生水动力转船力矩 M_β，方向与舵力转船力矩 M_δ 一致，使船舶加速旋回；与此同时，随着旋回角速度的不断提高，又会产生不断增大的船舶旋回阻矩，从而使旋回角加速度不断降低，角速度的增加受到限制。

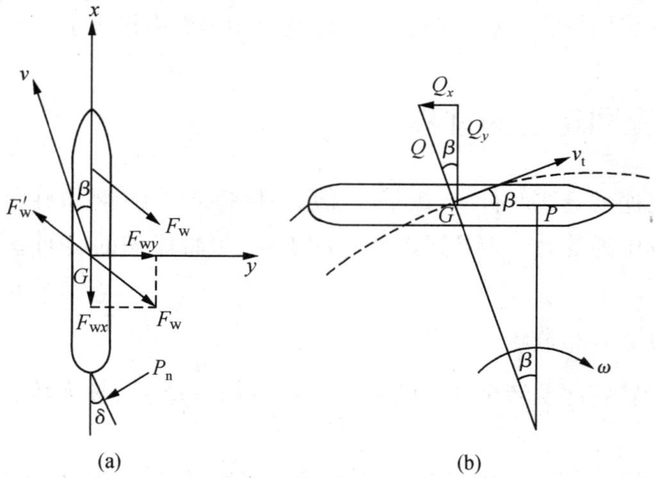

图 1-18　旋回过渡阶段受力情况

该阶段中船舶的运动特点是：

(1)船舶降速明显。其首要原因是船舶斜航时水动力 F_w 的纵向分力 F_{wx} 的增加，其次是舵力 P_n 的纵向分力 P_{Nx}、旋回运动产生的离心力 Q 的纵向分力 Q_x 以及旋回中推进效率的下降。

(2)由反向横移变成向操舵一侧正向横移。原因是船舶在旋回中，随着漂角 β 的增大，水动力 F_w 不断增大，而舵力却有所下降，以致 F_w 的横向分力大于 P_n 的横向分力。

(3)船舶出现外倾并逐渐增大。其原因是舵力横向分力 P_{ny}、水动力横向分力 F_{wy} 以及旋回中产生的离心力的横向分力 Q_y 作用于船舶垂直方向的不同位置，构成了力矩，从而使船舶由初始阶段的内倾变为外倾，如图 1-18(b)所示。

(4)船舶加速旋回。

3. 第三阶段——定常旋回阶段

随着旋回运动的不断发展，一方面，舵力的下降使舵力转船力矩 M_δ 减小，水动力 F_w 的作用点 W 随着漂角的增大不断后移，水动力转船力矩 M_β 减小；另一方面，随着船舶旋回角速度的增加，由阻止船舶回转的阻力 R_f、R_a 所构成的水阻力转船力矩 M_f、M_a 也同时增大。如图 1-19 所示，当漂角 β 增加到一定值时，作用于船体的诸力及其力矩达到平衡，即船舶进入定常旋回。该阶段中，船体所受合力矩为零，船舶旋回角加速度、横移加速度为零，转头角速度达到最大并稳定于该值，船舶降速达到最大值，外倾角、横移速度也趋于稳定。船舶以稳定的线速度、角速度做旋回运动，故又称第三阶段为稳定旋回运动阶段。不同载况的船舶进入定常旋回状态的时间也各不相同。

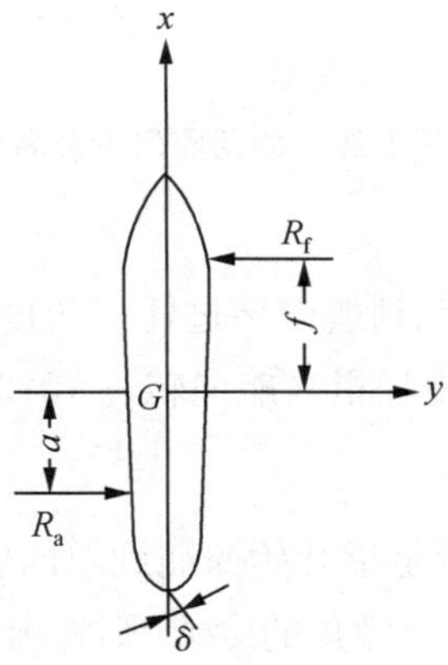

图 1-19　定常旋回阶段受力情况

二、旋回圈及其要素

定速直航(一般为全速)的船舶操一定舵角(一般为满舵)后，船舶将做旋回运动，其重心所描绘的轨迹称旋回圈(turning circle)。“船舶操纵性临时标准”将旋回圈定义中的试验速度规定为至少达到主机最大输出功率 85% 时所对应的速度的 90%。旋回圈及其要素如图 1-20 所示。

1. 进距 A_d(advance)

进距是指开始操舵到航向转过任一角度时重心所移动的纵向距离。进距又称纵距，通常船舶旋回资料所给出的进距是指航向转过 90°时的进距。在此基础上，如再转过相当于漂角的度数，则船舶在原航向上将达到最大纵移距离，称为最大进距(max advance),进距约为旋回初径的 0.6 ~ 1.2 倍。

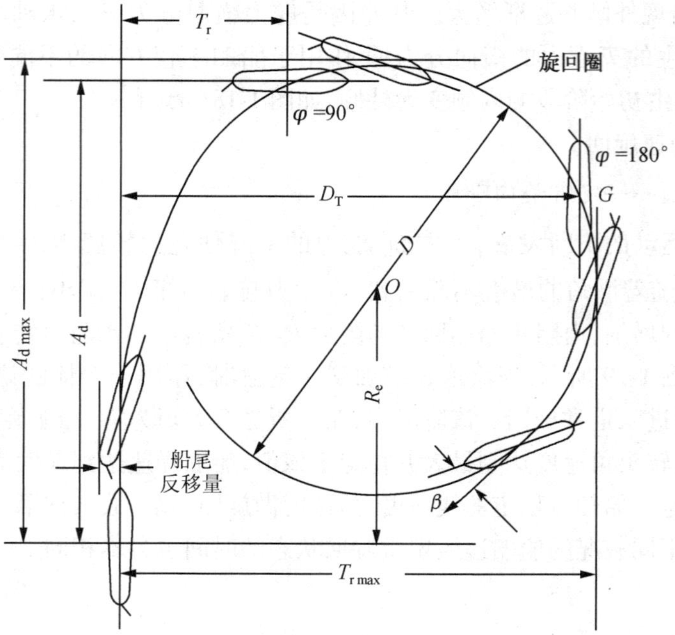

图 1-20　旋回圈尺度及名称

2. 横距 T_r

横距(transfer)是指开始操舵到航向转过任一角度时船舶重心所移动的横向距离。通常船舶旋回资料所给出的横距是指当航向转过 90°时的横距,约为旋回初径的一半。

3. 旋回初径 D_T

旋回初径(tactical diameter)是指开始操舵到航向转过 180°时重心所移动的横向距离。在此基础上,如再转过相当于漂角的度数,则将出现船舶重心偏离原航向线达到最大的横移距离,称为最大横距(max transfer)。旋回初径为 3 ~6 倍的船长。

4. 旋回直径 D

旋回直径(final diameter)是指船舶做定常旋回运动时重心轨迹圆的直径,亦称旋回终径,为旋回初径的 0.9 ~1.2 倍。

5. 滞距 R_e

滞距(reach)是指从操舵开始时的重心位置至定常旋回曲率中心的纵向距离,又称心距,为 1 ~2 倍船长。它表示操舵后至船舶进入旋回的“滞后距离”,也是衡量舵效的标准之一。

6. 反移量

反移量(kick)是指操舵后,船舶重心在旋回初始阶段从原航向向操舵相反一侧横移的距离,又称偏距。

在满舵旋回时,当船舶回转达到一个罗经点时,反移量达到最大值,约为船长的

1% 左右，与此同时，船尾反移量的最大值却可达船长的 10% ~20%，这在实际操船中必须引起足够的重视。反移量的大小取决于船速、舵角、操舵速度、载重状态、船型等因素。船速快、舵角大，则反移量也大。

上述六个尺度从不同的角度规定了旋回圈的形状和大小，因而被称为船舶旋回圈要素。旋回圈的大小一般用旋回初径 D_T 或旋回初径与其船长之比 D_T/L（即相对旋回初径）表示。

为了更完整地表述旋回运动的特性，通常还应考虑以下几个参数。

7. 漂角 β

船舶旋回时，船舶首尾线与首尾线上某一点的旋回圈的切线速度方向之间的夹角，称为该点的漂角（drift angle）。一般所说的漂角是指重心处的漂角，如图 1-21 所示。

船舶首尾线不同点处的漂角值各不相等，船尾处的漂角最大，横移速度也最大。随着回转的加剧，重心处的漂角由小到大，最后在定常旋回阶段趋于稳定。旋回中船舶所具有的漂角与舵角有关，一般船舶不同舵角时重心处的漂角在定常旋回阶段为 3°~15°。

如果把船体视为一个大面积的舵的话，则漂角越大，流向船体的水对船体产生的升力就越大，即水动力 F_w 越大，水动力转船力矩也越大，使船舶加速旋回。因此，漂角越大，其旋回性越好，旋回直径也越小。大型油船较一般货船的回转性好，因此它在定常旋回中的漂角也较大。浅水中船舶旋回性较深水中差，故漂角也较深水中小。

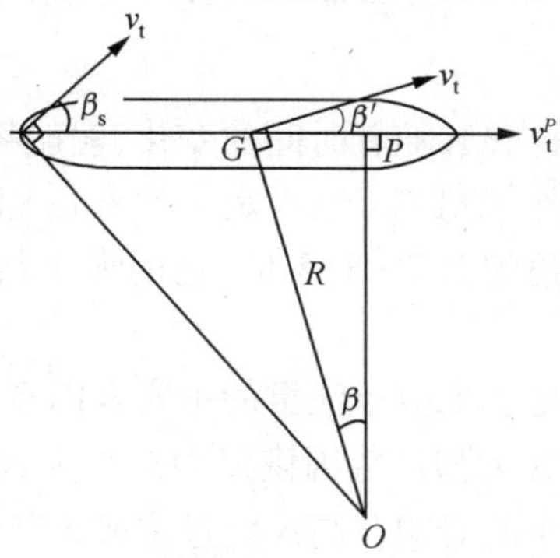

图 1-21 船舶首尾面上各点的漂角

8. 转心

由船舶旋回曲率中心 O 点作船舶首尾线的垂线，垂足点 P 即为转心（pivoting point）。如图 1-21 所示，P 点处的线速度方向与首尾线一致，故该点的漂角为零；同时由于船舶绕该点的竖轴自转，故该点的横移速度为零。

在旋回的初始阶段，转心 P 约在重心稍前处，随着漂角的增大、旋回的加快，转心位置逐渐前移，当进入定常旋回时，转心 P 在船首柱后 1/3 ~1/5 船长处。漂角越大、旋回性能越好的船，转心距首柱越近。而后退中旋回的船舶，其转心位于重心之后，约与前进旋回时的转心位置几乎对称。

9. 旋回中的降速

船舶旋回中,由于斜航而使阻力增加。此外,舵力的纵向分力、惯性离心力的纵向分力引起的阻力增加以及推进器效率降低等原因都将引起船速下降。进入定常旋回后,船速将稳定在一个定值上。

定常旋回时的船速 v_t 与操舵前的船速 v_0 的比值 v_t/v_0(速降系数)与 D_T/L(相对旋回初径)的关系如图 1-22 所示。D_T/L 越小,v_t/v_0 就越小,即速降剧烈。也就是说,旋回性越好,速降越明显。肥大型船的 D_T/L 较瘦削型小得多,故旋回中的速度下降便要明显得多。同样,由于船舶在浅水中的旋回性变差,所以浅水中船舶的旋回速降就小一些。

一般船舶旋回中的降速幅度为操舵前船速的 25% ~ 50%,超大型船舶则可达 65%。

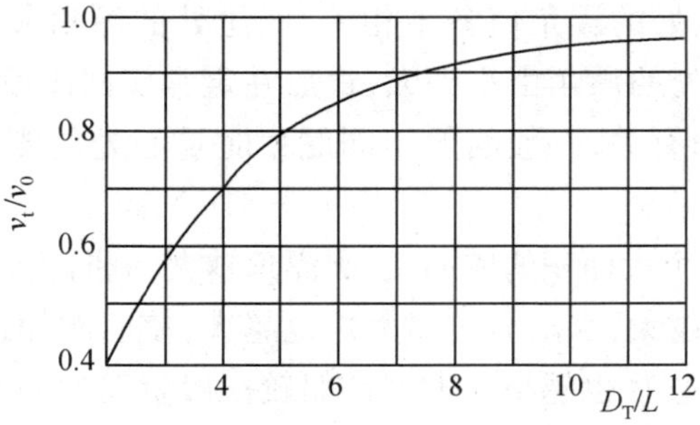

图 1-22 船舶旋回中的降速情况

10. 旋回中的横倾

船舶操舵后,先出现少量内倾,随着时间的变化,船舶将由内倾变为外倾,并因横向摇摆惯性的存在而产生最大外倾角 θ_m,进入定常旋回后稳定于某一定常外倾角 θ 上。最大外倾角一般为定常外倾角的 1.2 ~ 1.5 倍,它的大小与操舵时间有关,操舵时间越短,θ_m 越大。

旋回中船舶出现的横倾是一个应予注意的不安全因素。一般货船满舵旋回时的外倾角在静水中可达 3° ~ 5°。超大型油船因恢复力矩很大,所以满载满舵旋回时几乎不发生横倾。然而恢复力矩较小的船舶在高速航进中操大舵角时,将会产生较大横倾,若再加上船内自由液面影响或出现货物移动以及强横风或横浪的影响,则船舶将有倾覆的危险。

为防止这种危险,可采取如下措施:

(1)在适当增大初稳性高度的同时,采取措施减小自由液面影响,防止货物移动;

(2)降低船速,缓慢操舵,用较小舵角进行旋回,以增大旋回半径;

(3)选择使风浪作用力矩与回转产生的最大外倾力矩错开的时机操舵;

(4)旋回中若已出现较大外倾角而危及船舶安全时,切忌急速回舵或急操反舵,而应逐渐降速,同时逐渐减小所用舵角。

船舶以一定航速旋回时外倾角的大小可用下式估算:

$$\tan\theta_c \approx \frac{v_t^2}{g \cdot R} \cdot \left(\frac{BM}{GM} - 1\right) \text{或} \tan\theta_c \approx \frac{v_t \cdot r \cdot GB}{g \cdot GM} \tag{1-16}$$

式中：v_t——定常旋回切线速度（m/s）；

R——定常旋回半径（m）；

g——重力加速度（m/s^2）；

BM——浮心至稳心的高度（m）；

GM——初稳性高度（m）；

GB——重心与浮心的间距（m）。

11. 旋回时间

旋回时间是指船舶旋回 360°所需的时间。它与旋回初始船速、排水量有密切关系。排水量大，旋回时间增加；船速提高，旋回时间缩短。一般万吨级船快速满舵旋回的时间约为 6 min，而超大型船舶的旋回时间则几乎要增加一倍。

三、影响旋回圈大小的因素

船舶旋回圈的大小主要受水下船型、船舶吃水状态、操船、外界环境（水深、风流）等方面因素的影响。

1. 水线下的船型因素

（1）方形系数 C_b

方形系数（block coefficient）较小的瘦型高速船（$C_b \approx 0.6$）较方形系数较大的肥大型船（$C_b \approx 0.8$）旋回性差得多。即 C_b越大，旋回性越好。

（2）水线下侧面积

船首水线下侧面积分布较多者有利于减小旋回圈，船尾水线下侧面积分布较多者有利于提高航向稳定性，而不利于减小旋回圈。例如船首有球鼻首或船尾比较削尖的船，旋回时阻矩较小，旋回圈较小，但航向稳定性变差。相反，船尾有钝材或船首比较瘦削的船舶，旋回圈就大，但航向稳定性较好。

（3）舵面积比（$A_R/L_{pp} \times d$）

增加舵面积比将会使舵的转船力矩增大，使旋回性变好，旋回圈减小。但同时也增加了旋回阻矩，超过了一定值后，旋回圈不能减小，因而一定类型的船舶都有一个最佳的舵面积比值。表 1-2 所列的是几种不同类型船舶的舵面积比的概略值。

表 1-2 不同类型船舶的舵面积比

船舶种类	舵面积比	船舶种类	舵面积比
高速货船	1/40 ~ 1/35	渔船	1/40 ~ 1/30
一般货船	1/60 ~ 1/45	拖船	1/25 ~ 1/20
油船	1/75 ~ 1/65		

各类船舶因其实际使用目的不同，对其应具备的旋回性在要求上也各不相同，同时还需综合考虑舵机功率、船舶阻力、与船尾形状的配合、便于安全操船等多方面条件的制约。比如大型油船由于具有易于旋回的肥胖船型，不需很大的舵面积比；而旋回困难

但又要求具有较高的机动性的高速货船则需要配备较大面积的舵;由于拖船和渔船需要优良的操纵性,所以舵面积比也较大。

2.船舶吃水状态

(1)吃水

在船舶其他条件(吃水差、主机转速和船速)不变的情况下,一般船舶均有舵面积比随吃水的增加而降低的趋势,舵力转船力矩减小,而且随着吃水的增加,船舶绕重心 G 的垂直轴的转动惯量也将增加,所以船舶初始旋回缓慢。因此,若其他条件相同,吃水大的满载船的进距将有较大增长,横距、旋回初径也将有所增加,反移量则有所减小。

(2)纵倾

船舶的纵倾变化,相当于较大程度地改变了船舶水线下船体侧面积的形状分布,尾倾增大,重心后移,水动力作用点后移,使转船力矩减小,旋回圈增大;相反首倾增大时则回转加快,旋回圈减小。对于 $C_b=0.8$ 的船舶,首倾每增加1%的船长,旋回初径便可减小10%左右;尾倾每增加1%的船长,旋回初径则增加10%左右。而对于 $C_b=0.6$ 的船舶,尾倾每增加1%的船长,旋回初径将增加3%左右。

通常,船舶满载时尾倾不大,但吃水增加,舵面积比减小;而空载时尾倾相当大,但吃水减小,舵面积比增加。所以总的来看,空船与满载时的旋回圈大小相差不多,只是满载时的进距稍大些。

(3)横倾

总的来说,横倾对旋回圈影响不大。船舶在前进时如存在横倾,船首受其影响会发生偏转。低速时,推力-阻力转矩起主要作用,推首向低舷侧偏转,若向低舷侧旋回,旋回圈小;高速时,首波峰压力转矩起主要作用,推首向高舷侧偏转,若向高舷一侧旋回,旋回圈小。

3.操船方面的影响

(1)舵角

在极限舵角范围内,随着舵角的减小,旋回初径将急剧增大,舵角越小、舵的高宽比越小,旋回圈的增大率就越大,同时旋回时间也将明显地增长。

(2)操舵时间

按SOLAS公约的要求,将舵自任何一舷的35°转至另一舷的30°的时间应不超过28 s。因此,在实际操船中一般认为从正舵位置操舵至最大舵角35°需要15 s。操舵时间变长,进距将直接受其影响而变大,横距所受影响较小,而旋回直径几乎不受影响。

(3)船速

船速对船舶旋回所需时间的长短具有明显的影响,船速越快,旋回时间越短。然而,在商船速度范围内,船速对旋回初径的影响却很小,这是因为船舶在旋回中所受到的舵力转船力矩、旋回阻矩等均大致与船速的平方成正比。但是,当船速低于某一值(傅汝德系数 $Fr<0.18$)时,旋回圈将会逐渐增大,这是由于低速时舵力转船力矩明显减小,旋回性明显变差。反之,当 $Fr>0.3$,即船速增快时,由于兴波增加,尾倾加剧,使航向稳定性得以提高,与此同时旋回性也将恶化,旋回圈将增大。

值得注意的是，主机的使用方式对船舶旋回圈的大小有明显的影响，如图 1-23 所示。船舶在航进中减速旋回时，旋回圈将增大；相反，船舶在静止中或低速中加车进行旋回时，旋回圈将减小，同时旋回圈中心也将落在施舵旋回时船舶重心位置的后方。

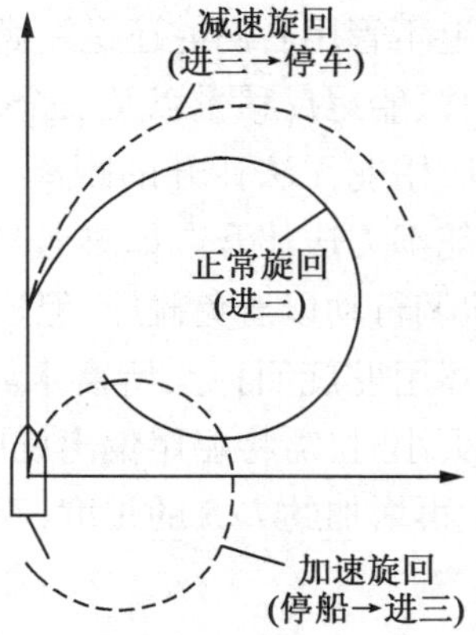

图 1-23　减速旋回与加速旋回

4. 外界环境的影响

(1)浅水

由于浅水中阻力明显增大，转船力矩下降，因此，旋回圈在其他条件相同时随着水深的变浅而逐渐增大。当水深与吃水之比小于 2 时，旋回圈将明显增大；当水深与吃水之比小于 1. 2 时，旋回圈将急剧增大。

(2)污底和风流

船体污底增多，摩擦阻力增加，旋回圈变大，但影响很小。

顶风顶流将使纵距减小，顺风顺流将使纵距增大。

除上述各因素之外，旋回圈的大小还与螺旋桨的旋转方向有关，但影响不大。如船舶旋回方向与螺旋桨旋转方向一致，旋回圈将有所增大，反之则有所减小。

四、旋回圈要素在实际操船中的应用

1. 反移量的应用

反移量，尤其是船尾反移量，在操舵后初始阶段出现最大值。现举例说明其利用与防止的有关问题。

(1)本船航行中发现有人落水时，应立即向落水者一舷满舵，并停车，使船尾迅速摆离落水者，以免使之卷入螺旋桨。

(2)在距船首较近的前方发现障碍物时，应立即操满舵使船首让开，当估计船首已可避开时，再操相反一舷满舵以便让开船尾。

(3)当船首已摆出码头，拟进车离泊时，如很快操大舵角进车离泊，则会因为船尾外摆较大而触碰码头。所以应适当减速，用小舵角慢慢驶离。

(4)船舶过弯道时，如船速快、大舵角转向，则会产生较大的船尾反移量，因此应保持足够的船岸间距。

2. 其他要素的应用

两船对遇时,进距之和可用来估算最晚施舵点,即两船距离大于或等于两船进距之和,若用舵紧急避让,则在理论上不管用右满舵还是左满舵都能让开。然而在实际操纵中,还应考虑操舵延迟、风流漂移、船尾反移量以及安全余量等因素。

滞距可用来估算两船对遇时用舵无法让开的距离,即两船对遇时的距离小于两船滞距之和,则不论如何操作,用舵都无法让开。如对遇时两船距离滞距之和小于纵距之和,则理论上可通过两船间的协调行动以避免碰撞,但这在实际操作中极为困难。

旋回初径和进距可用来估算用舵旋回掉头所需水域的大小。值得注意的是,驾引人员在估计船舶所需旋回水域大小时,需将船尾偏出旋回圈外的长度考虑进去,这就要在最大纵距、最大横距的基础上再增加约 $L/5$ 的长度,否则会影响船舶的顺利旋回。

五、回转速度指示器及其应用

1. 回转速度指示器作用

回转速度指示器是一种量化显示船首转动指标的仪器(Rate of Turn,ROT),显示单位为度数/分钟。从显示的数值中可以实时了解船舶航行中首向的偏转情况及船舶在转向或回转过程中特定时刻的转首角速度。近年来,许多新建的大型船舶都安装了回转速度指示器。与传统的目测船舶转向情况相比,回转速度指示器能量化地显示出船舶实时回转速度,从而使驾驶人员在船舶转向和过弯道时能及时了解船舶首向转动的变化与趋势,更好地利用车舵进行操纵,为船舶安全航行提供保障。

2. 船舶旋回时对地速度、回转半径和回转速度间关系

船舶在回转中进入定常回转时,其对地速度、回转半径和回转速度三者之间的关系式可表达为:

$$\varphi = \frac{v \times 360}{2 \times \pi \times r \times 60} = \frac{v \times 3}{r \times \pi} \tag{1-17}$$

$$v = \frac{\varphi \times r \times \pi}{3} \tag{1-18}$$

$$r' = \frac{v \times 3}{\varphi \times \pi} \tag{1-19}$$

式中:φ——回转速度,°/min;

v——对地速度,kn;

r——回转半径,n mile。

3. 应用注意事项

(1)在船舶以一定的船速和舵角开始回转的初始阶段,船舶受水流冲击舵面和横向阻力不断增大及转动惯性逐步增大等因素的影响,将会产生船速逐步下降和回转角速度不断加大的现象。船舶只有在回转一定时间后才能进入定常回转状态,这一时间

段因船而异。实际操纵中,在施舵后应通过角速度指示器密切观察回转速度的情况。一旦发现原定的车、舵得到的回转速度不符合实际航行的需要和难以保证船舶安全时,应立即干预,使回转速度达到所需数值。

(2)使用式(1-17)至式(1-19)计算的结果会受到外部条件及本船操纵特性的影响。在船舶实际航行操作中还必须充分考虑回转区域水文、地理及气象等外界条件的影响和不同船舶在回转中速降等操纵性能的相异性。

(3)上述式(1-17)至式(1-19)对于过弯道前预设方案估算具有参考意义,实际操纵船舶过弯道时应凭借技术和经验,应用优良的船艺操纵船舶。

(4)在大型船舶计算机仿真模拟训练中存在过度依赖回转速度指示器进出港及掉转船首操纵的现象,应予以纠正。切忌在船舶操纵模拟训练中养成不良的习惯,以免对船舶安全构成新的潜在威胁。

第五节　船舶操纵性指数

一、操纵性指数 K、T

1. K、T 指数的物理意义

如果把船舶近似看成刚体,并假定船舶在旋回时只受到转船力矩和水阻尼力矩的作用,根据力学中有关定律,则可得出:

$$I_G \cdot \dot{r} = M_\delta - M_W$$

式中:I_G为船舶绕重心 G 竖轴的惯性矩;$\dot{r}$ 为回转角加速度。

由于转船力矩 M_δ大小与所操舵角 δ 成正比,水阻尼力矩与旋回角速度 r 成正比,即

$$M_\delta \approx a \cdot \delta, M_W \approx b \cdot r$$

则

$$I_G \cdot \dot{r} = a \cdot \delta - b \cdot r \tag{1-20}$$

式中:a 为转船力矩系数,b 为阻尼力矩系数。

将式(1-20)稍加整理,可得

$$\frac{I_G}{b}\dot{r} + r = \frac{a}{b}\delta \tag{1-21}$$

令:$\frac{I_G}{b} = T, \frac{a}{b} = K$,则式(1-21)可转化为:

$$T\dot{r} + r = K\delta \tag{1-22}$$

式中:K——旋回性指数(s^{-1});

T——追随性指数(s);

r——旋回角速度(1/s);

$\dot{r}$——旋回角加速度($1/s^2$);

δ——舵角(°)

式(1-22)就是野本谦作提出的一阶近似操纵运动方程式。

显然,T 指数是船舶绕其重心竖轴的惯性矩与船舶旋回阻尼力矩系数之比所决定的常数;K 指数是操舵后转船力矩系数与船舶旋回阻尼力矩系数之比所决定的常数。船舶 K、T 值的大小将决定船舶在操舵后任意时刻所具有的转头角加速度、角速度、转向角度的值,K、T 指数可用来表示船舶操纵性的优劣。因此,称之为船舶操纵性指数。

2. K、T 指数与船舶操纵性的关系

船舶直航中操舵,设初始条件 $t=0$ 时,$r=0$,则求解一阶操纵运动方程可得船舶转头角速度、角加速度及船首转向角度的表达式:

$$r = K\delta_o(1-e^{-t/T}) \tag{1-23}$$

$$\dot{r} = \frac{K}{T}\delta_0 e^{-t/T} \tag{1-24}$$

$$\psi = K\delta_0(t - T + T \cdot e^{-t/T}) \tag{1-25}$$

r 随时间的变化情况如图 1-24 所示,当 $T>0$ 时,$e^{-t/T}$将随时间的延长而衰减下去,转头角速度最终逐渐稳定于定值 $K\delta_0$,即定常旋回时,船舶以 $r_0 = K\delta_0$ 的角速度做旋回,而船舶定常旋回时的切线速度 v_t 与 r_0的关系是:$v_t = r_0 R$,故 $R = v_t/r_0 = v_t/K\delta_0$。因此,$K$ 值越大,则定常旋回角速度越大,旋回半径也就越小,船舶的旋回性越好;反之,K 值越小,船舶旋回性越差。所以称 K 为船舶旋回性指数。

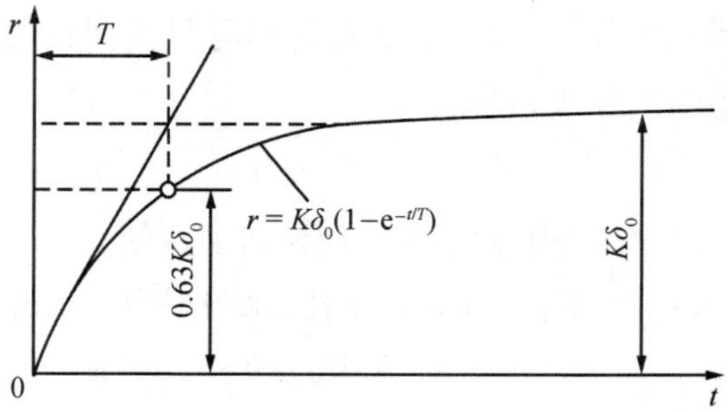

图 1-24　转头角速度随时间的变化情况

在式(1-23)中,设 $t=T$,则有

$$r = K\delta_0(1-e^{-t/T}) = K\delta_0(1-0.368) \approx 0.63\,K\delta_0$$

这说明,T 值是表示操舵后,船舶对舵角响应的时间滞后的一种指数。它在数值上等于操舵后船舶旋回角速度达到 $0.63\,K\delta_0$(即63%定常旋回角速度)所需的时间。若 T 为正值,则 T 值越小,$e^{-t/T}$趋于零的速度就越快,船舶进入定常旋回的速度也就越快,即船舶追随性越好;反之,T 值越大,追随性就越差。所以称 T 为船舶追随性指数。

此外,T 值越小,船舶惯性转头角就越小,则越能较快地稳定在新航向上,即航向稳定性较好;T 值越大,惯性转头角就越大,则航向稳定得较慢,即航向稳定性较差。若 $T<0$,则船舶不具备航向稳定性。可见,T 指数还可反映船舶航向稳定性的好坏,所以又称其为航向稳定性指数。

二、K、T 指数的无因次化与数值范围

一般说来，较大的船舶都具有应舵较慢、旋回直径较大的特点（绝对数值），这给比较大小不同的各类船舶的操纵性带来不便。例如，具有相同 K、T 值的两船，以船长 L 大、船速 v_s 低者，操纵性为好。也就是说，当两船的 K、T 值相同时，要使其操纵性能也相同，其船长和船速也应相同。为了便于比较不同种类船舶或同一船舶不同状态下的操纵性，通常将 K、T 指数做无因次化处理，即消去其量纲。其处理方式按以下公式进行：

$$K' = K\frac{L}{v_s} \qquad T' = T\frac{v_s}{L}$$

式中：v_s——船速（m/s）；

L——船长（m）；

K——旋回性指数（1/s）；

T——追随性指数（s）；

K、T 值多从 Z 形试验中求得，表 1-3 给出了一些实船的 K'、T'实测数据。

表 1-3　K'、T'实测数据

船种	状态	$L_{PP}\cdot d$	v(kn)	K'	T'	Z 形试验舵角(°)	备注
油船	满载	276×16.5	16.5	3.2	6.2	10	Z 形试验的舵角影响
				1.6	2.8	15	
				1.3	1.9	20	
				1.0	1.0	25	
油船	满载	210×11.50	17	3.00	6.10	10	船舶大小的影响
		192×10.40	16	1.70	3.44	10	
		154×9.02	12	2.26	2.96	10	

从表 1-3 可知，同一船舶条件不同，K'、T'值均不相同。在其他条件相同的情况下，同一船舶的 K'、T'，随 Z 形试验时所用舵角的增大而同时减小；随吃水的增大而同时增大；随水深的变浅而同时减小；随尾倾增加而同时减小。此外，K'、T' 还随船型系数 $C_b/(L/B)$ 的增大而同时增大，也就是说，丰满而短宽的船舶 K'、T'值较高，操舵后应舵慢，旋回圈较小，航向稳定性较差；瘦削而修长的船舶 K'、T'值较低，操舵后应舵快，旋回圈较大，航向稳定性较好。

通常认为，实船 Z 形试验（10°/10°）所测得的 K'、T'值处于下列数值范围内，即可认为该船具有一般的操纵性能。

满载货船（L＝100～150 m）：K'＝1.5～2.0，T'＝1.5～2.5；

满载油船（L＝150～250 m）：K'＝1.7～3.0，T'＝3.0～6.0。

三、K、T 指数在实际操船中的应用

1. 旋回圈部分要素的求算

(1)定常旋回半径

$$R = v_t/r = v_s/K\delta_0 = L/K'\delta_0 \quad (1\text{-}26)$$

(2)定常旋回直径

$$D = 2R = 2\ v_s/\ K\delta_0 = 2\ L\ /\ K'\delta_0 \quad (1\text{-}27)$$

(3)心距

$$R_e = v_s(T + t_1/2) \quad (1\text{-}28)$$

(4)进距

$$A_d = R_e + R = v_s(T + t_1/2) + v_s/K\delta_0 \quad (1\text{-}29)$$

上述式中:K——旋回性指数(1/s);

T——追随性指数(s);

v_s——旋回时初速(m/s);

δ_0——所操舵角,单位为弧度;

t_1——操舵时舵角由正舵至 δ_0 所需的时间(s)。

计算出 R_e、R 后,即可近似地画出类似图 1-25 所示的旋回圈轨迹。

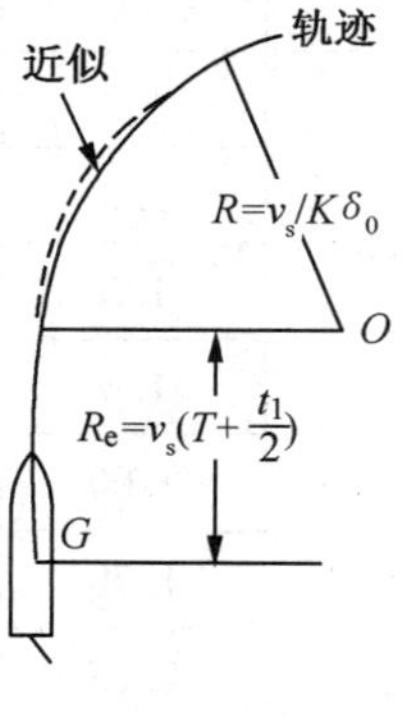

图 1-25　近似旋回圈轨迹

2. 改向中船舶的转头惯性角的估算

航行中的船舶操某一舵角实施改向,船舶的转头角速度 r_0 达到某一定值后操正舵,船首将继续偏转,其转头惯性角为:

$$\varphi = r_0 \cdot T \quad (1\text{-}30)$$

3. 推算新航向距离

如图 1-26 所示,原航线上应提前操舵的施舵点 A 至转向点 C 之间的距离,称为到新航向距离 D_{NC}(distance to new course)。

$$D_{NC} = AB + BC = R_e + R \cdot \tan\frac{\varphi_0}{2} = v_s\left(T + \frac{t_1}{2}\right) + \frac{v_s}{K\delta_0}\tan\frac{\varphi_0}{2} \quad (1\text{-}31)$$

计算时应注意式中各量的单位统一。旋回时初速 v_s 单位为 m/s；K 指数单位为1/s；T 指数单位为 s；操舵时间 t_1 单位为 s；所操舵角 δ_0 单位为弧度（1° = 1/57.3 rad）；转向角 φ_0 单位为度（°）；新航向距离 D_{NC} 单位为 m。

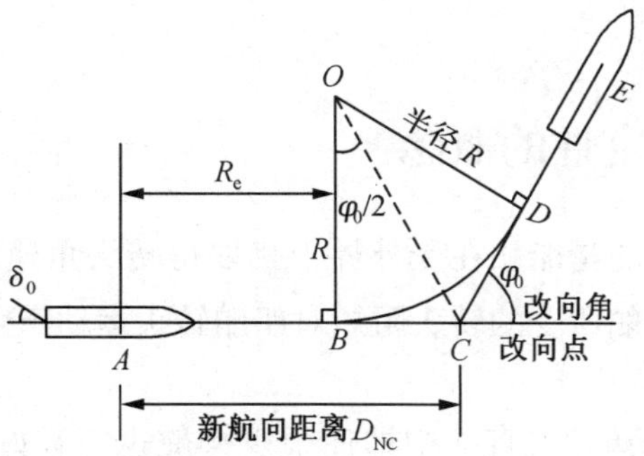

图 1-26 新航向距离

4. 利用 K、T 指数对船舶操纵性进行分类

不同种类、结构和大小的船舶，其操纵性会有很大的不同。按照 K、T 指数比较船舶的旋回轨迹，可将船舶操纵性大致分为四类，如图 1-27 所示。

A 型：T 小 K 大，该类船舶旋回性、追随性均好。操舵后，应舵快，旋回圈也小。舵面积比较高的船，如拖船、渔船、集装箱班轮，即属此类船舶，其 R_e、A_d 短，T_r、D_T 和 D 也短。

B 型：T 小 K 小，该类船舶旋回性差、追随性好。操舵后，应舵虽快，但旋回圈较大。浅吃水或空载状态的船属此类船舶，其 R_e、A_d 短，但 T_r、D_T 和 D 却长。

C 型：T 大 K 大，该类船舶旋回性好、追随性差。操舵后，应舵慢，但旋回圈较小。深吃水或满载状态的船舶常具有此种特点。满载的超大型油船，虽然舵面积比很小，但也具有这种特点。其 R_e、A_d 长，但 T_r、D_T 和 D 却短。

D 型：T 大 K 小，该类船舶旋回性、追随性均差。操舵后，应舵慢且旋回圈较大。舵面积比较小的船舶、瘦型船均属此类。其 R_e、A_d 长，T_r、D_T 和 D 也长。

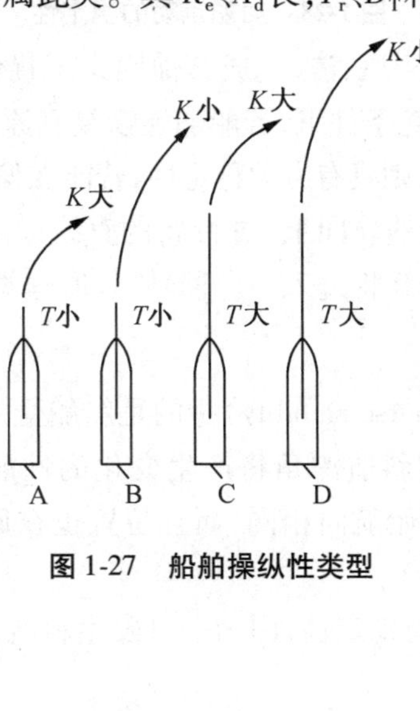

图 1-27 船舶操纵性类型

第六节　船舶航向稳定性与保向性

一、船舶航向稳定性的概念

所谓航向稳定性,指的是船舶在受外界干扰取得转头角速度 r_0后,当干扰消除后,在保持正舵的条件下,船舶所受的转头阻矩对船舶转头运动产生影响,因而船舶转头运动将产生变化的性质。

一艘航向稳定性好的船舶,直航中即使很少操舵也能较好地保向;而当操舵改向时,又能较快地应舵;转向中回正舵,又能较快地把航向稳定下来。其特点是对舵的响应运动速度快,耗时短,因而舵效较好。

根据外界干扰消除后船舶运动状态的不同,船舶运动稳定性可分为以下几种情况,如图 1-28 所示。

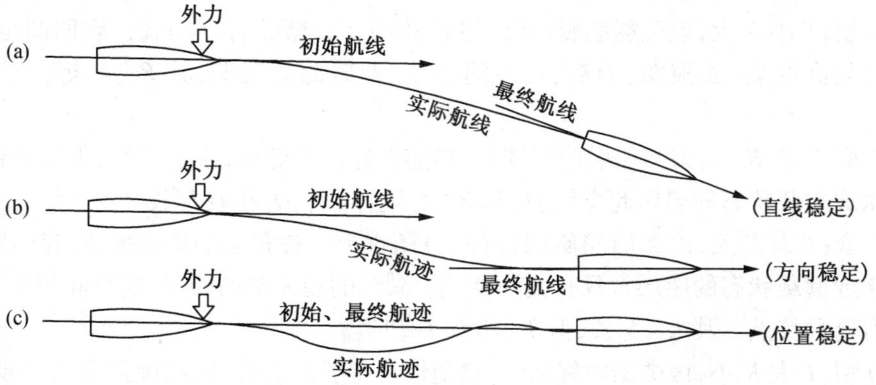

图 1-28　船舶运动的稳定性

正舵直进中的船舶,在受到风、浪、流或其他因素干扰作用后,将偏离原来的运动状态。当干扰消失后,在保持正舵条件下,若船舶能恢复到原来的运动状态,则具有位置稳定性;若能恢复到原来的航向,则具有方向稳定性;若能在偏离原运动状态后迅速衰减这种偏离,从而较快地稳定在新的航向上,进行新的直线运动,则具有直线稳定性;当然,也可能在干扰消除后,船舶最终将进入一个回转运动,这类船舶则不具备航向稳定性。

1. 静航向稳定性

静航向稳定性(statical course stability)指的是船舶受外力作用稍微偏离原航向,而重心仍沿原航线运动时,船舶斜航漂角将产生变化的性能。也就是说,外力干扰消失后,若船舶不仅最终航向与初始航向相同,而且位置也在原航向延伸线上,则称船舶具有静航向稳定性(位置稳定性)。

一般船舶均不具备静航向稳定性,因为一旦发生斜航,其漂角的出现将产生使漂角继续增大的转头力矩,往往不能自行回复到原航线上,故船舶常常表现为静航向不稳定。船首越首倾,船体侧面积在船首分布越多,静航向稳定性就越差。

2. 动航向稳定性

动航向稳定性(dynamical course stability)指的是当外界干扰消除后,船舶在不用舵纠正的情况下,能尽快地稳定于新航向的性能,也即船舶直线稳定性。稳定于新航向速度较慢、惯性转头角较大的船,其动航向稳定性较差;稳定得较快、惯性转头角较小的船,其动航向稳定性较好;一直转头不停而偏转下去的船,则不具备动航向稳定性。一般所说的船舶航向稳定性指的就是动航向稳定性。大多数船舶都具有动航向稳定性。当然,航向稳定性差甚至航向不稳定的船舶,为了保持航向,就需频繁操舵,且所用舵角也偏大。

二、船舶航向稳定性的判别

在保持正舵条件下,一阶操纵运动方程可写为:

$$T\dot{r}+r=0$$

求解上式,可得外界干扰消失后,初始转头角速度为 r_0 的任意时刻 t 的转头角速度 r 的表达式

$$r=r_0\mathrm{e}^{-t/T} \tag{1-32}$$

由式(1-32)可知,当 $T>0$ 时,T 值越小,则 $\mathrm{e}^{-t/T}$ 就很快地衰减趋于零,转头角速度也衰减得较快,即航向很快稳定。若 $T>0$ 且值较大,则转头角速度 r 衰减得慢,航向稳定性就较差;相反,若 $T<0$,船舶不具备航向稳定性。船舶航向稳定性的判别如图 1-29 所示。

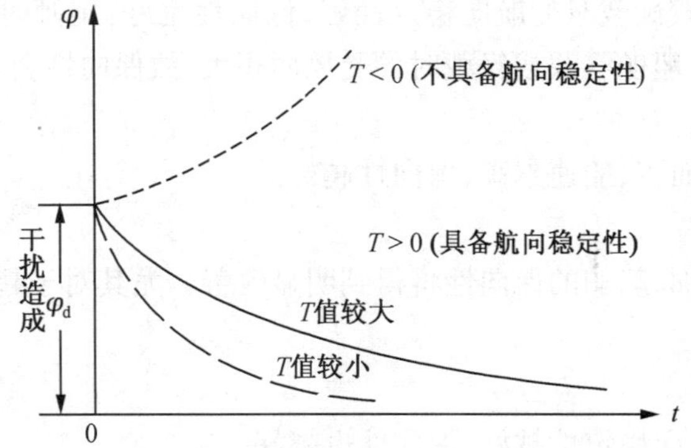

图 1-29 船舶航向稳定性的判别

如将式(1-32)对时间 t 积分,则可得到船舶因外界干扰具有的转头角速度 r_0,而当干扰消除之后,船舶惯性转头角则为

$$\varphi=\int_0^{\infty}r\mathrm{d}t=\int_0^{\infty}r_0\mathrm{e}^{-t/T}\,\mathrm{d}t=r_0T \tag{1-33}$$

由式(1-33)可知,船舶受干扰后偏离原航向的角度大小由干扰造成的初始转头角

速度 r_0 和航向稳定性指数 T 来决定。在同样的干扰情况下，T 为小的正值，则偏航角度（惯性转头角）较小；T 为大的正值，则偏航角度就大；若 T 为负值，则船舶将一直偏转下去。由此可见，船舶的航向稳定性可以用航向稳定性指数 T 来衡量。

三、船舶保向性及其影响因素

1. 船舶保向性

船舶保向性与航向稳定性并不是同一概念。航向稳定性是具有一定初始转头角速度的船舶，仅在船体因转头而受到的旋回阻矩作用下逐渐稳定于新航向的能力，其是船舶本身固有的性能。保向性则是指船舶在风、浪、流等外力作用下，由操舵水手（或自动舵）通过罗经识别船舶首摇情况，并通过操舵抑制或纠正首摇使船舶驶于预定航向的能力。船舶保向性的好坏不仅与航向稳定性的好坏有关，同时还取决于操舵人员的技能及熟练程度、自动舵的控制能力、舵机的响应能力以及舵的控向能力。显然，航向稳定性越好的船舶，保向性也越好。

2. 影响船舶保向性的因素

（1）船型

方形系数 C_b 较小、长宽比 L/B 较大的瘦削型船舶，回转时阻矩较大，航向稳定性较好，保向性也较好；肥胖型船则较差。

（2）水线下船体侧面积形状

水线下船体侧面积在船尾分布较多的船舶，如船首较为瘦削、船尾有较大钝材的船舶，其航向稳定性较好，保向性也较好；而装有球鼻首的船将使其航向稳定性降低。

（3）载态

船舶在轻载时较满载时的航向稳定性好，保向性也好；尾倾时较首倾时保向性好。但在受强风影响时，船舶空载或轻载时的受风面积大，故保向性会下降。

（4）船速

对同一艘船舶而言，船速越高，保向性越好。

（5）舵角

随着舵角的增加，船舶的保向性将得到明显改善。尤其对于超大型油船，常需使用大舵角才能保向。

（6）舵面积比

舵面积越大，航向稳定性越好，保向性也越好。

（7）其他因素

水深变浅、污底增加，将使航向稳定性变好，保向性提高；顺风、顺流航行将使航向稳定性变差，保向性降低。

第七节　舵　效

一、舵效的概念

广义的舵效泛指运动中的船舶因操舵而造成的动态变化效应。它包括控向效应、横移效应、横倾效应以及减速效应,综合起来称为舵效。狭义上的舵效概念,仅指舵的控向效应。

1. 定义

习惯上认为,操船中的舵效是指“运动中的船舶操一定舵角后,使船舶在一定时间、一定水域内所获得的转头角的大小”。若能在较短的时间内、较短的距离上,取得较大的转头角,则称为舵效好;否则舵效就差。其实这个定义很不全面,其含义仅仅指狭义的舵效概念即控向效应中的旋回性能。

全面看待舵的控向效应,则应包括正舵时的稳向性、小舵角的保向性、一般舵角的改向性以及大舵角的旋回性等几个方面。因此,狭义的舵效概念,即舵的控向效应,指的是舵对船舶航向(船首向)的控制能力,它包括保持和稳定航向的能力及改向和旋回的能力。

2. 舵效指数 K/T

舵对船舶运动的控向能力的大小充分体现在所能给出的角加速度上。解船舶操纵运动一阶近似方程,可得操舵角为 δ_0 时的角加速度 $\dot{r}$ 的表达式

$$\dot{r}=\frac{K}{T}\delta_0 e^{-t/T} \tag{1-34}$$

K/T 是角加速度系数,在数量上表示每改变1°舵角所能给出的角加速度量,反映了舵的控向能力的高低,因此又称为舵效指数或应舵指数。舵效指数 K/T 大,则舵效好;反之,则舵效差。

为便于比较不同类型船舶或同一船舶不同状态时的舵效,同样可将舵效指数进行无因次化,其表达式为:

$$K'/T'=\frac{K}{T}\cdot\frac{L^2}{v_s^2} \tag{1-35}$$

3. 诺宾指数 P

舵对船舶运动的控向能力的大小,也可以体现在操舵后的转向效果上。

$$P=\frac{1}{2}\cdot\frac{K'}{T'}=\frac{K'}{2T'} \tag{1-36}$$

诺宾指数表示操舵后船舶移动一倍船长时,单位舵角引起的转头角大小,也称转向角度系数。它与 K'/T' 有着良好的一致性和可比性。

二、影响舵效的因素

1. 舵角

舵角的大小直接影响转船力矩和转头角的大小，虽然舵角增大时，K'、T'同时减小，但K'/T'却反而增大，因此增加舵角可有效地提高舵效。

2. 舵面积比

舵面积比越大，则K'增加，T'减小，K'/T'增大，则舵效变好。

3. 舵速

舵速越快，舵效越好；舵速越慢，舵效越差。舵速由船速、伴流和螺旋桨排出流三部分组成。在实际操船中，降低船速、加大转速，同样可以达到增大舵速的目的，从而提高舵效。经验表明，人力操舵能保持舵效的最低船速为 3 kn，使用自动舵能有效保向的最低船速为 8 kn。

4. 舵机性能

操舵所需时间越短，舵效越好。一般电动液压舵机性能较好，舵来得快，回得也快，易把定；蒸汽舵机来得慢，回得快，容易把定；电动舵机来得快，回得慢，不易把定。

5. 排水量

排水量增大，则转动惯量增大，舵效变差。满载大船港内操纵起转迟钝，停转不易，因此宜早用舵、早回舵，用较大舵角。

6. 纵倾和横倾

首倾时，航向稳定性下降，舵效变差；适量尾倾舵效较好。高速航行中的船舶存在横倾时，向有横倾侧转向时舵效较差。

7. 其他因素

舵效还受风、流、浅水等外界因素影响。当风来自船首一舷时，前进中的空载、低速船舶一般均表现为顺风偏转，因此，迎风转向较顺风转向舵效差；而前进中的满载、高速船舶则相反。顺风、顺流时舵效比顶风顶流时差；浅水中舵效较深水中差。

第八节　船舶变速运动性能

船舶出于避碰、在狭水道及港内航行或驶往泊地的需要而改变螺旋桨的转速和方向，进行启动、变速、停车、倒车操纵。转速和方向改变后直至达到新的定常运动状态之前，存在着一段加速或减速运动的过程，该段过程称为变速运动过程，也称船舶惯性(inertia effect)。衡量船舶变速运动特性有两个重要指标，一个是船舶完成变速运动所航进的路程，称为冲程；另一个是完成变速运动所需的时间，称为冲时。

一、船舶启动惯性

船舶在静止状态中开进车，直至达到与主机输出功率相应的稳定船速所需的时间和航进的距离，称为船舶的启动惯性。

在启动变速过程中，螺旋桨推力 T 与船舶阻力 R 之差，是船舶产生加速运动的动因。由于启动后推力增加较快，而船速增加则较为缓慢，因此要注意合理用车，即分段逐级加车，先开低转速，在船速达到与转速相应的船速时再逐级加大转速，以免主机超负荷工作。

船舶达到定常速度 v_0 所需的时间 t 和航进的距离 s 可用下列关系式估算：

$$t \approx 0.004\,\frac{W \cdot v_0}{R_0} \tag{1-37}$$

$$s \approx 0.101\,\frac{W \cdot v_0^2}{R_0} \tag{1-38}$$

式中：v_0——最终定常速度(kn)；

W——船舶实际排水量(t)；

R_0——达到最终定常速度 v_0 时的船舶阻力(t)；

计算出的 t 的单位为 min；

计算出的 s 的单位为 m。

根据经验，从静止状态逐级动车，直至达到海上速度，满载船舶约需航进 20 倍船长的距离，轻载时为满载时的 1/2 ~ 2/3。

二、船舶停车惯性

船舶以一定常速度(全速或半速)行驶中停止主机，至船舶对水停止移动所需的时间和滑行的距离，称为船舶停车惯性。

主机停车后，推力急剧下降到零。开始时，船速较高，阻力也大，降速较快；但当速度减小后，阻力也随之减小，速度下降率变低，呈非线性递减，船舶很难完全停止下来，且在水中亦很难判断。所以，通常以船速降至维持舵效的最小速度作为计算所需时间和船舶航进距离的标准。通常万吨级船舶取 2 kn，超大型船舶取 3.2 kn。

主机停车后的时间、速度及航进距离存在如下关系。

达到速度 v 时所需的时间：

$$t = 0.001\,05\,\frac{W \cdot v_0^2}{R_0}\left(\frac{1}{v} - \frac{1}{v_0}\right) \tag{1-39}$$

达到速度 v 时所航进的距离：

$$s = 0.075\,\frac{W \cdot v_0^2}{R_0}\ln\left(\frac{v_0}{v}\right) \tag{1-40}$$

式中：v_0——发出停车令时的初速度(kn)；

R_0——速度 v_0 时船舶所受阻力(t)；

W——船舶实际排水量(t)；

计算出的 t 的单位为 min；

计算出的 s 的单位为 m。

计算停车冲程还可采用 Topley 船长提出的经验估算式：

$$S=0.024\ C\cdot v_0 \tag{1-41}$$

式中：C——船速减半时间常数(船舶停车后船速每递减一半所需的时间)(min)；

v_0——船舶停车时初速(kn)。

C 值随船舶排水量不同而不同，C 值越小，减速越快。计算时可从表 1-4 中查取。

一般船舶在以常速航进中，从主机停车到余速降至 2 kn 时，其停车冲程约为 8～20 倍船长；而 VLCC 满载时，在以海上常速航进中停车至余速降至 3 kn，则停车冲程约为 23 倍船长，冲时近 30 min。当然，正常的进出港或接近泊地仍以逐级降速为妥，以利于主机的养护。

表 1-4　船速减半时间常数表

排水量(t)	C(min)	排水量(t)	C(min)	排水量(t)	C(min)
小于 1 000	1	28 000～36 000	8	105 000～120 000	15
1 000～3 000	2	36 000～45 000	9	120 000～136 000	16
3 000～6 000	3	45 000～55 000	10	136 000～152 000	17
6 000～10 000	4	55 000～66 000	11	152 000～171 000	18
10 000～15 000	5	66 000～78 000	12	171 000～191 000	19
15 000～21 000	6	78 000～91 000	13	191 000～210 000	20
21 000～28 000	7	91 000～105 000	14		

三、船舶倒车惯性

船舶在全速前进中开后退三，从发令开始至船舶对水停止移动所需的时间和航进的距离，统称为倒车惯性。倒车冲程又称为紧急停船距离(crash stopping distance)或最短停船距离(shortest stopping distance)。

全速前进的船舶在进行紧急制动时，为不致造成主机转动部件出现应力过大的情况，在关闭主机油门后，通常要等船速降至全速的 60%～70%、转速降至额定转速的 25%～35%时，方可将压缩空气持续充入气缸使主机停转，然后进行反向启动。

1. 紧急停船距离(*CSD*)和停船时间的估算

(1)Lovett 式估算法

$$t\approx 0.000\ 89\frac{W\cdot v_0}{R_0} \tag{1-42}$$

$$s \approx 0.0121 \frac{W \cdot v_0^2}{R_0} \qquad (1\text{-}43)$$

式中：s——最短停船距离（m）；

t——所需时间（min）；

W——船舶实际排水量（t）；

R_0——船速为 v_0 时的船舶阻力（t）；

v_0——倒车前的船舶速度（kn）。

（2）紧急停船距离经验估算法

从主机倒车后的船速随时间变化关系看，可近似认为是一个匀减速过程，如图 1-30 所示。紧急停船距离的大小就是速度曲线与时间轴围成的面积，即

$$s = \int_0^{ts} v\mathrm{d}t = Cv_k \cdot t_s \qquad (1\text{-}44)$$

式中：v_k——倒车时船速（kn）；

t_s——倒车使用时间（s）；

C——紧急停船距离系数，一般货船取 0.25～0.27，大型油船取 0.27～0.29；

s——紧急停船距离（m）。

大型油船如时间按分（min）计算，也可按下式求取紧急停船距离：

$$s = 16\ v_k \cdot t_m \qquad (1\text{-}45)$$

使用上述两公式时，可不考虑船舶主机种类和吃水状态。

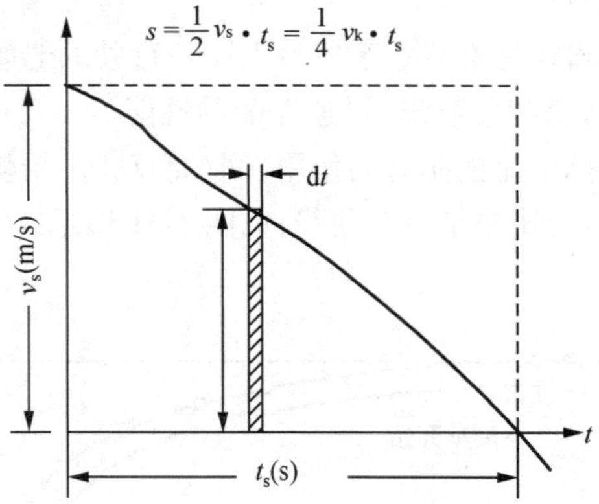

图 1-30　紧急停船过程中船速的变化

（3）低速航进时倒车冲程及冲时的估算

$$s = \frac{Wk_x}{2gT_p}v_0^2 \qquad (1\text{-}46)$$

$$t_s = \frac{Wk_x}{gT_p}v_0 \qquad (1\text{-}47)$$

式中：s——倒车冲程（m）；

t_s——所需时间（s）；

g——重力加速度（9.8 m/s^2）；

W——船舶排水量(t)；

k_x——船舶前进方向虚质量系数，可经试验取得，如 VLCC 或肥大型船舶可取 1.07；

T_p——螺旋桨倒车拉力(t)，估算时可用 $T_p = 0.01N_{拉}$(后退倒车功率)来估算；

v_0——船舶倒车时船速(m/s)。

如船舶驶向泊地并要求船舶能在一倍船长的距离内用倒车把船停住，则船舶所用余速为

$$v_0 = \sqrt{\frac{2g \cdot L \cdot T_P}{W \cdot k_X}} \tag{1-48}$$

(4)经验数据

根据统计，一般情况下各类船舶的紧急停船距离大致如表 1-5 所示。

表 1-5　各类船舶停船距离

载重量	船种	主机种类	紧急停船距离
1 万吨	普通货船	内燃机	$(6\sim8)L$
5 万吨	油船	内燃机	$(8\sim11)L$
5 万吨	货船	内燃机	$(8\sim10)L$
10 万吨	油船	汽轮机	$(10\sim13)L$
15 万～20 万吨	油船	汽轮机	$(13\sim16)L$

2. 船舶紧急倒车停船性能

船舶的停船性能是指在标准状态下以海上船速行驶的船舶，经自力制动操纵后，可在允许偏航范围内(偏航量和偏航角)迅速停船的性能。

由于沉深横向力和排出流横向力的作用，倒车制动时，船舶在减速的同时船首将发生剧烈的偏转运动，其运动轨迹是一条曲线，如图 1-31 所示。

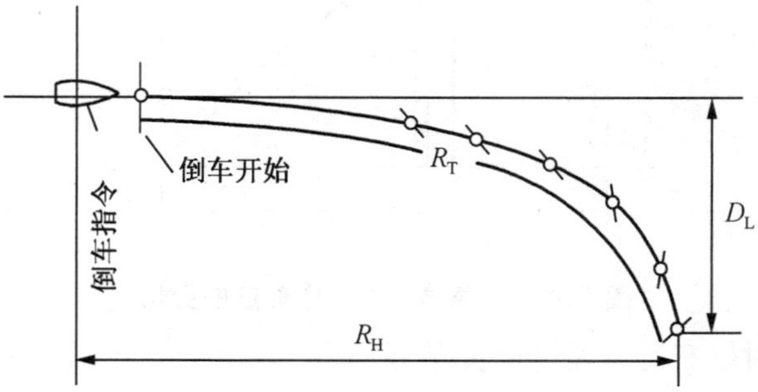

图 1-31　船舶倒车制动轨迹

在图中曲线的长度即最短停船距离，也称之为制动行程 R_T(track reach)。船舶重心沿原航向方向移动的距离称为制动纵距 R_H(head reach)，它是用车紧急停船能让开前方物标的最短距离。倒车制动时，船首向偏离原航向的角度，称为偏航角。而船舶重心偏离原航向的横向距离，称为偏航量 D_L。压载时，停船距离短，偏航角和偏航量较小；满载时，停船距离长，偏航角和偏航量较大。

具有良好停船性能的船舶应满足,在开阔水域具有与其船长相对应的最小停船距离,而在水深、航道宽度受限制的水域不仅要具有最小停船距离,而且要具有较小的偏航量和偏航角。

3. 影响紧急停船距离的主要因素

(1)主机倒车功率、换向时间

主机倒车功率越小,紧急停船距离越大。此外,单位排水量功率(*MCR/DWT*)越小,紧急停船距离越大,这就是大型船较小型船舶倒车功率大,但紧急停船距离一般较大的原因所在。

主机换向时间越短,紧急停船距离越小。主机换向时间因主机类型的不同而不同,一般从前进三到后退三换向所需时间:蒸汽机船需 60 ~ 90 s;内燃机船需 90 ~ 120 s;汽轮机船需 120 ~ 180 s。另外,内燃机倒车功率占常用功率的比例也较汽轮机为高。

(2)推进器种类

与定距桨相比,调距桨只需改变螺旋桨的螺距角便可达到换向目的。由于它换向时间短,可在短时间内产生较大乃至最大的倒车拉力,故紧急停船距离较短。若其他条件相同,一般 CPP 船的紧急停船距离为 FPP 船的 60% ~ 80%。目前新出现的悬挂式推进装置(POD)可 360°旋转,故其紧急停船性能更佳。

(3)排水量

在船速和倒车拉力相同时,排水量越大,紧急停船距离越长。通常压载时的停船冲程约为满载时的 80%,而倒车冲程为满载时的 40% ~ 50%。

(4)船速

若其他条件相同,船速越大,紧急停船距离越大。

(5)外界条件

顺风流时紧急停船距离增大;反之则减小。浅水中船舶阻力增加,紧急停船距离略有减小。

(6)船体污底

船体污底严重,则阻力增加,船舶紧急停船距离将相应减小。

4. 各种制动方法及其运用

(1)倒车制动法

通过螺旋桨倒转或改变螺距角,使之产生强大拉力进行制动的方法称为倒车制动法。该方法因其制动拉力大、操纵方便、不受水域和船速等条件的限制而被各类船舶广泛采用。但其存在控向困难、不利于船舶保位的缺陷,因而大型船舶在港内应谨慎使用。

(2)蛇航制动法

蛇航制动法(zig zag stop manoeuvre)是英国造船研究协会(BSRA)提出的紧急停船制动方法。该法通过船舶自身操舵、换车,不仅可利用主机倒车拉力、船舶斜航阻力和舵阻力使船舶快速停住,而且能保证船舶有明确的偏航方向和较少的偏航距离。此外,由于采用分阶段逐级平稳降速,避免了主机超负荷工作等情况的出现。该方法适用于较开阔水域，对于大型船舶和方形系数 C_b 较大的船舶在深水域中初速度较高时尤为有效。其缺点是在较窄水域或航道内不宜使用，操纵较复杂。

(3)大舵角旋回制动法

这是一种利用船舶大角度旋回过程中速降明显的特点来降低船速的方法，一般船舶进行大舵角旋回时，可使船速减至原船速的 70% 左右，肥大型船舶可减至原船速的 50% 左右。该法操作简便，无须机舱动车，尤其适用大型船舶，但需要有足够的操船水域。

(4)拖锚制动法

该方法仅适用于万吨及万吨以下船舶，而且抛锚时的船舶对地速度仅限于 3 kn 以下。大型船舶由于其锚机的刹车力不足，拖锚制动将会损坏锚设备或使锚机制动失败，故不宜采用此方法。

(5)拖船制动法

当本船船速低于 6 ~ 7 kn 时，根据当时的吃水情况使用相应数量的拖船，利用拖船的动力，有效地控制本船船速。该法多用于大型船舶在港内航道中的制动。

(6)辅助装置制动法

该方法是通过在船体上增设一些辅助装置，在需要时予以启动，以增加船舶运动阻力，消耗船舶动能，使船舶尽快减速。该法在船速较高时制动效果明显。

以上所述各种制动方法的适用范围如表 1-6 所示。

表 1-6　各种制动方法的适用范围

船舶制动方法	制动类别	有效速度域	可使用操纵环境
倒车制动	提高拉力型	全速域	全部水域，大型船在港内应慎用
使用拖船制动		低速域	港内水域，多用于大型船
大舵角旋回制动	增加阻力型	高速域	较宽水域
拖锚制动		低速域	港内操纵
辅助装置制动		高速域	紧急停船(较宽水域)
蛇航制动	混合型	高速域	紧急停船(较宽水域)

第九节　实船操纵性试验

操纵性试验的目的是求得船舶操纵性衡准及各运动要素，从而评价船舶操纵性的优劣。实船操纵性试验通常包括：旋回试验(turning test)、Z 形试验(Zig-zag manoeuvre test)、螺旋试验(spiral test)和逆螺旋试验(reverse spiral test)、停船试验(stopping test)、改向试验(course change test)五项试验。本节将针对前四项试验进行介绍。

试验水域的状态应符合水面宽敞、具备不受浅水影响的水深(一般不低于 $3\sqrt{Bd}$)、流微弱但流向稳定、无风浪涌等要求；船舶的状态应尽可能取满载状态，无条件者应按适当的压载状态来要求;桨叶中心处水深即沉深应大于0.45倍的螺旋桨直径。

一、旋回试验

1. 试验目的

测定船舶旋回圈,从而求得船舶的旋回诸要素,包括进距、横距、旋回初径、旋回直径、滞距、旋回时间等,以便评价船舶旋回的反应程度和所需水域的大小。

2. 试验要求

通常在试验速度条件下,直进中分别向左、右两舷操满舵进行旋回,直至船首向角变化360°(有风流轻微影响时应为540°)时,测定其旋回圈;也可根据实际工作需要,测定不同载况(满载、半载、压载)、不同船速(全速、半速、低速)、不同舵角(10°、15°、20°、35°)情况下向左和向右的旋回资料。

3. 旋回试验过程

(1)测试人员就位后,在预定的航线上保持船舶直航并稳定航速。

(2)在开始回转前约一倍船长的航程范围内,测量船舶的初始参数,如初始船速、初始航向角、初始舵角以及螺旋桨的初始转速等。

(3)发出操舵口令,以尽可能快的转舵速度操舵至规定舵角。

(4)从转舵开始,首向角变化了1°、5°、15°、30°、60°、90°以及以后每隔30°分别记下对应的时间、航速、船位、转头角、横倾角及螺旋桨转速。

(5)当船首向角变化达到360°(或540°)以后,正舵并改为直进状态。

(6)根据上述观测数据,并对风流引起的漂移进行修正,然后在大比例尺海图上连续绘出各个船位点,并把它们圆滑地连结为曲线,便可量出旋回圈各要素。从航速和角速度测量中可求得回转速降和定常旋回角速度。从横倾角的测量中可得到定常外倾角和最大突倾角。

4. 测定旋回圈轨迹的方法

(1)使用GPS,尤其是DGPS定位测旋回圈。该法操作方便,精确度高,是目前测定旋回圈、惯性及测速的首选方法。

(2)使用航向、航速计算求旋回圈。

(3)使用雷达定位测旋回圈。

(4)使用无线电定位测旋回圈。

不论采取何种方法,均应注意将测得的船位换算为重心 G 处的船位,并进行漂移修正,以提高测量数据的准确性。

二、Z 形试验

1. 试验目的

求取船舶的操纵性指数 K、T，借以全面评价船舶的旋回性、追随性和航向稳定性等重要操纵性能。

2. 试验要求

通常在海上速度情况下，采用 10°/10°（分子表示舵角，分母表示操反舵时的船首向改变量）试验。根据需要也可进行 20°/20°、15°/15°、5°/5°等 Z 形试验，它们分别表示较强和较弱机动时的操纵情况。

3. 试验方法

（1）以规定航速保持匀速直航，操右舵 10°并保持之；

（2）当船首向右转头的角度达到 10°时，即与所操舵角相等的瞬间，立即回舵，改操左舵 10°并保持之；

（3）待船首最终左转，越过原航向并向左偏离原航向达 10°时，即再一次出现与所操舵角相等的瞬间，立即回舵，再操右舵 10°。

如此反复，既可按右—左—右，也可按左—右—左的顺序，连续进行三次蛇航运动（最好五次）即可。

对一些航向稳定性差的船，如船型肥大的大型船，试验中会出现所操相反舵角抑制不住船舶转头运动的情况，往往难以完成 Z 形试验，为此，常采用降低转头角的办法，即转头角较所操舵角小 1° ~ 5°（或更多）的变 Z 形试验。

试验中应准确地记录各舵角到位时间、特征转头角的时间及转头超越角的大小。将这些数据描绘成曲线 $\delta-t$、$\varphi-t$（如图 1-32 所示），并据以计算操纵性指数 K、T。

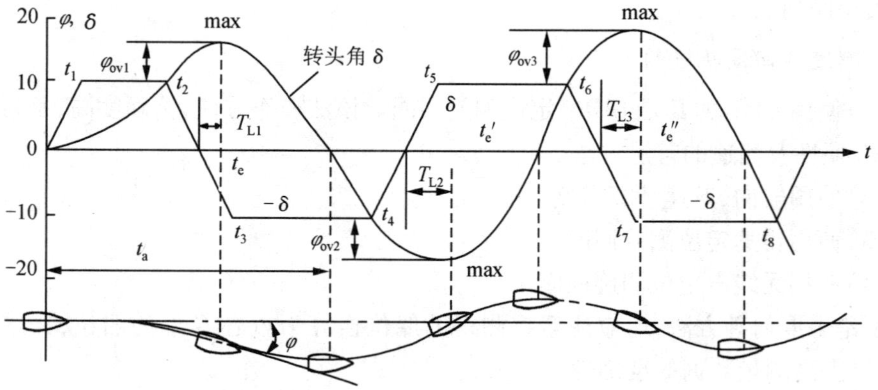

图 1-32　10°/10°Z 形试验 $\delta-t$、$\varphi-t$ 曲线

三、螺旋试验和逆螺旋试验

1. 试验目的

评价船舶航向稳定性的好坏。

2. 螺旋试验

首先从右满舵开始求出其对应的定常旋回角速 r，而后逐步少量减小其右舵角，再求其各对应的定常旋回角速度；然后顺次求出正舵、左舵直至左满舵旋回时的定常旋回角速度；最后再从左满舵向右满舵一步步过渡，分别求出全部的定常旋回角速度 r 与相应舵角 δ 的对应关系，并顺次绘出 $r-\delta$ 曲线，如图 1-33 所示。

对于任何船舶，其 $r-\delta$ 曲线不外乎两种基本类型。如属于 $ao'oa$ 类型的，因 $r-\delta$ 具有单值对应关系，则说明船舶具有航向稳定性；如 $r-\delta$ 曲线呈 $ABCDA'DEBA$ 类型，带有 $BCDE$ 环形范围的，因 $r-\delta$ 在环形范围内具有多值对应关系，则说明该类船舶在环形范围内不具备航向稳定性。该曲线的环形范围越宽、面积越大，则船舶的航向稳定性越差。这种船舶在大舵角旋回中即使改操小舵角仍将保持相当高的转头角速度，甚至在操反向小舵角时，只要该舵角处于临界舵角范围之内，则船舶仍将维持原转头方向不变。如果环宽大于 20°，则操纵船舶就会变得很困难。

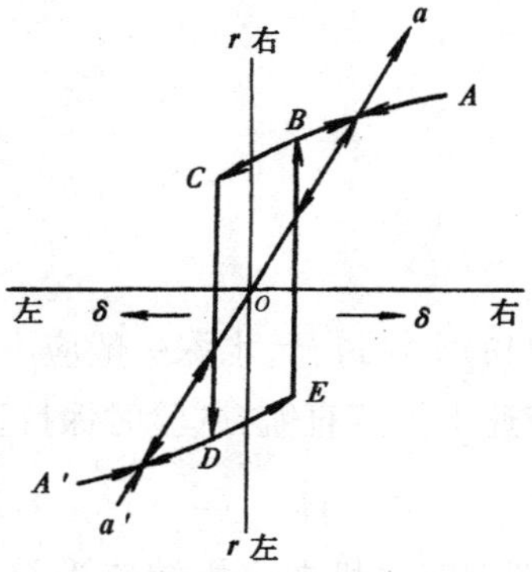

图 1-33 螺旋试验的 $r-\delta$ 曲线

此试验的旋回圈逐渐由小到大或由大到小，就其整个旋回过程而言，其运动轨迹极似一条螺旋线，故称螺旋试验。

3. 逆螺旋试验

螺旋试验需进行多次小舵角回转运动，要求试验水域面积大，且进入定常旋回十分缓慢，整个试验费时很长，此外，对海面环境的要求也很苛刻，一般要求选择 2 ~ 3 级海况以下。为弥补上述缺点，Bech 提出了逆螺旋试验的方法。该方法与螺旋试验相反，它是预先选定几个不稳定环内可能会有的角速度 r，再通过操舵使船舶保持各角速度值定常回转，然后求取对应各角速度所需操舵的舵角平均值，从而求得如图 1-34 所示的 $r-\delta$ 曲线。该法采用主动操舵而保持 r 值，故对海面环境要求不高，且大大缩短了试验时间。

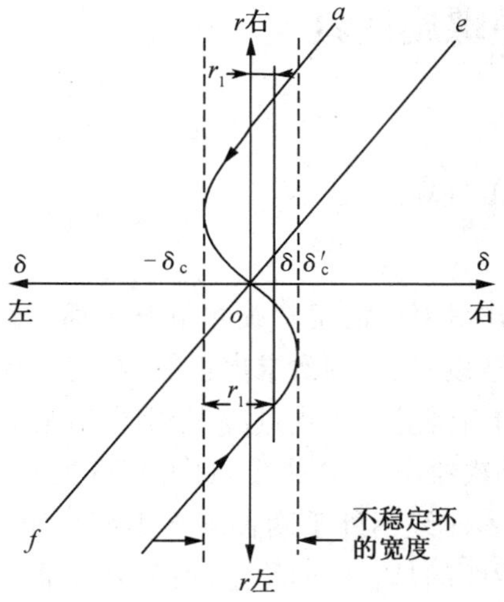

图 1-34 逆螺旋试验的 $r-\delta$ 曲线

在经逆螺旋试验得到的 $r-\delta$ 曲线上，r 与 δ 成单值对应关系：航向稳定性好的船舶，其 $r-\delta$ 曲线仍近于直线，而航向不稳定度极强的肥大型船，其 $r-\delta$ 曲线多呈 S 形；在临界舵角范围内，r 与 δ 成多值对应关系。中间曲线段的宽度越大，则航向不稳定度越强，这与螺旋试验的不稳定环宽的含义是完全一致的。

四、停船试验

1. 试验条件

试验应选择在无风、流影响的水域进行，水深一般应不小于 $3\sqrt{Bd}$（B 为船宽，d 为吃水），船舶在稳定的转速和航速下保持直航，试验时保持正舵。

2. 试验内容

通常在空船和满载时，分别测定主机在主机转速为前进一、前进二、前进三时使用停车和倒车的冲程和所需时间，至少应测定船舶前进三至停车、前进二至停车的停车冲程和前进三至后退三及前进二至后退三的倒车冲程。

3. 试验方法

(1)抛板法

这是一种较传统的试验方法，现在虽已很少采用，但此方法比较简便且实用。具体步骤为：船舶以稳定的航向、主机转速做直航运动，两观测组分别位于船首及船尾固定处。当驾驶台发令停车（或倒车）时，船首观测组立即沿垂直于船舶首尾面方向抛出第一块木块，并启动秒表；当该木块通过船尾观测组时，立即发信号通知船首观测组抛出第二块木块；如此反复，直到船舶完全停止前进为止，按停秒表。秒表所记录的时间即为该船的冲时，而冲程则可由式(1-49)求得：

$$冲程 = (n-1)L + 最后一块木板移动的距离 \tag{1-49}$$

式中：n 为抛出木板总数；L 为首尾观测组的距离(m)。

(2)定位法

通过定位测定冲程的方法很多，目前被广泛采用的是 GPS(尤其是 DGPS)定位法。

第十节 IMO 船舶操纵性衡准的基本内容

1978 年，IMO 做出了有关提供和显示船舶操纵资料的建议，其内容包括引航卡、驾驶台张贴的有关本船操纵性能的试验结果和模拟结果的明细图表及操船小手册三种。引航卡应记录引航员登船后可立即掌握的最低限度的重要性能资料，驾驶台张贴的性能明细表也是一种较详尽的性能资料，而操船小手册则应详尽地记录本船操纵性能，使驾驶人员能对其充分了解。

在 IMO 1993 年 11 月 4 日第十八届大会上通过的"船舶操纵性临时标准"确定了船舶操纵性的标准。该标准适用于 1994 年 7 月 1 日或之后建造的采用舵桨推进方式、$L \geqslant 100$ m 的船舶，但对化学品油船及液化气船不限长度。IMO 一方面要求各国政府鼓励那些承担设计、建造、修理及操纵船舶的人员去应用这个标准，另一方面要求各国收集应用后的数据，整理并报告 IMO，以便海上安全委员会在此基础上对标准做出评估，必要时做出修改。IMO 船舶操纵性标准推荐的标准试验法包括旋回试验、Z 形试验、初始回转试验、停船试验、螺旋试验、回舵试验。

操纵性试验的测定条件考虑为：深水、宽敞水域，无风、流影响的外界环境，船舶满载平吃水，稳定的初始试验速度。操纵性临时标准的指标及允许界限值如表 1-6 所示。

表 1-6 操纵性临时标准的指标及允许界限值

评价指标	允许界限范围
旋回性	进距 $\leqslant 4.5\ L$，旋回初径 $\leqslant 5\ L$
初始回转性	操左(右)舵 10°时，船舶前进距离 $\leqslant 2.5\ L$
偏转抑制性 保向性	10°/10° Z 形试验 第一惯性超越角 $\leqslant 10°$　　$L/v < 10$ s $\leqslant 20°$　　$L/v \geqslant 30$ s $\leqslant (5+0.5\ L/v)$　　$10\ \text{s} \leqslant L/v < 30$ s 第二惯性超越角 ≤ 第一惯性超越角 + 15° 20°/20° Z 形试验 第一惯性超越角小于 25°
停船性	倒车冲程 $\leqslant 15\ L$(大型船舶可修正)

对于具体某一船舶，应在试航时以其他方式尽可能取得详尽的船舶操纵性资料，这对操船大有帮助。Landsburg 对引航员发放的问卷调查显示，引航员所重视的船舶操纵性按其重要程度排列如下：

(1)低速时的操纵性能；

(2)采用适当的倒车可直接保向的停船性能；

(3)船舶对操舵、用车响应时间的快慢；

(4)操舵或压舵可给出的适当转头作用或控制作用。

第二章

外界因素对操船的影响

【本章学习目标】

船舶对操纵者实施操纵的反应能力称为船舶的操纵性能。船舶操纵性能包括船舶的旋回性、船舶的航向稳定性、船舶的保向性和船舶变速运动性能等。

【本章要求】

(1)掌握风对操船的影响;
(2)掌握流对操船的影响;
(3)掌握浅水效应及其对操船的影响;
(4)熟悉富余水深的确定;
(5)掌握船间效应、岸壁效应及其对操船的影响。

第一节　风对操船的影响

一、风动力及风动力转船力矩

从船舶操纵角度来讲,风动力(wind resistance)是指处于一定运动状态下的船舶,其水上部分所受的空气动压力。船舶在风的影响下,顶风减速,顺风增速;当风向与首尾面斜交或垂直时,船舶将向下风漂移,同时其船首将向上风或下风偏转;尤其是在低速航行时,遇到强风甚至还会出现舵力转船力矩不足以抵御风力偏转力矩的情况,因而使船舶陷于难以操纵的境地。

1. 风动力

船舶受风情况如图 2-1 所示。图中:

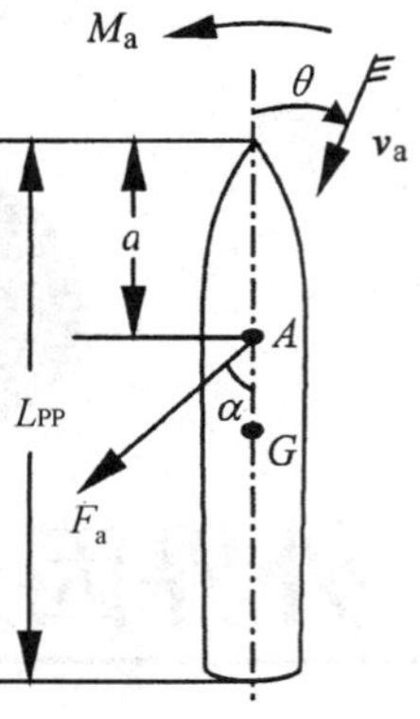

图 2-1　风动力与风动力中心示意图

θ——风舷角，即相对风舷角（°）；

F_a——风动力（N）；

A——风动力中心；

α——风动力角（°）；

a——船首至风动力中心的距离（m）；

L_{PP}——船长（m）；

M_a——风动力力矩（N·m）。

（1）大小

风动力的大小与风速 v_a、风舷角 θ、受风面积大小和形状（包括空、满载，吃水差，上层建筑布置情况等）有关。其值可用 Hughes 公式估算：

$$F_a = 1/2\rho_a C_a v_a^2 (A_a \cos^2\theta + B_a \sin^2\theta) \tag{2-1}$$

式中：ρ_a——空气密度（1.226 kg/m³）；

C_a——风动力系数；

v_a——相对风速（m/s）；

A_a——水线上船体正面积（m²）；

B_a——水线上船体侧面积（m²）。

在决定风动力 F_a 大小的各因素中，v_a 与 θ 均可用船上的风速仪、风向仪测出；水线上船体正、侧面受风面积大小 A_a、B_a 可从船舶相应资料中根据船舶实际吃水查得，若无资料可查，可利用各类型实船资料整理成的图 2-2 中的曲线，按本船所属或相近的类型，根据吃水相当于满载吃水的百分比，分别取正面积系数 C_1 和侧面积系数 C_2，从而求 A_a、B_a 的概数：

$$A_a = C_1 \cdot B^2 (B\ 为船宽, m) \tag{2-2}$$

$$B_a = C_2 \cdot L_{PP}^2 (L_{PP}\ 为船长, m) \tag{2-3}$$

风动力系数 C_a 的大小主要随风舷角 θ 而变化，表 2-1 所列数据可供估算时使用。

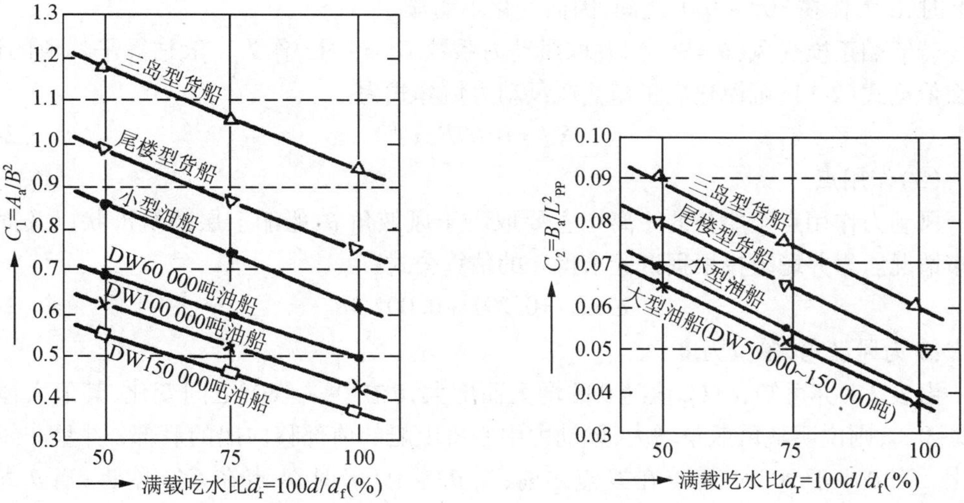

图 2-2 正、侧面受风面积系数

表 2-1 风动力系数

θ	0°	20°	40°	60°	80°	90°	100°	120°	140°	160°	180°
C_a	0.50 ~ 0.95	1.10 ~ 1.40	1.35 ~ 1.90	1.30 ~ 1.75	1.05 ~ 1.30	1.00 ~ 1.25	1.05 ~ 1.25	1.30 ~ 1.80	1.35 ~ 2.00	1.20 ~ 1.70	0.60 ~ 1.20
a/L_{PP}		0.25 ~ 0.40	0.30 ~ 0.45	0.35 ~ 0.45	0.40 ~ 0.50	0.45 ~ 0.55	0.50 ~ 0.60	0.55 ~ 0.70	0.58 ~ 0.80	0.60 ~ 0.85	
α(°)		45 ~ 70	70 ~ 82	78 ~ 85	85 ~ 87	87 ~ 95	87 ~ 97	92 ~ 105	100 ~ 115	105 ~ 130	

注:[1]表中所列数据由 10 艘不同类型和不同吨位的船模通过风洞试验测得;

[2]估算取值时,三岛型货船、滚装船取大值,油船、客船取小值;

[3]a 为风力中心至船首的距离,L_{PP}为船长;

[4]α 为风力方向与船尾方向的夹角。

由表列数据可知,风动力系数 C_a具有以下特征:

①风动力系数 C_a当 $\theta=0°$和 180°时为最小,当 $\theta=30°\sim40°$或 $140°\sim160°$时出现极大值,是一个近于马鞍形的曲线。

②风动力系数 C_a与船型及船舶吃水有关。滚装船、满载的集装箱船,由于受风面积较大,该值较大;三岛型货船由于总的来看受风面积较大,所以该值也较大;而上层建筑相对小的油船、散货船,该值较小。对于同一条船,随着吃水的减小,该值一般略有增大,这一点表中没有体现出,在估算时应予注意。

(2)方向

风动力方向与船尾方向的夹角 α,称为风动力角。它与风舷角 θ、A_a与 B_a之比及吃水变化有关。α 值亦可查表 2-1 求得。

通常船舶的 B_a总是大于 A_a,故风动力方向与船舶首尾线的夹角总大于风向与船舶首尾线的夹角,较风向更接近于正横方向。此外,α 随 θ 的增大而增大 ,但当 $\theta=40°\sim$

140°时，α 大体在 80°～100°之间，因而变化不明显。

若船舶正横受风（$\theta=90°$），并取风动力系数 $C_a=1.13$ 作为一般估算平均值的话，那么依据式（2-1），可简化出正横受风风动力估算式为：

$$F_a'=0.69B_a v_a^2 \tag{2-4}$$

（3）作用点

风动力作用点至船首的距离 a 主要取决于风舷角 θ、船舶上层建筑形状以及面积分布情况。岩井聪教授根据试验求得 a 的估算公式：

$$a/L_{PP}=0.291+0.0023\theta \tag{2-5}$$

式中：θ 为风舷角，单位为度。

由表 2-1 亦可知，a/L_{PP}值随 θ 的增大而增大，θ 在 0°～180°之间变化，其值大体为 0.2～0.8，则说明随风舷角增大，风动力中心将由船的前部移向船的后部，并呈非线性变化。当 θ 小于 90°时，A 点在 G 点之前；当 θ 等于 90°时，A 点在 G 点附近；当 θ 大于 90°时，A 点在 G 点之后。同一船舶空载或压载时，吃水差较大，尤其是尾机型船，其风动力中心位置比满载时要明显靠前。

2. 风动力转船力矩

在已知风动力（包括该力的大小、方向及作用点）之后，欲求风动力转船力矩（moment of wind resistance）的大小，需根据操纵中的支点即旋转中心位置才能正确求出。

当采用尾离泊时，以船首为支点，则风动力力矩 M_a 为：

$$M_a=F_a\cdot\sin\alpha\cdot a \tag{2-6}$$

当处于水上漂浮状态时，以重心为支点，则风动力力矩 M_a 为：

$$M_a=F_a\cdot\sin\alpha\cdot(L_G-a) \tag{2-7}$$

当采用首离泊时，以船尾为支点，则风动力力矩 M_a 为：

$$M_a=F_a\cdot\sin\alpha\cdot(L-a) \tag{2-8}$$

以上三式中：M_a——风动力力矩（N·M）；

F_a——风动力（N）；

α——风动力角（°）；

a——风动力中心至船首距离（m）；

L_G——重心至船首的距离（m），一般近似为 $L/2$；

L——船长（m）。

二、水动力及水动力转船力矩

船舶由于种种原因，与其周围的水有相对运动时，船舶所受水的作用力称为水动力（hydrodynamic force）。这种船水之间的相对运动，有的是由船舶本身自力（凭借车、舵、缆作用）所造成，也有的是由外界条件（凭借拖船、风动力、水流作用）所造成。

1. 水动力

设船舶受水流作用的情况如图 2-3 所示。

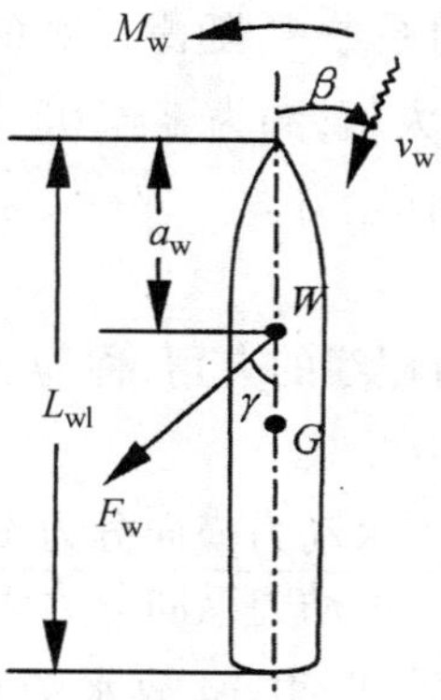

图 2-3　水动力与水动力中心示意图

图中：β——漂角，即水的来向与船首方向的夹角(°)；

F_w——水动力(N)；

W——水动力中心；

γ——水动力角(°)；

a_w——船首至水动力中心的距离(m)；

L_{wl}——船舶水线长(m)；

M_w——水动力力矩(N·m)。

水动力大小、方向、作用点与水和船的相对运动方向(即漂角)密切相关。

(1)大小

水下船体连续性较水上为佳，与风力估算式形式类似而且更为简单。水动力 F_w 估算式为：

$$F_w = 1/2\rho_w C_w v_w^2 L_{wl} d \tag{2-9}$$

式中：ρ_w——所在水域水的密度(海水标准值为 1 025 kg/m^3，淡水标准值为 1 000 kg/m^3)；

C_w——水动力系数，可依漂角 β 及水深与吃水之比查表 2-2 求得；

v_w——水对船的相对流速(m/s)；

L_{wl}——船舶水线长(m)；

d——吃水(m)。

查表 2-2 时应注意，在 C_w后所注小数字即实际水深 h 与实际吃水 d 之比。

表 2-2　水动力系数

β	20°	40°	60°	80°	90°	100°	120°	140°	160°
$C_{w7.0}$	0.20	0.50	0.80	0.90	0.95	0.90	0.80	0.60	0.30
$C_{w1.5}$	0.50	1.30	2.00	2.30	2.25	2.20	1.70	1.30	0.50
$C_{w1.1}$	1.20	3.20	4.20	4.60	4.70	4.60	4.00	2.70	1.10
a_w/L_{wl}	0.30	0.36	0.41	0.46	0.50	0.55	0.63	0.67	0.65
γ(°)	75~105	80~105	90	90	90	87~90	90~96	90~97	97~102

注：[1]表中所列数据是根据方形系数 C_b = 0.815 的某超大型船模试验测得的数据。

[2]水动力系数仅列出水深、吃水比为 7.0、1.5、1.1 三种，当比数为中间值时可用内插法。

由表 2-2 所列数据可知：水动力系数 C_w 随漂角 β 的增大而变化，当 $\beta=90°$ 左右时达到极大值，此时水动力 R_w 也达最大值，约为 $\beta=20°$、160°时的水动力的 4 倍。此外，水动力还随水深与吃水之比的下降而上升。

(2)方向

水动力 F_w 的作用方向与船舶首尾线的夹角，称为水动力角 γ。由力的平行四边形法则可知：

$$\tan\gamma=\frac{\text{水动力横向分力 } Y_w}{\text{水动力纵向分力 } X_w} \tag{2-10}$$

由于船体水下正面积很小，导致 X_w 很小，故水动力角 γ 在 90°左右(如表 2-2 所示)。

(3)作用点

水动力作用点的位置受漂角、船体水下侧面形状及面积分布情况的影响。由表 2-2 可知：a_w/L_{wl} 随漂角 β 的增大而增大，当 β 小于 90°时，W 在 G 之前；β 等于 90°时，W 在 G 附近；当 β 大于 90°时，W 在 G 之后。同一船舶，空载或压载时尾倾较大，水动力中心位置比满载时明显后移，尾机型船更甚。

2. 水动力力矩

在已知水动力三要素之后，欲求水动力力矩(moment of hydrodynamic force)，如同求风动力力矩一样，也需视支点而定。

当以船首为支点尾离泊时，水动力力矩为：

$$M_w=F_w\cdot\sin\gamma\cdot a_w \tag{2-11}$$

当以重心为支点，相当于船舶在航行中时，水动力力矩为：

$$M'_w=F_w\cdot\sin\gamma\cdot(L_G-a_w) \tag{2-12}$$

当以船尾为支点首离泊时，水动力力矩为：

$$M'_w=F_w\cdot\sin\gamma\cdot(L-a_w) \tag{2-13}$$

以上三式中：M_w——以船首为支点的水动力力矩(N·m)；

L_G——重心至船首的距离(m)；

L——船长(m)；

F_w、γ、a_w 同图 2-3 中。

三、风致偏转

船舶在受风作用下的偏转方向，取决于风压力转船力矩 M_a 和水动力转船力矩 M_w 的合力矩方向。在分析风致偏转时，水动力转船力矩是指因船舶移动而引起的相对水流的水动力转船力矩，而不考虑自然流的影响，即分析船舶在静水中的风致偏转。在定性分析风致偏转时，关键要弄清风动力和水动力的大小、方向和作用点位置。下面按船舶运动状态来分析风致偏转的规律。

1. 船舶静止中受风

风从正横前吹来，如图 2-4（a）所示。$\theta < 90°$，A 点在 G 点之前，风动力 F_a 产生的转船力矩 M_a 使船首转向下风；同时 F_a 使船舶向下风方向漂移，即相对流向来自船尾方向（即 $\beta > 90°$），W 在 G 之后，M_w 使船尾转向上风。总之，风从正横前吹来时，M_a 和 M_w 均使船首向下风偏转（顺风偏转），直至接近正横受风，使 A 点、W 点都在 G 点附近，M_a、M_w 均趋向于零，船舶才停止偏转，仅向下风方向漂移。

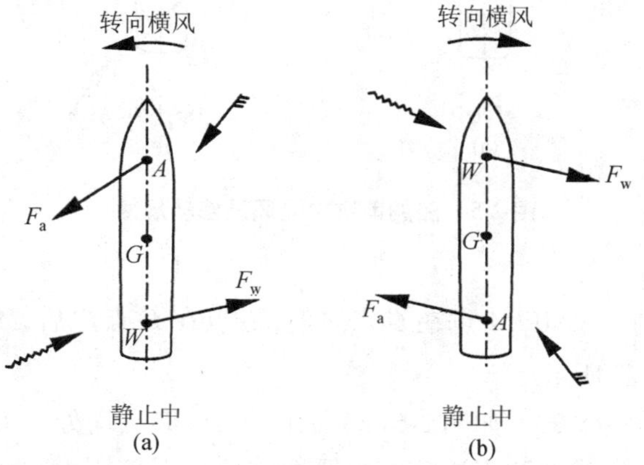

图 2-4　船舶静止中受风及偏转规律

风从正横后吹来，如图 2-4（b）所示。$\theta > 90°$，A 点在 G 点之后，M_a 使船尾转向下风；同时 F_a 使船舶向下风方向漂移，即相对流向来自船首方向（即 $\beta < 90°$），W 点在 G 点之前，M_w 使船首转向上风。总之，风从正横后吹来时，M_a 和 M_w 均使船首转向上风（逆风偏转），直至变成正横附近受风，M_a、M_w 趋于零，船舶偏转停止，仅向下风方向漂移。

因此，静止中的船舶受风，最终将转至接近正横受风状态，并向下风漂移。但因船舶类型、上层建筑布置的不同，静止中受风最终的风舷角也就略有差异。油船和尾机型船多保持正横稍前受风，客船多保持正横受风，而一般货船往往尾吃水较深，船首受风面积较大，故多保持在风来自正横略后的位置上，即 $\theta \approx 100°$。

2. 船舶前进中受风

正横前来风时，$\theta < 90°$，A 点和 W 点均在 G 点之前，如图 2-5（a）所示。船首偏转方向将依 M_a 与 M_w 之代数和方向而定。当 $M_a > M_w$ 时，出现顺风偏；当 $M_a < M_w$ 时将出现逆风偏。根据经验：空船、慢速、尾倾、首受风面积大时，多为顺风偏；反之，满载或半载、快速、尾受风面积大时，多为逆风偏。风速越低、航速越快、越近正横受风，迎风偏的倾向就越明显。

当正横后来风时，$\theta > 90°$，A 点在 G 点之后，W 点在 G 点之前，M_a 与 M_w 共同使船首逆风偏转，如图 2-5（b）所示。

由以上分析可知船舶在前进中受风的偏转规律：当正横前来风时，风动力力矩和水动力力矩的作用方向相反，效果互相抵消；而当正横后来风时，风动力力矩和水动力力矩的作用方向相同。因此，船舶在前进中，斜顶风比斜顺风更易于保向。

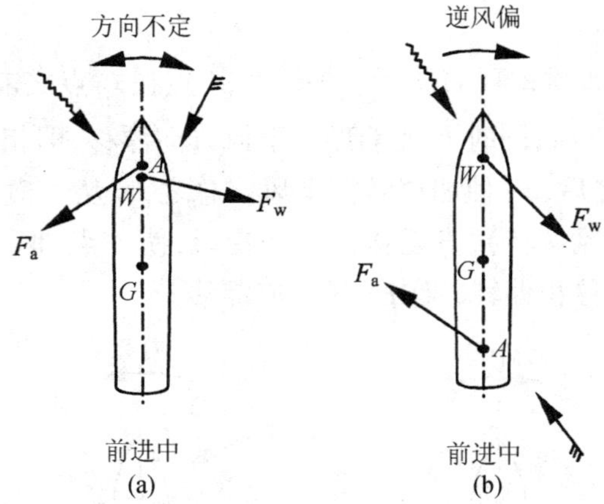

图 2-5　船舶前进中受风及偏转规律

3. 后退中受风

当正横前来风时，$\theta<90°$，A 点在 G 点之前，W 点在 G 点之后，M_a 与 M_w 共同使船尾逆风偏转，如图 2-6(a)所示。

当正横后来风时，$\theta>90°$，如图 2-6(b)所示，A 点、W 点均处于 G 点之后，此时船舶偏转方向由 M_a 与 M_w 之代数和来决定。由于船尾要比船首肥大，且船尾还有舵及螺旋桨叶等设备，所以当船舶倒航时，作用于船尾部下风侧的水动力 F_w 非常大，而且 W 点比 A 点更靠近船尾。因此，不论风舷角是多少，M_w 往往大于 M_a，使船尾迎向上风。但若退速较低，则水动力 F_w 较小，船舶偏转受 M_a 作用较大。

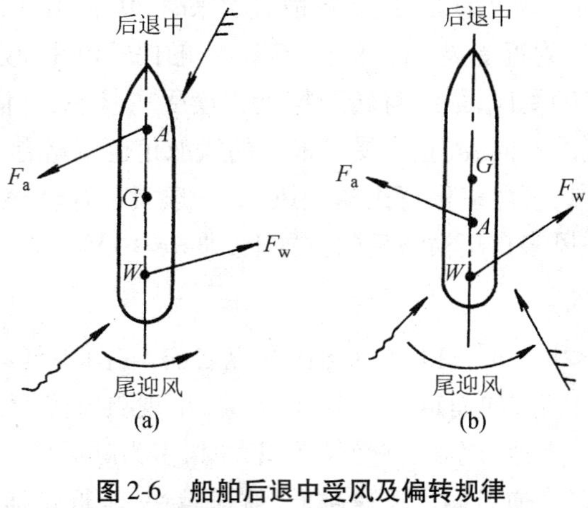

图 2-6　船舶后退中受风及偏转规律

由以上分析可知：船舶在后退中受风时，无论风从正横前吹来，还是从正横后吹来，只要船舶有一定的退速，就会出现尾迎风的现象。这就是船舶操纵实践中常说的“后退中，尾找风”，对这一规律在船舶掉头操纵时，可视条件加以应用。

综上所述，船舶在风中的偏转规律可归纳为：

(1)船舶静止中或船速接近于零时，船身将趋向于和风向接近垂直。

(2)船舶前进中，正横前来风时，空载、慢速、尾倾、船首受风面积大的船舶，船首顺风偏；反之，满载或半载、高速、快速、首倾、船尾受风面积大的船舶，船首逆风偏；正横后来风时，船首逆风偏显著。

（3）船舶后退中，在一定风速下当船舶有一定退速时，船尾迎风，由于倒车时螺旋桨排出流和沉深横向力的作用，且正横前来风比正横后来风显著，对于右舷单桨船而言，左舷来风比右舷来风显著。退速较低时，船舶的偏转基本上与静止时情况相同，并受到倒车横向力的影响，船尾不一定迎风。

四、风致漂移

船舶受风作用而向下风漂移，其漂移速度随船速的降低而增加，当停船时，漂移速度最大。

1. 船舶静止中的漂移速度

停于水上的船舶受风作用时最终将保持正横附近受风，并匀速向下风横向漂移。其漂移速度可由下式估算：

$$v_y \approx 0.038 \cdot v_a \cdot \sqrt{\frac{B_a}{L_{wl} \cdot d}} \tag{2-14}$$

式中：v_y——深水中停船时受风横向漂移速度（m/s）；

v_a——真风速（m/s）；

B_a——水面上船体的侧面积（m^2）；

L_{wl}——船舶水线面长度（m）；

d——吃水（m）。

式中系数一般取 0.038，实际上因船型、排水状态及水深与吃水之比的不同而不同。但由于停船时的漂移速度与风速以及船体水上、水下面积比的平方根成正比，因此适合各船在不同状态下的系数亦可在总结经验中准确地得到。

一般大型船舶空载时：

$$B_a/L_{wl} \cdot d \approx 1.8，\text{则}\ v_y \approx 1/20\ v_a$$

满载时：

$$B_a/L_{wl} \cdot d \approx 0.8，\text{则}\ v_y \approx 1/30\ v_a$$

在浅水中由于水动力系数增加，风致漂移速度减小，水深与吃水比越小，风致漂移速度越小。

2. 船舶航行中的漂移速度

船舶航行中的漂移速度，可采用日本学者平岩通过实船试验提出的下列公式来求取：

$$v'_y = v_y e^{-1.4 v_s} \tag{2-15}$$

式中：v'_y——航行中风致漂移速度（m/s）；

v_y——停船时的漂移速度（m/s）；

v_s——船舶航速(kn)。

由此可见,船舶航行中的漂移速度除同样也受停船时的漂移速度的影响因素影响之外,还与本船航速密切相关。船速越低,船舶漂移速度越高。

五、强风中操船的保向界限

船舶在航行时,除首尾向来风不发生偏转外,其他方向来风将使船向下风漂移的同时还产生偏转运动。为了保证船能航行在预定的航线上,必须使用风压差和压舵(checking the helm)来对抗船的漂移和船首的偏转。风速越大、航速越低,则风压差也越大,而为了保向所需的压舵量也势必越大。当风速增大到某一界限以上时,即使用满舵,也无法保持航向。能够用舵保持航向的风速界限,称保向界限。它和风速与船速之比及相对风向角有关,如图 2-7 所示。

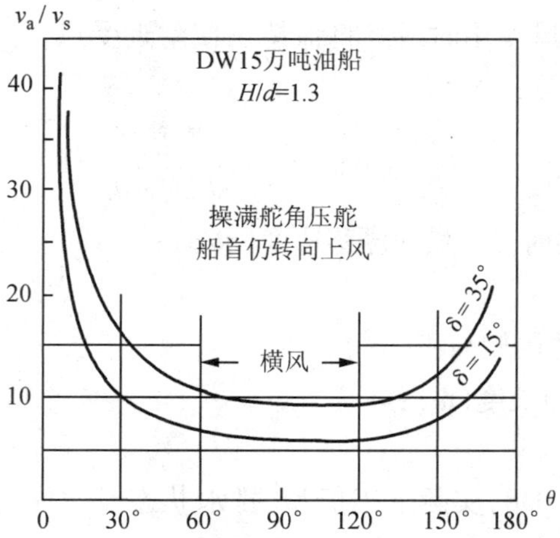

图 2-7 强风中船舶航行的保向界限

由图可知,船舶在风中保向性有以下规律:

(1)同一条船的不同舵角的保向界限曲线中,舵角大时曲线位置更高一些,这说明压舵角大,保向范围扩大。

(2)相对风向角对保向界限的影响尽管因船不同而有所差异,但大多在 $\theta=80°\sim120°$范围内曲线出现最低值,这说明船舶正横附近或稍后受风时,保向最为困难。风速只要达到船速数倍时,就将出现即使满舵也无法保向的情况。

(3)$\theta<90°$即斜顶风时曲线较高,$\theta>90°$即斜顺风时曲线较低,这说明船舶斜顶风时的保向性较斜顺风时好。

(4)保向范围总的来说随风速的降低而扩大,随船速的降低而减小,增大舵角可扩大保向范围。由此可知,提高航速、增加舵角、采取斜顶风是提高船舶保向性的有效措施。但可提高船速是有限度的,对于任何船舶,随着风速的提高,存在受风不能保向的范围,操船时应予注意。

图 2-8 所示为某大型油船在低速航行时能够操舵保向的风速界限。

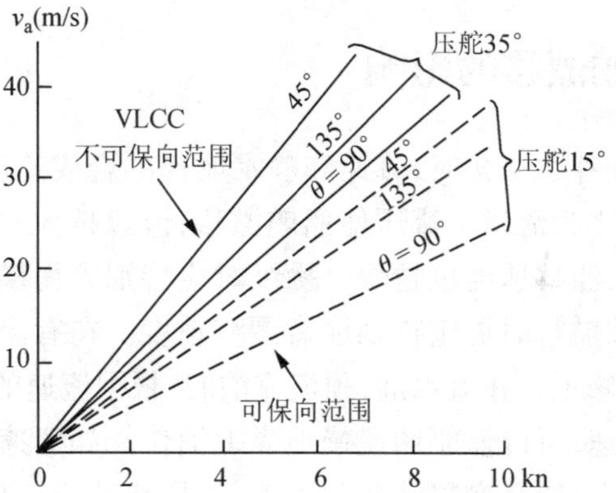

图 2-8 船舶前进中受风及偏转规律

第二节 流对操船的影响

流对船舶的影响通常比风大得多,尤其对于重载船舶而言。流对船舶运动影响的规律性可从以下几个方面讨论。

一、水流对船速和冲程的影响

船舶顺流航行时,实际船速等于静水船速加流速;顶流航行时,实际船速则等于静水船速减流速。因此,在静水船速和流速不变的条件下,顺流航行时对地船速比顶流航行时实际对地船速大两倍流速。

顶流时,对地冲程减小,流速越大,冲程越小;顺流时,对地冲程增加,停车后减速的过程非常缓慢,如不借助倒车或抛锚,将不能阻止船舶以水流速度向前漂移。

二、水流对舵力和舵效的影响

舵力及其转船力矩是与舵叶对水速度的平方成正比的,而舵叶对水速度又与船舶对水速度成正比。由于不论顶流或顺流,只要流速相等,船舶相对于水的速度则不变,等于静水船速,所以在舵角和螺旋桨转速(排出流速度)等条件相同时,顺流和顶流时的舵力相等,其转船力矩也一样。

顶流、顺流时舵力及其转船力矩虽然一样,但舵效却是一个对地的概念。顶流时对地船速比顺流时小两倍流速,故使用同样的舵角顶流时能在较短的距离上使船首转过较大的角度,必要时也比较容易把定,操纵较为灵活。因此,顶流时的舵效较顺流时更好。但是必须注意,当船首斜向顶流时,由于流压力矩的作用,船舶向迎流舷回转困难,舵效反而较差。重载大船在遇强流时尤其如此。

三、流压对船舶漂移的影响

船舶首尾线与流向存在交角时，流速和静水船速的合成速度将使船舶向水流来向相反一舷运动，通常称之为流压。流压使船舶漂移，流速越大、交角越大，流压也越大；船速越慢，流压也越大，漂移速度也越快。操纵时应特别警惕横压流的影响，尤其船舶以较低船速在狭窄水域航行时更应特别注意漂移速度。在有流水域，为沿某一航线行驶，需对航向做流压差修正。在流水港，顶流靠泊时，根据流速的大小，摆好水流与首尾线的交角，并控制好船速，可以使船舶慢慢地靠上泊位。如船速和交角控制不当，尤其是急流时，交角摆得过大，船身横移就非常迅速，流压将造成压碰码头的事故。为了预防这种现象，在驶近泊位时就应逐渐减小与流向的交角，以期达到平衡靠上泊位的目的。

四、流对旋回的影响

船舶顺流旋回时，纵距要比顶流旋回时大得多，这是受水流推移的缘故。在旋回过程中，船舶除了旋回运动外，还有受水流作用而产生的漂移运动。流致漂移距离（D_d）可用下列经验公式估算：

$$D_d = T \cdot v_c \cdot 80\% \qquad (2\text{-}16)$$

式中：D_d——流致漂移距离，单位为 m；

T——旋回 180°所需的时间，单位为 s；

v_c——流速，单位为 m/s 。

公式中的流速通常指航道中央的流速，由于狭水道或江河内的水流，即使在直航段内也难有绝对均匀的情况，因此在估算漂移距离时总要有些折损。

旋回 180°所需时间 T 的大小与船舶排水量密切相关。依船舶吨位大小，T 可估算为：

0.5 万吨	约 3.0 min
1 万吨	约 3.5 min
5 万吨	约 4.5 min
10 万吨	约 5.5 min
20 万吨	约 6.5 min

以上数据是船舶快速满舵旋回 180°时所需的时间。应注意的是，如果船速较低时旋回，则旋回时间将大大增加，漂移距离增大。船舶在锚地起锚后掉头或在港内旋回时，往往船速较低，漂移速度快，实际操纵估算时应考虑到这一点。

旋回掉头时所需水域 D_1 可按下式估算：

$$D_1 = A_{dm} \pm D_d + 安全余量 \qquad (2\text{-}17)$$

式中：A_{dm}——旋回最大纵距；

D_d——掉头中流致漂移距离，顺流时加，顶流时减。

在有流水域，要掌握好转向时机。静水中可在转向依据的物标接近正横时转向；而在顺流时，应适当提前转向；顶流时应适当延迟转向。这样，在流压的推移下，能使船位在转向后仍保持在预定的航线上。

五、弯曲水道水流的特点

在河道的弯段，不论涨落流，水流的流向都向凹岸一边冲压；近凹岸边水深流急，凸岸边水浅流缓；凸岸下流还存在回嘴流；加上岸壁效应的影响，使操纵变得困难。如操纵不当，就会发生碰撞、搁浅等事故。

有关弯曲水道操船方法与注意事项详见第五章第一节。

第三节　受限水域对操船的影响

受限水域是指相对不同吃水和宽度的船舶而言，水深相对较浅和航道相对较窄的水域。在受限水域操船时，船舶运动会出现不同于在宽广的深水域时的现象和特点。船舶往往同时受到浅水效应（shallow water effect）和侧壁效应（wall effect）的影响，不安全的因素较多，给船舶操纵带来一些特殊的影响。

一、浅水效应

浅水域的水深界限可用水深与船舶吃水之比 H/d 来表示，对于不同的船舶运动方向，浅水对船舶运动的影响有很大的不同。

从船体前进时阻力的影响来区分，低速时，$H/d \leqslant 4$，高速时，$H/d \leqslant 10$，可视为浅水域；从水深对船体横向运动的影响来看，$H/d \leqslant 2.5$ 时也应作为浅水域对待；同时该数值也可作为对船舶前进中操纵性产生影响的水深界限。当 $H/d \leqslant 1.5$ 时，对船舶操纵性有明显的影响，并达到易察觉的程度。

1. 虚质量、虚惯矩增加

船体在流体中运动，必然要同时带动周围部分流体运动。如果从力、转矩以及能量转换角度来看，相当于在原有实体和质量上附加了一部分质量，称为附加质量（added mass），它和原有质量之和称为虚质量（virtual mass）。当然船体在流体中旋回时，同样需要考虑附加惯矩（added mass moment of inertia）、虚惯矩（virtual mass moment of inertia）的问题。

船舶运动时所产生的附加质量大小与船体形状及运动方向有关。由于通常船体水下侧面积远大于正面积，所以横向移动时的附加质量要比前后运动时的附加质量大近10倍。

在水深富余的条件下,对大型船舶来说:

前后运动的附加质量 $m_x \approx (0.07 \sim 0.10) \times$ 船体质量 m;

横向运动的附加质量 $m_y \approx (0.75 \sim 1.00) \times$ 船体质量 m;

旋回运动的附加惯矩 $= 1.0 \times$ 船体惯矩。

在浅水中,船舶运动时附加质量和附加惯矩比深水中明显增加。试验证明,随着相对水深 H/d 的减小,船舶附加质量和附加惯矩随之增加,当 $H/d \leqslant 2$ 时,增加比较明显;当 $H/d \leqslant 1.5$ 时,则急剧增加,故船舶在浅水中很难加速,想使已加速的船舶减速也较困难。此外,船型越肥大、船速越高,附加质量和附加惯矩越大。

船舶在浅水中航行,如果同时受到航道相对宽度的限制,附加质量将比单纯浅水中要大。但有限宽度对附加质量的影响比有限水深的影响要小得多。例如,当运河宽度为通航船舶宽度的 5 ~ 6 倍时,宽度的影响可以忽略;当运河的宽度是船宽的 3 倍时,附加质量仅比开阔的浅水域增加 20% 左右。但当船舶横移靠向岸壁时,则不仅要考虑受水深的影响,同时必须考虑岸壁对附加质量的影响。试验表明当距岸壁接近至 1.7 倍船宽时,横移阻力比仅受水深影响时会明显增加。

2. 兴波变化

船舶航行时,在船首、尾处压力升高,水流速度降低,而在船体中部附近则压力下降,水流速变快。船舶首、中、尾附近压力的高低不同,导致水位的高低变化。水位高处为波峰,水位低处为波谷,从船侧传播出去而形成波,这就是兴波现象。

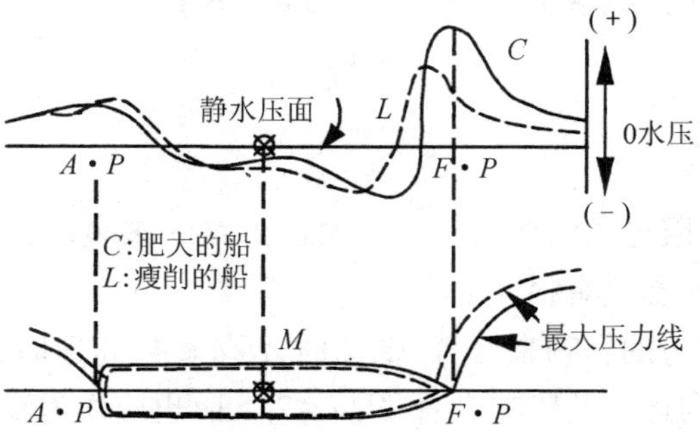

图 2-9　船体周围水压分布情况

船体周围压力的变化及沿船长分布情况与船型有密切关系,船型越肥大,压力变化越激烈,瘦削的船则压力变化小。两侧压力变化波及范围,从纵中剖面起算,大于两倍船宽左右时,即可予以忽视。该范围内距纵中剖面愈远愈小,呈剧减形式而趋于零。驶入浅水水域后,由于船底水下间隙变小,在空间三维运动的水变得只能平面流动,同时流速增大(水越浅则增大越多),这就使得不但压力变化更为剧烈,而且压力波动范围进一步扩大至船尾,因而兴波增强。

3. 船体下沉增加和纵倾变化

流体力学中伯努利方程告诉我们:如流体不变,则静压与动压相加为一常数,动压增加,则静压相应减小。当船舶静止时,其重量全部由静压(即浮力)所支持,此时动压为零。当船舶运动时,由于船体周围的水流被加速,动压增加静压减小,因而船体下沉,同时由于船首尾的水压力分布发生变化而使纵倾改变。

船舶在深水中船体下沉和纵倾变化与船速的关系,可用船速的无因次量傅汝德系数(Froude mumber)来衡量。

$$Fr = v/\sqrt{gL} \tag{2-18}$$

式中:v——船速(m/s);

g——重力加速度(9.8 m/s^2);

L——船长(m)。

随着 Fr(即船速)的变化,深敞水域中航行船舶下沉及纵倾变化规律如下:

(1)当 $Fr \approx 0.06$ 时,船体开始下沉;

(2)当 $Fr < 0.3$ 时,首尾一起下沉,但首下沉量较尾部大。由于一般商船速度均在此范围内,故静止时为平吃水的船舶,在海上航行时则大多略呈首倾。

(3)当 $Fr > 0.3$ 时,船尾下沉将可能超过首下沉,静浮时为平吃水的船将变成尾倾。

(4)当 $Fr > 0.6$ 时,尾倾更显著,同时整个船体逐渐上浮并超过其静浮位置,呈滑行于水面的状态。

浅水中船体下沉和纵倾变化由水深傅汝德系数 Fr_H 表征:

$$Fr_H = v/\sqrt{gH} \tag{2-19}$$

式中:H——水深(m)。

浅水中船体下沉与纵倾变化规律如下:

(1)船速较低时就开始下沉。

(2)$Fr_H < 0.6$ 即 $v < 0.6\sqrt{gH}$ 时,首下沉大于尾下沉,即静浮时平吃水的船将变为首倾。

(3)$Fr_H > 0.6$ 即 $v > 0.6\sqrt{gH}$ 时,下沉增加,尾下沉超过首下沉,原为平吃水的船将变成尾倾。

(4)$Fr_H = 1$ 即 $v = \sqrt{gH}$ 时,达到临界速度,船舶尾倾最大,阻力最大,船体继续下沉加剧。

(5)$Fr_H > 1$ 时,船体以尾倾状态上浮。

图 2-10 所示为浅水域和深水域中船体首、尾下沉的比较。

由图可知浅水中船体下沉和纵倾的特点是:

(1)较低船速时就开始出现船体下沉;

(2)Fr 越大,即船速越大,下沉越大;

(3)水深越浅,H/d 越小,Fr_H 越大,下沉越大;

(4)水深越浅,船体达到首纵倾最大值及由首倾变为尾倾时所需船速越高。

4. 船速下降

浅水造成的船速下降,主要有以下 5 种原因。

(1)由于船体相对流速加快,摩擦阻力增大。

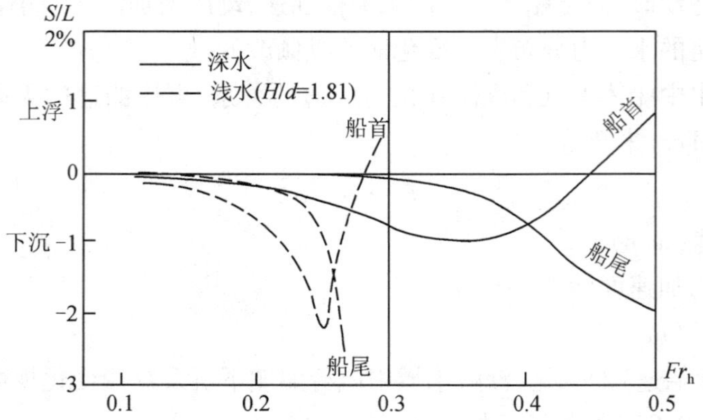

图 2-10　船舶驶于浅水域与深水域中船体下沉的对比

(2)船体下沉后,浸水体积增大,使摩擦阻力相应增加。

(3)由于流速加快,沿船身流线的压力差额变化较大,越向船尾方向压力增高越急剧,从而使涡流阻力增大。

(4)水深限制了兴波的水质点做圆周运动的空间,也增加了兴波能量的损耗,因此,兴波阻力增大。

(5)由于船尾螺旋桨附近涡流的增大以及排出流的排泄不畅,在功率不变的条件下,螺旋桨旋转阻力增加、负荷加重,从而转速下降,推进效率降低;加之各桨叶推力不均匀,致使船体剧烈振动。

5. 舵力变化不大,舵效下降

浅水中航行,伴流、涡流的增加使舵力下降;但在浅水中航行时,同样转速下船速下降即滑失增大,从而排出流速度变大,又提高了舵力。总的结果是舵力变化并不大。

虽然浅水中舵力变化不大,但回转阻力却大大增加。所以,浅水中舵效较深水中明显下降。

6. 旋回性下降,航向稳定性提高

浅水中航行,舵力变化不大,舵力转船力矩变化也不大(即转船力矩系数 a 变化不大);而船舶旋回阻尼力矩及虚惯矩均有较大增加,其中旋回阻尼力矩的增加幅度更大(即阻尼力矩系数 b 增幅更大)。从船舶旋回性指数 $K=a/b$ 和追随性指数 $T=I_G/b$ 的定义中不难看出:当旋回阻尼力矩大幅度增加时,K、T 值都将减小。所以,船舶从深水进入浅水中,旋回性变差,而追随性、航向稳定性变好。

一般认为,$H/d=4$ 左右时,旋回圈开始受到浅水的影响;当 $H/d=1.25$ 左右时,旋回初径约比深水中增大 70%。

7. 冲程减小

浅水中阻力增大、推力下降,因此,冲程会有一定程度的减小,特别是刚停车后余速较高时,浅水阻力较大,冲程减小率较大;当已降低航速后,浅水阻力急剧下降,浅水对减小冲程的影响也就变弱了。所以驾驶人员应了解本船在浅水中的惯性,以便适应港内操船的实际需要。

二、浅水域航行时的富余水深

1. 确定富余水深应考虑的因素

浅水中操船，由于受限水域的影响而往往引起操纵困难，横移阻力过分增大，不得不依靠拖船的协助；航行中船体下沉增大，有时会使船底与海底接触而导致船体损伤、主机和推进器故障。因此，在浅水域中为保证船舶安全和航行安全，水深必须满足一定的要求，以适应水域的条件和状况、适应操船的方法和条件。一般应使水深超过实际吃水，并保持一定的安全余量，这个安全余量通常称为富余水深(under keel clearance)。

如图 2-11 所示，富余水深可由下式求出：

富余水深 = 海图水深 + 当时当地的基准潮高–船舶静止时的实际最大吃水

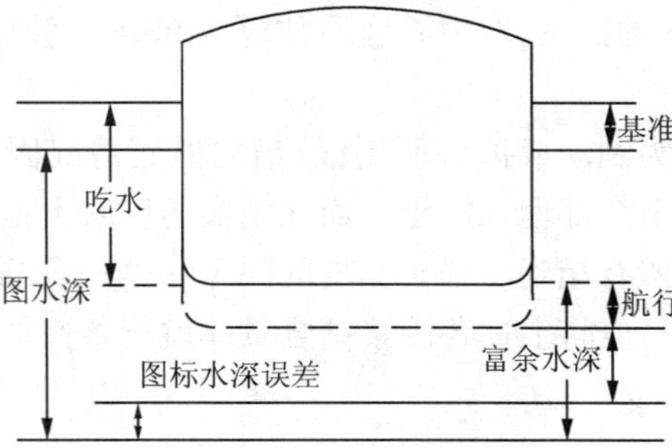

图 2-11 浅水域中船舶的富余水深

在确定富余水深时，应考虑以下因素：

(1)航进中的船体下沉量

①船舶在浅水域中航进时，船体下沉量增大。在通常商船速度范围内，直航时一般呈现为首倾，故尤应注意船首下沉量。

②航行时，由波浪引起的摇荡，包括横摇、纵摇和垂荡使吃水增加。

横摇时的吃水增加量$\Delta d_R = 1/2B \cdot \sin\theta_m$；

纵摇时的吃水增加量$\Delta d_P = 1/2L \cdot \sin\varphi_m$；

垂荡时的吃水增加量Δd_z为垂荡振幅。

其中，θ_m为最大横摇角，φ_m为最大纵摇角。

(2)海图水深的测量误差

海图的图标水深中含有测量误差，国际上测深误差的界限标准为：水深在 20 m 以下，允许误差为 0.3 m；水深为 20 ~ 100 m，允许误差为 1.0 m；水深 100 m 以上，允许误差为水深的 10%。

(3)水位的变化量

①当时当地的潮高误差。

②大气压变化引起的水位变化。气压每升高 1 hPa，水面下降 1 cm。

③水的密度变化引起的吃水变化。设船舶由海水（密度为 ρ_1）进入淡水（密度为 ρ_2），则吃水变化量为

$$\Delta d = d_1 \cdot \frac{C_b}{C_w}\left(\frac{\rho_1}{\rho_2} - 1\right) \tag{2-20}$$

式中：d_1——在海水中的吃水；

C_b——方形系数；

C_w——水线面系数。

（4）为安全操纵应考虑的因素

①在受限水域航行时会产生浅水、侧壁效应等现象，故应留出一定的富余水深，以保证船舶安全航行，克服上述效应，从而有效地进行保向、改向或移动的安全操纵。

②防止主机冷却水入口吸入泥沙。如主机冷却水使用靠近船底的吸入口时，至少需有冷却水吸入口直径 1.5 ~2 倍的船底富余水深。

③当海底表层为硬岩时，由于不平坦，触底的危险性就更大，因此所取富余水深应比软泥底时大。根据 Bojtch 的提案，对岩石底质估算为 60 cm、沙底估算为 30 cm 的富余水深是必要的。

④在港内操纵时，往往为制动或掉头而用锚，锚的抓底情况因底质不同而异，当底质为泥时，一般都是锚爪向下全部埋入泥土。而在结实的砂底上拖锚时，则往往锚爪未能充分埋入，所以船底下应留有相当于锚头宽度的间隙，一般取锚冠凸缘的宽度。

在具体确定富余水深时，应将上述各因素结合具体航行条件加以考虑进行取舍。

2. 确定富余水深的参考实例

（1）欧洲引航协会（EMPA），对进出阿姆斯特丹、鹿特丹、安特卫普诸港的船舶，建议采用如下的富余水深：

水域	大型船	VLCC
外海航道	吃水的 20%	吃水的 15%
港外航道	吃水的 15%	吃水的 10%
港内	吃水的 10%	吃水的 5%

（2）马六甲海峡、新加坡海峡对吃水 15 m 以上的深吃水船及 DW 15 万吨以上的 VLCC 过境时，规定了至少应保持 3.5 m 的富余水深。

（3）日本濑户内海主要港口的富余水深基准为

$d < 9$ m	$5\% d$
9 m $\leqslant d < 12$ m	$8\% d$
$d \geqslant 12$ m	$10\% d$

有的港口如水岛港、加古川港则规定富余水深为 $10\% d + 50$ cm。

（4）上海引航站规定，通过长江口南水道的船舶，应留 0.6 m 的富余水深。

三、岸壁效应

对于水道宽度对操船的影响，Hooft 的研究认为，航道宽度与船长之比 $W/L \leqslant 2$ 时，

出现侧壁效应，这个值表示该水域可作为狭窄水域对待；当 $W/L \leq 1$ 时，操纵性受到明显影响。这里所述的水道宽度是指航道的底部宽度。水道宽度受限时，当船舶偏航接近水道岸壁，因船体两舷所受水动力不同，而出现的船舶整体吸向岸壁、船首转向中央航道的现象称为岸壁效应(bank effect)。

1. 岸推

船舶偏至航道某一侧距岸壁较近时，航行中船首排开的水分向左右两舷侧，近岸一舷由于岸壁阻挡水流而扩散缓慢；同时一部分需从船底流过的水也因水浅而流动不畅。因此在船首近岸舷形成高水位，产生转船力矩推首转向航道中央，这种现象称为岸推(repulsion)。该力矩称为岸推力矩，如图 2-12 所示。

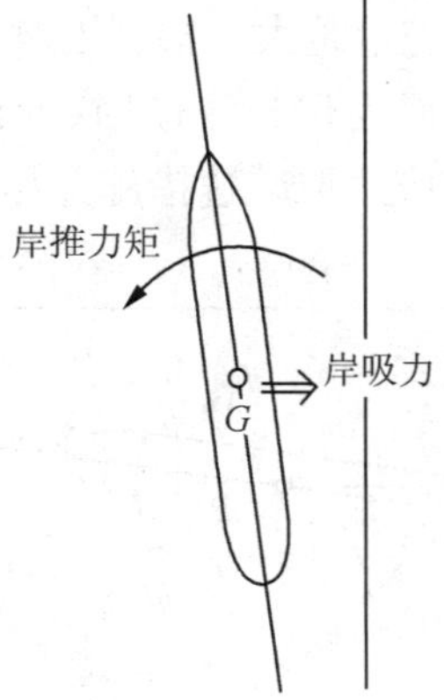

图 2-12　岸推与岸吸

2. 岸吸

与岸推产生的同时，船体被岸壁"吸拢"的现象称为岸吸(suction, attraction)。发生岸吸时，近岸侧过水断面小，流速增大，压力下降；此外，螺旋桨正车时，把前方的水吸入盘面然后排向后方，使吸入流的一面，即船中尾部两侧，尤其内舷侧形成较低水位，压力下降。因此，船中尾部近岸舷水流流速快、压力低，船舷两侧构成推船向岸靠拢的压力差。这个横向吸引力称为岸吸力，如图 2-12 所示。

3. 岸壁效应的影响因素

模型试验和实船试验表明，岸壁效应与下列因素有关：

(1)船岸间距越小，岸壁效应越激烈。船岸间距达 1.7 倍船宽时，便可显出岸壁影响。

(2)水道宽度越窄，岸壁效应越激烈。

(3)船速越高，岸壁效应越激烈。

(4)船型越肥大，岸壁效应越激烈。

(5)水深越浅，岸壁效应越激烈。

四、狭水道中的船舶保向操纵

在浅窄航道航行时,往往同时受到水深较浅、航道窄的影响而产生浅水效应和岸壁效应。在船舶距岸壁较近时,岸壁效应更明显。为了抑制船首向深水侧偏转,保持船舶沿航道航行,需向岸壁侧压舵。压舵将有效地抑制船首向外偏转,并控制船体成斜航状态,利用船体斜航中产生的横向力和舵力的横向分量来抵消岸吸力,此时作用于船体的各力和力矩达到平衡,如图 2-13 所示。由于航行中水深、船速、船岸间距会发生变化,上述平衡状态是一种不稳定的平衡状态,所以应根据当时实际情况调整压舵角的大小,从而调整船岸间距和斜航漂角,控制船舶的横漂运动。

岸壁效应越明显,保向所需压舵量越大。根据巴拿马运河等地引航员的经验,在狭水道航行时,船舶偏离航道中心线而需保持直航时,允许的压舵量为 15°舵角,如果超过 15°舵角才能保向,则比较危险,应采取减速措施并尽可能增大船岸间距。

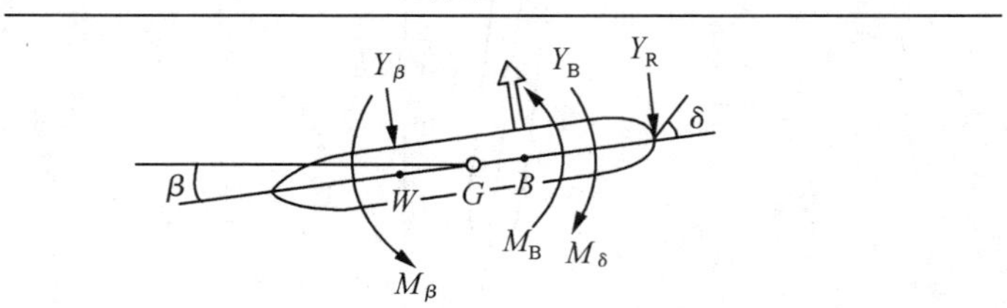

图 2-13 压舵作用与岸壁效应

当船舶驶于其海底沿船宽方向有明显倾斜的浅水域时,船舶将因海底倾斜效应而出现类似岸壁效应的运动,即整体向水浅方向横移,船首则向深水侧转头。为保持航向,也需要不断向浅水一舷操舵。

第四节 船间效应

船舶在近距离接近航行,如对驶、追越或驶近系泊船时,船舶两舷的水流对称性遭到破坏,会产生类似岸壁效应,如互相吸引与排斥、转头、波荡等现象,称为船间效应(interaction between ships)。

一、两船平行接近航行时引起的现象

1. 波荡

处于他船航行波中的船舶,因其处于波的不同位置而受到向前加速和向后减速的作用,这种现象称为波荡(see-sawing)。

如图 2-14 所示,两船平行接近处于追越关系时,就要受到追越船或被追越船所造成的船行波作用，在图 2-14(a)位置时，处于波峰而受到推动作用，船舶被加速；在图 2-14(b)位置时，处于波谷而受到波浪的阻遏作用，船舶被减速。这种现象在大型船和速度与之相差不大的小型船之间，当两船较为接近地并航时更易发生。在狭水道内航行时，大型船舶速度越快，兴波越为激烈；小型船吃水越浅，波荡现象就越激烈，对小船的影响就越大。

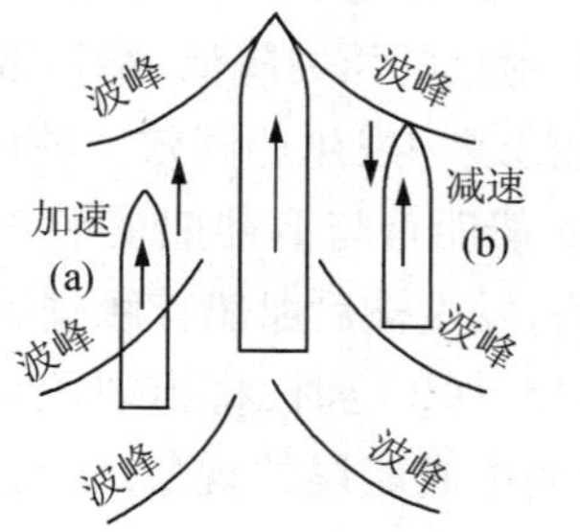

图 2-14 波荡现象

2. 转头

当船首向与他船散波方向存在夹角时，即船舶斜向与散波遭遇时，伴随波的回转运动，波峰处的船体部分受到在波的前进方向上的作用力，而波谷处的船体部分则受到相反方向上的作用力，其结果产生了使船转头的力矩。

这种转头作用也是当对方船的兴波越激烈时越强烈，在小型船、吃水浅的船遭受到高速大型船的散波作用时特别显著。

3. 吸引与排斥

航进中的船舶，船首尾处水位升高，压力增高，从而给靠近航行的他船以排斥作用；而船中部附近水位下降，压力降低，则给靠近的船舶以吸引作用。

以上三种现象有时可能同时出现。

二、船间效应的影响因素

(1)两船横距越小，船间作用力越大，约与横距的 4 次方成反比；船间作用力矩约与两船横距的 3 次方成反比。一般来说，当横距小于两船船长之和时就会产生这种作用；当横距小于两船船长之和的一半时，则相互作用明显增强。

(2)船速越大，则兴波越激烈，相互作用越强。船间作用力和力矩约与船速的平方成正比。

(3)两船作用时间越长、速度差越小，相互作用越强。在对驶局面中，两船相对运动速度较高，相互作用力和力矩虽然很大，但作用时间短暂，在其所产生的运动发展起来之前，两船已相互驶过，因而该力的作用效果大为减弱；在追越局面中，尤其当两船速度差较小时，持续时间长，相互作用明显。

(4)大小相差较大的两船并航时，较小的船受影响较大。

(5)在浅窄的受限水域中航行时，所产生的相互作用比在广阔的深水域中明显。

三、船间效应的实例分析

1. 追越中两船相互作用

由本章第三节图 2-9 可知，对于航进中的船舶，在船首、尾处的压力增大，给靠近航行的他船以排斥作用；而在中部附近的压力降低，给靠近航行的他船以吸引作用。图 2-15 是两艘大小接近相等的船在追越中发生船间效应的情况示意图。

两船在图 2-15 中①位时，A 船船首与 B 船船尾平齐，此时若两船距离较近，前船易出现内转，可能挡住后船的进路，发生被后船船首触碰的危险。

当两船的相对位置如图 2-15 中②位时，将出现危险的转头运动，此时易出现追越船船首突然内转碰撞被追越船船中或船尾的现象。而位置④的情况则相反，被追越船船首碰撞追越船的船中或船尾，追越中碰撞事故的统计充分说明了这一点。

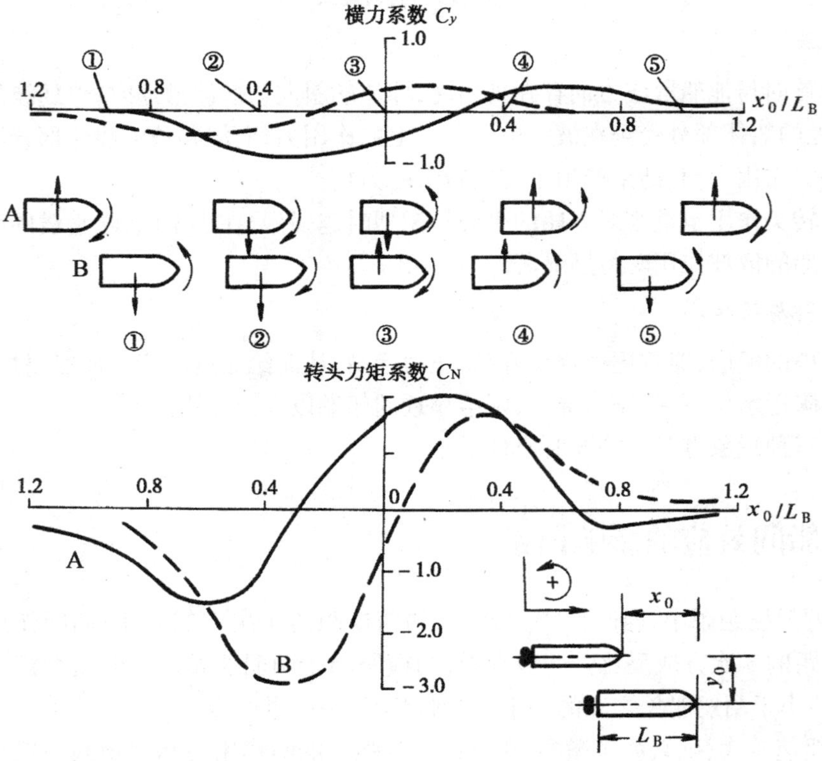

图 2-15　追越中船间效应的情况示意图

当两船平行时，如图 2-15 中③位，两船间横向作用力很大，若并行时间较长，随着两船距离迅速接近而易出现追越船船尾擦碰对方船中的危险现象。

在水深较浅的狭窄航道航行时，追越中更应特别注意以上几种危险局面。为了防止追越过程中发生碰撞，船舶驾引人员应遵守有关避碰规则及良好船艺的要求，谨慎驾驶。

2. 对驶时两船相互作用

同追越会遇态势一样，我们也可以利用船体周围水压力分布规律分析对驶时两船间的相互作用，如图 2-16 所示：

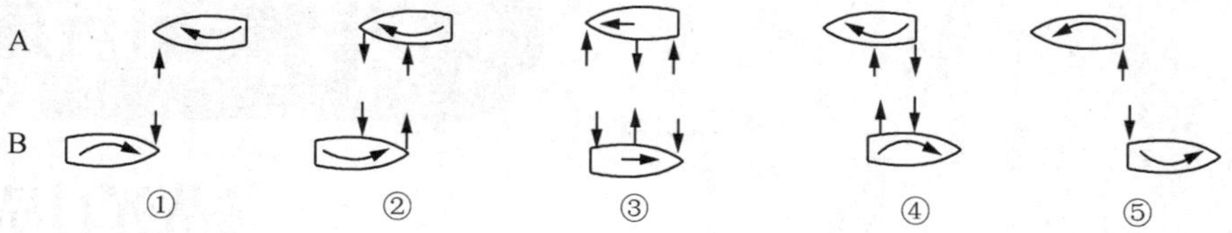

图 2-16　对遇时船间作用示意图

在对驶会船时，因两船间的相互作用而造成的碰撞危险比追越中低，但当两船横距过小，一船船首（如位②）或船尾（如位④）分别处于他船内舷的低压区时，则会因剧烈的转头而使该船首或尾部碰撞他船。因此，在对驶会船时，为防止两船间的相互作用，会船前应减速缓行，以减小兴波，尽量保持两船间距大于大船船长；待两船船首持平时，切忌用大舵角抑制船首外转，否则将导致船首进入对方中部低压区时加速内转而造成碰撞。正确的方法是适当加车以增加舵效，稳定船首向，减小通过的时间，使相互作用迅速消失而安全通过。

3. 驶过系泊船时相互作用

近距离驶过系泊船时，船间的相互作用也会同样地表现出来。此时，航行船受到的影响近似于岸壁效应，系泊船则受航行船兴波作用影响较大。系泊船在航行船发散波及其岸壁的反射波的影响下，出现首摇、纵摇、横摇运动的同时，还伴有纵荡、垂荡、横荡运动，其中对系泊船影响最大的是纵荡，易造成系泊船靠岸舷侧的擦伤、挣断系缆等后果。水深越浅、通过时船速越高，这种影响越大，在风大流急时更应注意。为此，航行船驶过时，宜减速行驶，并尽可能拉开横距，以减小兴波影响；系泊船应备好碰垫，并注意调整系缆使之均匀受力；必要时加抛外档短链锚以增加系泊的稳定度，并停止有关可能受影响的作业，避免发生事故。

第三章

锚泊操纵

【本章学习目标】

锚泊是船舶最常用的停泊方式之一。锚泊操纵涉及锚地的选择、锚泊方式的选择、安全出链长度和锚泊过程中减缓偏荡及预防走锚措施等。

【本章要求】

(1)掌握锚设备的组成和作用;
(2)了解锚泊准备工作;
(3)了解锚泊的操纵要领和注意事项;
(4)了解操纵用锚的适用时机、操作方法和注意事项。

第一节　锚设备的组成和锚作用

锚设备是甲板设备之一。船舶在装卸货物、避风、等泊位、检疫及候潮等情况下都需要在锚地抛锚停泊,锚设备的配置就是为了使船舶在锚泊时产生足够的锚泊力。除了保证船舶抛锚停泊之外,在某些特定情况下,锚设备还可以协助操纵船舶。

一、锚设备的组成

锚设备的组成

锚设备由锚、锚链、锚链筒、制链器、锚机、锚链舱、锚链管和弃链器等几部分组成。

二、锚的用途

锚的用途大致可分为:锚泊用锚、操纵用锚和应急用锚三类。

1. 锚泊用锚

船舶在进行检疫、候泊、候潮、锚地过驳或避风时,都需要在锚地锚泊。锚泊作为一种停泊方式,具有作业简单、机动性较高、抗风能力强等特点。锚泊操纵虽不复杂,但若操纵不当,也会发生断链、丢锚、损坏锚机,甚至走锚搁浅等事故。

2. 操纵用锚

(1)抑制船速:靠泊时,若余速过大,可用拖短链锚来抑制船速,减小船舶惯性;此外,抛锚后便于用车,在抑制船舶过多前冲的同时有效地发挥舵力,便于操纵。

(2)控制船身横向移动:靠泊时使用外档锚,缓松锚链来控制船舶贴靠码头的速度;离泊时则可借助绞开锚而横向摆出。

(3)协助掉头:在有风、流影响或水域受限时,可抛短链锚来协助掉头,出链长度约为水深的2.5倍。

(4)稳住船首:在有风、流影响的情况下进行移泊或狭水道中移动,若船舶需要倒车后退一定距离,则可用拖锚来稳住首向。

3. 应急用锚

(1)避免碰撞、触礁、上滩时用锚;

(2)为保证狭水道航行安全时用锚;

(3)大风浪航行时,海上漂滞时用锚;

(4)系泊中为缓和船体受外力的摇动时用锚;

(5)搁浅后固定船体以及协助脱浅时用锚。

第二节 锚抓力与出链长度

根据《钢质海船入级与建造规范》的规定,装备在船首两舷锚的重量取决于船舶的舾装数,而对锚的形状并未予以规定。性能良好的商船用锚应具备下列条件:

(1)抛锚后锚爪能迅速抓底,抛锚简便,便于收藏;

(2)重量轻,强度高,抓力充分大,有较高的抓力系数;

(3)抓底姿势稳定,不会转动,不会翻转;

(4)有高度的自洁能力,并可于走锚后再次抓底。

目前,商船普遍采用的船首锚均为无杆锚。最常用的锚型为霍尔锚,大型船舶则多采用 AC-14 型大抓力锚。尾锚有时采用有杆锚或丹福斯锚。

一、锚抓力及其影响因素

锚泊船的锚抓力指的是正常锚泊情况下锚的系留力。单锚泊方式的锚抓力在数值上等于锚的抓力和链的抓力之和,其中链的抓力为卧底锚链与海底之间的摩擦力。双锚泊方式的锚抓力则为双锚、双链抓力的几何和。单锚泊时锚抓力可用下式表达：

$$P = P_a + P_c = \lambda_a W_a + \lambda_c W_c l \tag{3-1}$$

式中：P ——总抓力(9.8 kN)；

P_a——锚的抓力(9.8 kN)；

P_c——链的抓力(9.8 kN)；

λ_a——锚抓力系数；

λ_c——链抓力系数；

W_a——锚在空气中的重量(t)；

W_c——每米链长在空气中的重量(t/m)；

l——平卧海底链长(m)。

影响锚抓力大小的因素有很多，除锚的重量和外形外，还有底质、水深、出链长度、海底地形及抛锚方法等。

1. 锚重和每米链重

锚重和每米链重与锚抓力成正比。锚和链在海水中的重量仅为其在空气中重量的87%。

2. 水深和出链长度

根据试验，当底质为泥沙时，锚链的抓力与出链长度、水深的关系如表3-1所示：

表3-1　锚链的抓力与链长、水深的关系

出链长度/水深	1.5	2.0	2.5	3.0	3.5
抓力/锚在空气中重量	0.66	1.01	1.39	1.74	2.09

由上表可知，出链长度大而水深小，则卧底链长大，抓力就大；反之，抓力就小。

3. 锚型、底质、抓底姿态

由式(3-1)可知，锚、链的抓力系数 λ_a、λ_c 越大，锚抓力越大。锚、链的抓力系数大小除与锚和锚链的形状结构有关外，还与海底底质条件、锚的抓底姿态密切相关。

(1)锚型与抓力系数

锚的种类很多，形状各异，对抓力影响很大。中国船舶工业总公司第708所在中华船厂用铁板细沙进行的拖曳试验结果如表3-2所示。

表3-2　锚的种类及抓力系数

锚的种类	霍尔锚	斯贝克锚	波尔锚	ZY-5型	AC-14型
通常锚泊时抓力系数	4	4~6	7~11	8	7~11

锚链的抓力系数根据T. Thorpo试验建议：沙底 λ_c 取0.75，泥底 λ_c 取0.60。但也有研究认为，在不同的底质中，锚链的抓力系数 λ_c 可取0.75~1.50。

(2)底质与抓力系数

海底的底质多为沙与黏土混合底质。沙质土(沙中含黏土量20%及以下)锚抓力大，霍尔锚在沙底中 λ_a 为3.5；AC-14大抓力型锚 λ_a 为7左右。在黏性土(沙中含黏土量在40%以上)中,黏着力越大,抓力亦越大。而在泥底(沙中含黏土量为20%～40%)中,λ_a随软硬程度不同而变化较大。在泥底中霍尔锚λ_a为3,AC-14型锚λ_a取10。

综上所述,λ_a、λ_c随底质及其软硬程度的不同,差异较大。为使用方便,当情况不明时,估算可取λ_a为4,取λ_c为0.7。

(3)锚抓底姿态与抓力系数

锚抛下后,抓底姿态正常且有部分锚链平卧海底时,抓力达到最大,此时锚干仰角为零。若出链长度不足,即相对于水深不够充分时,随着船舶的运动或外力的增加,不得不使其锚干仰起一个角度,锚链几乎没有卧底链长。实验表明,抓底的锚,其锚干仰角越大,则抓力系数越小,如图3-1所示。由图可知,不管是何种类型的锚,当锚干仰角为5°时,抓力系数约减小1/4;当锚干仰角达15°时,抓力系数约减小1/2。此外,霍尔锚走锚中的抓力系数λ_a在沙底中约为1.5,AC-14型大抓力锚则为2。

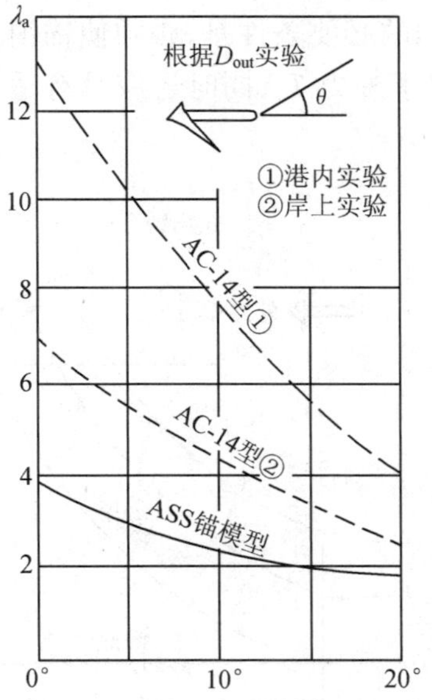

图3-1　锚干仰角对抓力系数的影响

4.卧底链长和悬垂链长

由式(3-1)可知,卧底链长越长,锚抓力越大。对某一船舶而言,锚泊水域确定后,唯一可变的因素就是出链长度,如欲增大锚抓力,可增大出链长度。悬垂链长虽不直接产生抓力,但它的重量下坠使锚干的仰角为零,使拉力呈水平方向作用,从而保证锚能发挥稳定的最大抓力。同时它像弹簧一般,对阵发性作用于船体的外力起一定的缓冲作用。

二、出链长度

1.助操用锚时的出链长度

用锚协助操船的情况很常见,如为减小冲程,出短链拖锚制动,或为在窄小水域内顺风或顺流拖锚掉头等都属此类情况。由表 3-1 可知,当出链长度为水深的 2 倍时,锚的抓力相当于 1 倍的锚重,随着出链长度的增加,抓力将逐渐增大。此外,有关实验结果还表明,当出链长度超过 3 倍水深时,锚抓底的概率就很大。显然,抓力增加,但锚却不能被船拖动,此时若船速过高,极有可能导致断链丢锚等事故。为此,一般出链长度常控制在水深的 2. 5 倍以内。当然,由于各船所处具体条件如排水量、余速、底质及风流速度等的不同,拖锚所用出链长度也不能千篇一律。为安全起见,载重量 1 万吨的船舶采用拖锚制速时,余速应控于 2 kn 以下,拖锚掉头则仅适用于万吨以下的船舶,超大型船舶由于锚机刹车制动力不足以抵御拖锚制动力的作用,故应避免采用上述操纵方法。

2. 单锚泊出链长度

(1)根据外力大小估算

单锚泊时,保证安全锚泊的必要条件是,必须使锚泊力(锚和链的总抓力)大于或至少等于作用于锚泊船的水平外力 T_0,同时还应具有适当长度的悬垂链长,如图 3-2 所示。

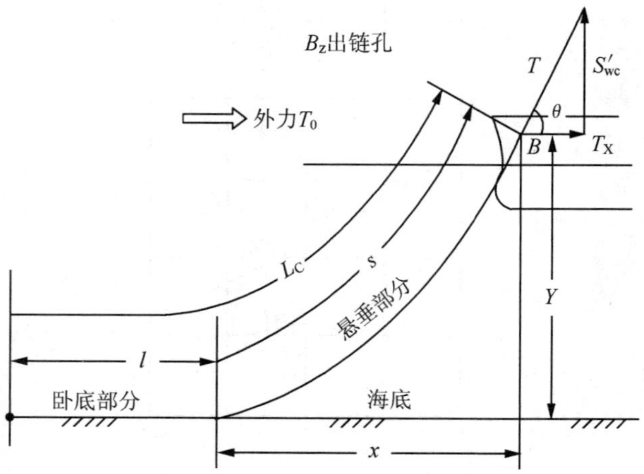

图 3-2 单锚的出链长度的构成

即

$$\lambda_a W_a + \lambda_c W_c l \geq T_0 \tag{3-2}$$

由上式可求得卧底链长为:

$$l \geq \frac{T_0 - \lambda_a W_a}{\lambda_c W_c} \tag{3-3}$$

而悬垂链长根据理论推导,可得其计算公式如下:

$$s = \sqrt{Y\left(Y + \frac{2T_0}{W_c'}\right)} \tag{3-4}$$

式中:Y——锚链孔至海底的垂直距离,即水深与锚链孔距水面高度之和(m);

T_0——作用于船体的水平外力(9.8 kN);

W_c'——每米锚链在水中重量(t),$W_c' = 0.87 \times W_c$;

s——悬垂链长(m)。

将式(3-4)代入式(3-3),即可得到为保证单锚泊安全所必需的出链长度L_c应为

$$L_c = l + s \geqslant \frac{T_0 - \lambda_a W_a}{\lambda_c W_c} + \sqrt{Y\left(Y + \frac{2T_0}{W_c'}\right)} \tag{3-5}$$

式中,作用于锚泊船的外力T_0是指风和流等作用于船体上的大致稳定不变的外力,至于由风流等造成锚泊船偏荡所产生的惯性力等则需要另做处理。

(2)经验估算

出链长度除可根据外力进行计算外,也可按照经验简单估算予以确定,最常用的是下述经验公式:

当风速为 20 m/s 时,出链长度为:$L_c = 3H + 90$ (m)

当风速为 30 m/s 时,出链长度为:$L_c = 4H + 145$ (m)

式中:H为水深(m)。

利用上述经验公式确定出链长度时,如遭遇风力增强、浪击、偏荡,则应增加出链长度;反之则可酌情减少,但不得低于正常天气情况下的出链长度,如表 3-3 所示。

表 3-3　水深与出链长度

水深 H	出链长度/水深(L_c/H)
20 m 以下	4 ~ 6
20 ~ 30 m	3 ~ 4
30 m 以上	2 ~ 2.5

在我国长江口急流水域(水深H约 20 m),在流速为 3、4、5 kn 时,建议单锚泊的出链长度分别不少于 4、5、6 节。

在一般风、流、底质条件下于锚地抛锚,根据经验,单锚泊出链长度为 5 ~ 7 倍水深。

第三节　拖锚淌航

拖锚操纵方法在港内操纵中有着广泛的应用。锚抛出后,船舶将拖锚滑行一段距离才能停住,为能使锚准确地按计划抛至预定锚位,驾引人员应掌握本船的拖锚淌航距离,以便确定抛锚时机。

拖锚淌航距离是指船舶在大致保向的前提下,从抛锚点开始凭借拖锚阻力刹减余速使船舶制动,直至停船点之间的距离。它与船舶排水量、余速、拖锚时的锚抓力以及流速、船体阻力等因素有关。

静水中,若不考虑船体阻力,同时忽略附加水质量的影响和拖锚抓力随余速降低而减小的变化,则余速在 3 kn 以下时可用下式估算拖锚淌航距离:

$$S_t = 0.0135 \frac{W {v_s}^2}{P_a} \tag{3-6}$$

式中:S_t——拖锚淌航距离(m);

W——船舶排水量(t)；

v_s——拖锚开始时的船舶余速(kn)；

P_a——拖锚时的锚抓力(9.8 kN)，即拖锚阻力。该值可根据出链长度与水深之比查表3-1可得。

根据经验，万吨级的重载船出链一节入水，在水深10 m左右的水域中以2 kn余速拖单锚或以3 kn余速拖双锚，其淌航距离约为一倍船长；以1.5 kn余速拖单锚或以2 kn余速拖双锚，则大致为船长的一半。因此，在通常情况下进入泊位，余速控制在1.5 ~2.0 kn，采用拖单锚制动是合适的；若余速过高，则以拖双锚较稳妥。

第四节　锚泊操纵

一、锚地及锚泊方式的选择

1. 选择锚地的一般要求

锚地选择的正确与否，直接关系到锚泊的安全，操船者对此必须高度重视，应根据海图、航路指南等航行资料，以及水文气象预报做出合理的选择，并注意以下基本要求。

(1)适当的水深

在无涌浪入侵、遮蔽良好的锚地，应保证低潮时的水深大于1.2倍吃水，即具备相当于吃水20%的富余水深，即使有拖船协助操纵也应大于1.1倍吃水；在有风浪或涌浪侵入的开敞锚地，为了预防船舶在摇摆、垂荡时可能出现的墩底现象，应保证低潮时锚地水深大于1.5倍吃水与2/3最大波高(H_{max})之和。普通万吨级货船合适的锚地水深为15 ~20 m。

深水区域选择锚地还需考虑船舶所配锚机的额定负荷能力及其性能。为安全起见，最大水深一般不得超过一舷锚链总长的1/4(85 m左右)，否则将会影响锚的抓力，老旧船甚至可能出现起锚困难的现象。

(2)良好的底质和海底地形

锚抓底之后能否发挥出较大的抓力与底质的关系极为密切，软硬适度的沙底、泥底、黏土质海底抓力均好；泥沙混合底次之；软泥、硬泥较差；石底则不宜抛锚。

海底地势以平坦为好，应避免在海底陡坡处抛锚，以免影响抓力，出现走锚。

(3)具备符合水深要求的足够旋回余地

旋回余地应根据锚地底质、锚泊时间长短、附近有无障碍物、气象、海况等条件综合考虑之后加以确定。通常可按以下几种情况考虑。

①对浅滩、陆岸等固定障碍物的距离可定为：

$$一舷全部链长 + 两倍船长$$

②对其他锚泊船或浮标的距离可定为：

一舷全部链长＋一倍船长

③大风浪中单锚泊时,旋回半径应为:

船长＋实际出链长度＋2r (r＝0.02D)

如图 3-3 所示,r 为锚位、船位误差。D 为雷达定位时船位至物标的距离。

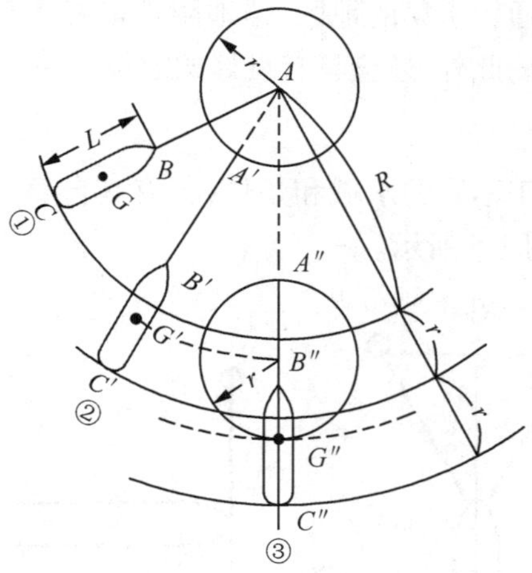

图 3-3　大风浪中单锚泊所需水域

④大风浪中锚泊船之间的距离 D_{ss} 如按各船舶的船首向同向计,如图 3-4 所示,应为:

D_{ss}＝船长＋2×(实际出链长度 ＋ 2r)

此外,根据实际经验,一般万吨级船大风浪中锚泊,至少应距下风侧 10 m 等深线 2 n mile,条件许可时,最好有 3～5 n mile 的富余距离。

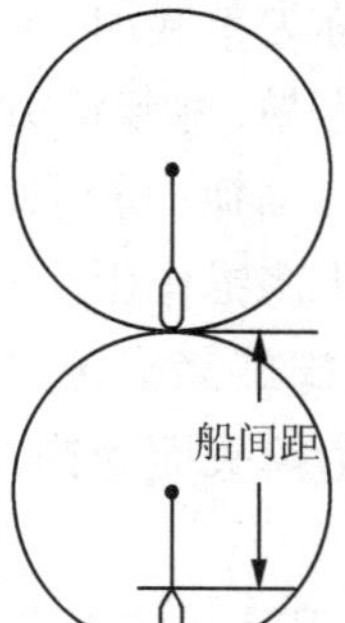

图 3-4　大风浪中锚泊船间距

⑤在港区锚地内,由于锚泊船密度较高,水域有限,难以满足上述条件,其锚泊所需水域可按如下方式估算:

单锚泊时取旋回半径为:船长＋(60～90)m;

双锚泊时取旋回半径为:船长＋45 m。

(4)良好的避风浪条件

所选锚地水域周围的地形应能成为船舶躲避风浪的屏障,以保证锚泊水域海面的相对平静，尤以可防浪涌袭击的为最好。应避免在其出口常为迎风的水域锚泊，在根据当地气象预报、海浪预报和所处海区盛行的季风选择锚地时，应以免受强风袭扰、靠上风水域一侧为原则。

锚泊考虑的因素

（5）其他方面

应避开航道或船舶交通较密集的地区，锚地附近最好无暗礁、沉船、海底电缆等障碍物，水流平缓，流向稳定。此外，还应具有良好的定位条件。

2. 锚泊方式的选择

不同的锚泊方式适用于不同的水域和条件，各有其自身的优点和缺点。锚泊方式一般可分为以下几种，如图 3-5 所示。

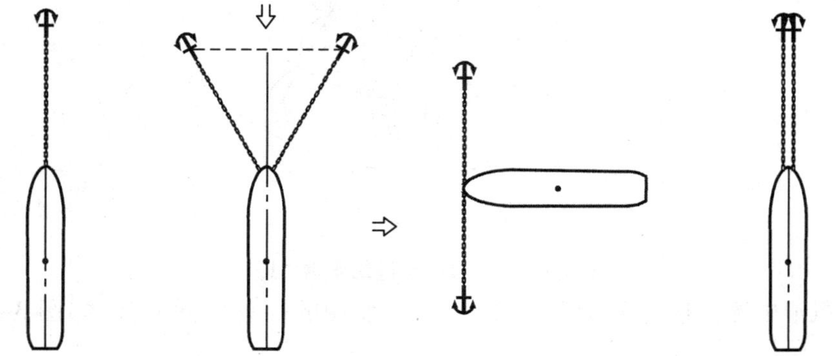

(a) 单锚泊　(b) 八字锚泊　(c) 一字锚泊　(d) 平行锚泊

图 3-5　锚泊方式

（1）单锚泊

船舶抛一只锚进行锚泊的方式称为单锚泊（riding at single anchor）。单锚泊是应用最广泛的锚泊方式。这种方式作业容易，抛起锚方便，适用水域较广；不足之处是风浪增大时偏荡严重，旋回所需水域较大，锚抓力较弱。因此，在大风浪中为了抑制单锚泊偏荡，常将另一锚抛出呈短链状，起止荡锚作用。

为操作方便，通常单桨船可抛与螺旋桨旋转方向相反一舷的锚；如风流来自某一舷时，则抛上风舷或迎流一舷的锚；如为掉头而抛锚，则应抛掉头一舷的锚。

（2）八字锚泊

船舶先后抛出左右两锚，使双链保持一定夹角（一般为 60°左右）呈倒“八”字形的锚泊方式称为八字锚泊（open mooring）。这种锚泊方式与单锚泊相比具有增大锚泊力和抑制偏荡两方面的作用，其作用的大小随两链交角不同而不同。当夹角为 60°时，则上述两方面的作用均明显增强，锚泊所需水域较小。在锚地底质差或风大流急情况下，单锚泊抓力不足时均可采用此种锚泊方式。不足之处是作业较为复杂，当风流方向多次改变后锚链常出现绞缠。

（3）一字锚泊

在狭窄水域内，船舶沿水域纵向（一般沿流向）先后抛出两锚，使双链交角保持在近于 180°的锚泊方式称为一字锚泊（flying moor or ordinary moor）。在风流影响下，受外力作用较大的锚和锚链称为力锚(riding anchor)和力链(riding cable);反之则称为惰锚(lee anchor)和惰链(lee cable)。

一字锚泊方式船舶旋回水域最小,适用于通航密集的狭窄水域或内陆江河;但作业也较为复杂、费时,风流方向变化后缠链也较频繁,且横风较大时,也易走锚。

(4)平行锚泊

船舶同时抛下左右两锚,使双链保持平行、夹角为零的锚泊方式称为平行锚泊(riding to both anchors),又称一点锚。该锚泊方式可抵御强烈的风浪和湍急的水流,不易走锚,是可以最大程度发挥双锚锚泊力的一种锚泊方式。其不足之处是两锚距离较近,偏荡虽较单锚泊小,但总体上仍较大。平行锚因其抓力最大(约为 2 倍单锚抓力),操作简单,左右受力均衡,最适合抗台使用。

(5)其他锚泊方式

除上述几种锚泊方式外,结合船舶设备及地域特点,尚有一些演化而来的锚泊方式,如图 3-6 所示。

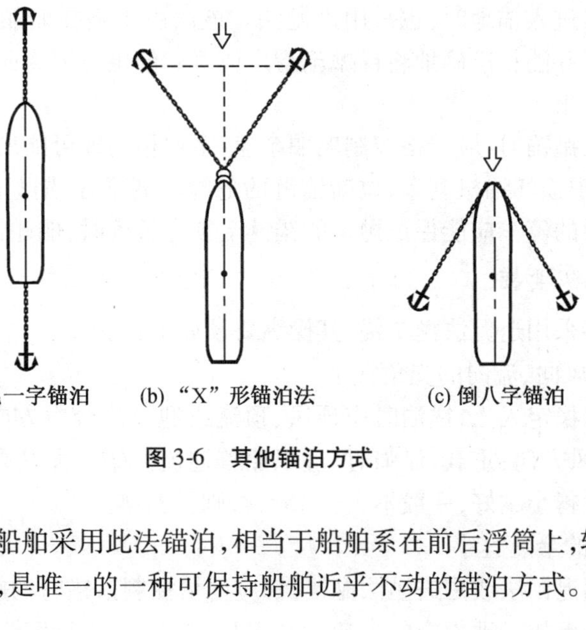

(a) 首尾一字锚泊 (b) “X” 形锚泊法 (c) 倒八字锚泊

图 3-6 其他锚泊方式

①首尾一字锚泊

有尾锚的中小型船舶采用此法锚泊,相当于船舶系在前后浮筒上,较左右一字锚具有更高的系泊稳定性,是唯一的一种可保持船舶近乎不动的锚泊方式。

②“X”形锚泊法

“X”形锚泊法(hammerlock moor)是在八字锚泊的基础上,将八字锚泊的“V”形锚链布置改进和演化成二链交叉相搭的“X”形锚链布置,是在大风浪中抑制船舶偏荡较为有效的一种锚泊方式。

③倒八字锚泊(又称金牛拖锚)

这种锚泊法的最大优点是能抑止偏荡,但需进车以抵御风浪的影响。

二、单锚泊操纵

1. 单锚泊操纵方法

单锚泊是锚泊方式中最常用的方式,其抛法有退抛法和进抛法两种。

(1)退抛法

船舶到达预定的抛锚点,在船舶略有退势时抛下首锚,利用船舶极慢的退势,分多次少量出链至预定长度。这种抛锚方法称为退抛法。该方法抛出的锚链向前方伸展,不至于擦伤船首抛锚一舷外板的油漆膜或外板,而且锚正常抓底的概率较高。所以,商船抛单锚多采用退抛法。

(2)进抛法

当船舶具有微小进速时,抛出首锚,这种抛锚方法称为进抛法。军舰使用进抛法较商船为多,但商船在靠泊操作、顺流抛锚掉头、海底倾斜的深水区抛锚、一字锚操作以及有时不得已横风进入锚地时,也采用进抛法。该法由于是在船舶尚有较低余速时抛锚的,故控向容易,并能较准确地将锚抛至指定位置。但也正因为此,锚链指向后方,易擦伤船首漆膜或外板。

采用进抛法抛锚时,应严格控制船舶余速,余速稍高即可能出现锚链在锚机上跳动的现象,甚至出现损坏锚机刹车、拉断锚链的危险。通常在锚抛下时即可下令倒车,倒车的使用及而后的停车应能保证抛出的锚链至预定长度时,船舶恰好停下。

2. 单锚泊操纵要领

一般商船多采用退抛法抛单锚,其操纵要领如下:

(1)船身与风向、流向的交角宜小

为使锚得以稳定入土,锚泊时应顶风、顶流或迎风流合力方向。在空载、风强流弱时,船首应取迎风方向;重载、流强时,应以船首迎流抛锚。尤其是重载急流时,船首尾线与流向的夹角越小越好,一般不大于 15°,否则易断链。

(2)落锚时的余速宜小

不论是采用退抛法或是进抛法抛锚,都应严格控制落锚时的船舶余速,余速太快容易造成断链丢锚事故。理想中的余速为 0.5 kn 左右。万吨级商船落锚时的对地余速应控制在 2 kn 以下,满载时应控制在 1.5 kn 以下。超大型船舶因锚机刹车力有限,故落锚时的对地余速应控制在 0.5 kn 以下。

落锚时的余速除可利用冲程资料估算外,还可根据正横附近灵敏度较高的串视目标或其他锚泊船及其背景的相对运动来判断,在缓流水域也可根据倒车水花来判断。通常,当倒车水花至本船中部时,即可判断为船舶对水停止前冲;在顶流较大水域,当倒车水花至本船中部时,则船舶对地漂移速度约等于流速。夜间,如对流向、流速情况不太了解,可先抛短链锚(出链 2 倍水深),待船首顶风、流,船身略有退势时,再继续松链至预定长度。

(3)出链控制

开始时出链不可过多，一般在最初出链 2 倍水深时，即应刹住使链受力，待拖锚结束，肯定锚已深抓海底后，方可继续松链。松链时要保持船有微弱的后退速度，在锚链受力拉直时再适当松出一段，一次不宜松出太多，一般每松半节或一节左右宜刹紧刹车一次，以防在风流作用下产生较高的漂移速度而不易刹住。如船舶后退速度过大，以致锚链绷得太紧，应通知驾驶台用车舵配合，以防断链。此时松链只能是稍松一下刹车带，让锚链在受到很大拉力时缓缓松出。船舶停住不动时，则不宜松链，以防形成“堆链”，甚至缠住锚杆或锚链绞缠。

风强流急时，若发现松链至预定长度的最后一节时退速仍稍高，可用短暂进车予以缓解，以稳定锚的抓底姿态，避免锚被拖动。

当锚链松至预定链长时，要注意观察锚链动态，待锚链张紧受力进而又自行松弛时，即可判定锚已抓牢。

抛锚作业

出于紧急情况下可能需要弃锚的考虑，抛妥后如有可能应将锚链联结卸扣置于制链器的后面。

3. 深水抛锚

大型船舶有时需在较深水域锚泊，这些船的锚、链均较重，如按普通抛锚法使之自由下落，将导致出链速度过快，锚的触底速度过高，使锚机刹车受损或锚体变形。因此，为保证操作安全，当水深大于 25 m 时，应采用深水抛锚法(deep anchoring)。其基本要领如下：

(1)水深大于25 m 时，可用锚机将锚送出至距海底 5 ~ 10 m 处，然后在确保船舶极小的退势下，用刹车按普通抛锚法抛出。

水深超过20 m的抛锚方法

(2)水深大于 50 m 时，可用锚机将锚松至海底后，以小于 0.5 kn 的微小退势用刹车按普通抛锚法抛锚；或者利用锚机将预定需抛出的锚链送出去，并使之躺卧海底。实际中较多采用后者。

水深20 m以内的抛锚方法

4. 起锚作业

(1)起锚前的准备

送气或送电后，脱开离合器检查锚机的运转情况，再合上离合器，打开甲板制链器，松开刹车带，使锚处于随时可收绞状态，同时通知机舱送锚链水等。

(2)起锚速度

一般绞入一节锚链约需 3 min。锚机负荷较小时，可加速绞收；锚机负荷较大时，则应放慢绞进速度，或暂时停绞，并可适当进车转舵，以缓解锚链张力，协助起锚。

(3)起锚过程中锚和锚链的状态

①短链锚(short stay)

短链锚又称近锚，它是指锚链绞进至尚余 1.5 ~ 2 倍水深的长度时，锚链呈斜下方受力的状态。此时几乎没有卧底锚链，如图 3-7 中位置①。

②锚链垂直(up and down)

锚链垂直又称立锚，它是指锚链被绞进至正好处于锚链筒的正下方并垂直于水面，此时锚链长度约与水深相等,如图 3-7 中位置②。由于锚尚在抓底,锚链处于受到较大张力的状态,作用于锚机的负荷也很大,绞锚切不可操之过急,如绞不动,可刹紧刹车,脱开离合器,用慢车活锚后再绞。

③锚离底(anchor aweigh)

锚离底是指锚链绞进至锚冠刚好离底的状态,如图 3-7 中位置③。这时会感到锚链由张紧受力突然出现抖动或发现锚机负荷突降,转动变得轻快或锚链筒外的锚链在水中出现摆动。此时意味着船舶正丧失锚泊力,由锚泊状态转为在航状态,白天应降下锚球,夜间则应关闭锚灯,开启航行灯。

④锚清爽(clear anchor)

锚清爽是指锚已出水且无杂物缠绕或钩起的状态。在确认"锚清爽"后方可将锚收进。

⑤锚绞缠(foul anchor)

锚绞缠是指锚钩起了锚链、电缆、缆绳等情况,需进行清解后才可将锚收进。

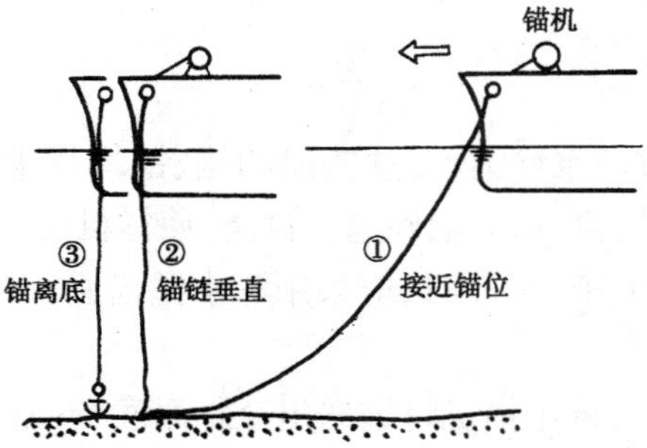

图 3-7　起锚中锚链和锚的状态

三、双锚泊操纵

1. 一字锚泊操纵要领

抛一字锚的操纵方法有顶流前进抛法和顶流后退抛法两种:

(1)顶流前进抛法[如图 3-8(a)所示]

船舶及早停车减速,保持缓速(1 kn 左右)接近(位 1),先抛下惰锚(或上风锚)。根据需要,可使用车舵保向和调整惯性,使船仍沿锚位线顶流前进,松链至预定出链长度的两倍时,刹住锚链,待惰链拉紧时(位 2)抛下力锚(或下风锚),松力链。同时绞进惰链至两链均等(位 3)为止。该方法由于易于保向,锚位准确,两锚抓底状态良好,因而采用较多。

(2)顶流后退抛法[如图 3-8(b)所示]

船舶及早停车淌航,并适时倒车,使船到达预定力锚位置(位 1)时略有退势,即抛下力锚(或下风锚),借退势边退边松力链,至预定出链长度的两倍时(位 2)抛下惰锚(或上风锚),然后慢慢松惰链,同时绞进力链至两锚出链均等(位3)为止。该方法的锚位准确度、锚的状态均不及顶流进抛法。

一字锚泊操纵时，为防止双链绞缠，当转流时应保持惰链绞紧，并向惰链一舷操一舵角，这对防止船首跨过锚链而发生绞缠有较好的效果。一旦双链绞缠，可于平流时请拖船顶尾进行清解，若无拖船，则只能自力清解。为便于清解，在抛锚松链时应注意将锚链的连接卸扣留在甲板上。

一字锚的出链长度一般为两链各 3 节，某些港口落流流速较涨流大，则两锚出链长度应相应改变，如落水锚出链 4 节，涨水锚出链 3 节。此外，在水流急的港口，要相应增加两链之链长。

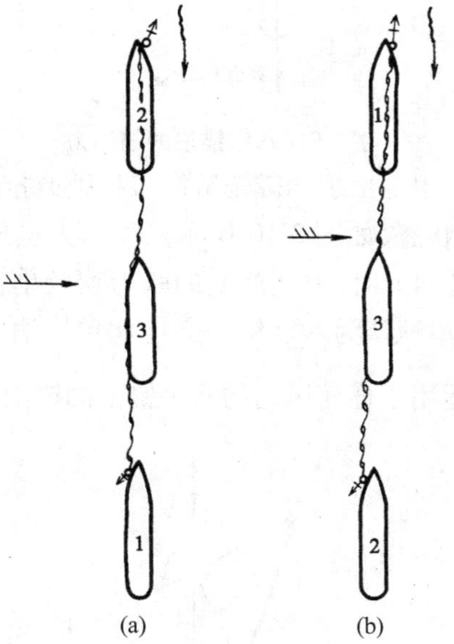

图 3-8　顶流前进、后退抛一字锚

2. 八字锚泊操纵

(1) 八字锚泊的锚泊力

如图 3-9 所示，设 P_{h1} 为任一锚的锚泊力，P_{h2} 为八字锚泊的锚泊力，两链的夹角为 θ，若双锚出链长度相等，则总锚泊力为

$$P_{h2} = 2P_{h1} \cdot \cos\frac{\theta}{2} \tag{3-7}$$

由此可见，两链夹角 θ 越大，P_{h2} 就越小；θ 越小，P_{h2} 越大，但偏荡趋于激烈。

$\theta \geq 120°$ 时，$P_{h2} \leq P_{h1}$，不适用八字锚泊；

$\theta = 90°$ 时，$P_{h2} = 1.41\ P_{h1}$，抑制偏荡作用明显；

$\theta = 60°$ 时，$P_{h2} = 1.73\ P_{h1}$，增加总锚泊力并抑制偏荡；

$\theta = 30°$ 时，$P_{h2} = 1.93\ P_{h1}$，主要用于增加锚泊力。

一般均将八字锚双链交角控制在 30° ~ 60°之间，θ 在 60°左右时，锚泊力较大，抑制偏荡效果也较好，适用于一般船舶八字锚泊。对超大型船舶 θ 则控制在 90°左右。

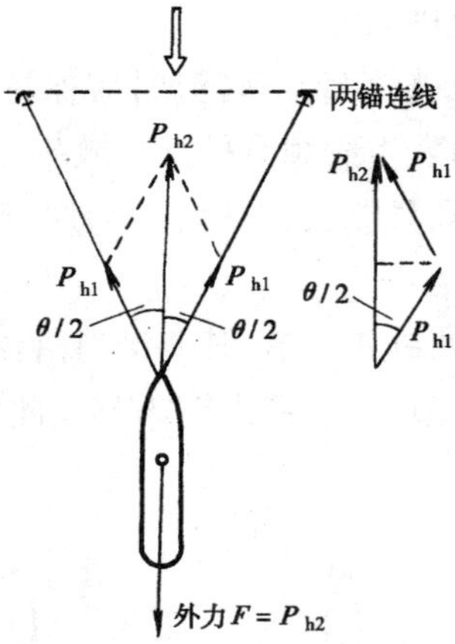

图 3-9　八字锚泊的锚泊力

在八字锚泊中,实际上很少出现两舷锚链同步松弛或拉紧的状态,而往往是随着船舶偏荡两链呈交互拉紧的状态,如图 3-10 所示。驾引人员应充分注意到,当风向与两锚连线的交角 α 为 120°或 240°时,力链所受的张力均较单锚泊时为高,空载船走锚的可能性更大。所以不可简单地认为八字锚泊必定比单锚泊的稳定度高,更不能认为公式 $P_{h2}=2P_{h1}\cdot\cos\dfrac{\theta}{2}$ 是适用于任何风向的八字锚泊的锚泊力通式。

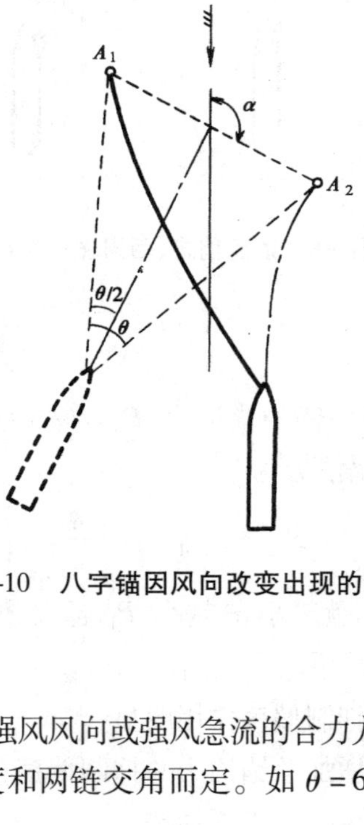

3-10　八字锚因风向改变出现的动势

(2)八字锚泊的操纵要领

①准确选择两锚锚位

a. 两锚锚位连线应尽量与强风风向或强风急流的合力方向垂直,以保证两锚受力均匀。

b. 两锚间距应依出链长度和两链交角而定。如 $\theta=60°$,则取两锚间距与拟出链长度等长或接近等长。

c. 两锚锚位的选定,应能保证与其他锚泊船之间有安全合理的船间距离。

②八字锚泊的抛锚方法

八字锚泊的抛锚方法有顶风流退抛法、横风流进抛法、横风流退抛法等,此外还有单锚泊改抛八字锚、抗台抛八字锚等改良方法。

a. 顶风流退抛法

如果锚地比较开阔且有较大机动范围，则一般均采用顶风流退抛法。如图 3-11 所示，使船迎风、迎流或迎风流合力方向缓速航进至位 1，并抛下左舷锚（有侧风时抛上风舷锚）；微倒车松链约 2 节，船退至位 2；再进车施舵驶向另一锚位（位 3）处，抛下另一锚并同时松链，船舶在风流作用下后退，同时松链并调整两链至预定出链长度（图中位 4），并使之受力均衡。

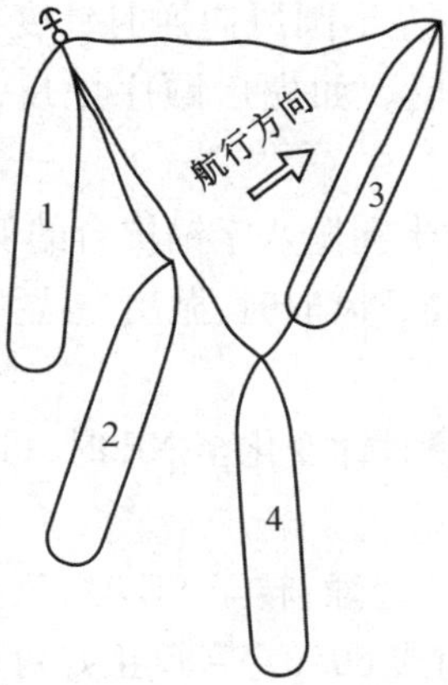

图 3-11　八字锚的顶风流退抛法

b. 横风流进抛法

如果锚地水域有限，不得已需要在横风条件下抛八字锚，可根据情况采用横风流进抛法或退抛法。其中，由于横风流进抛法易于保向，操纵连贯，两锚锚位较准确，操作时间短，故在实用中多采用此法。

八字锚的横风流进抛法具体操作如图 3-12 所示，船舶横风流缓速航进至位 1 时，抛上风（流）锚；进车松链至图中位 2 时抛下风（流）锚；微倒车，让风流将船舶压向下风流，同时松链至预定长度（图中位 3），并使之受力均匀。

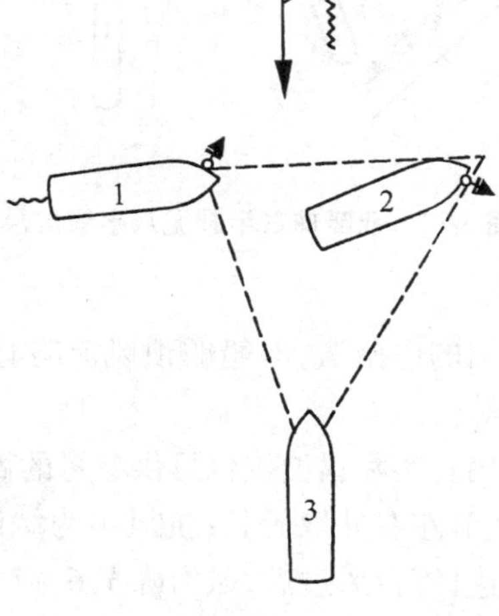

图 3-12　八字锚的横风流进抛法

c. 单锚泊改抛八字锚

如已抛单锚泊的船舶要改抛八字锚，则应在强风袭来之前先将已抛锚链绞至 2 ~ 3 节，相当于图 3-11 中位 2 处，然后依照上述顶风流退抛八字锚的方法进行。

d. 抗台风抛八字锚

抗台风抛八字锚时，应根据风向、风力的变化规律，确定抛锚的顺序和松链时机，以防锚链绞缠进而导致走锚等事故的发生。

在北半球，当判断本船处于台风右半圆时，由于风向顺时针变化，所以应先抛左锚，后抛右锚，出链长度则左长右短；左半圆风向逆时针变化，则应先抛右锚，后抛左锚，锚链右长左短。若在南半球则相反。如先后顺序抛反，当风向转变时，双链必将发生绞缠。

如图 3-13 所示，是北半球右半圆抛八字锚抗台的例子。

（a）台风来临前吹 NNW ~ NNE 风向时，抛出左锚并松至足够长度，然后再抛出 1 ~ 2 节右锚，以避免绞缠，如位 1。

（b）随着台风的接近，风向顺时针变化至 NE 时，可逐渐松出右链，尽量避免右锚被拖动，如位 2。

（c）当风向转至 E 时，风力已增强；转至 SE 时，风力达最强。此时，右链也已松至足够长度，与左链等长，两链交角成 60°，八字口正好对着风向，如位 3。

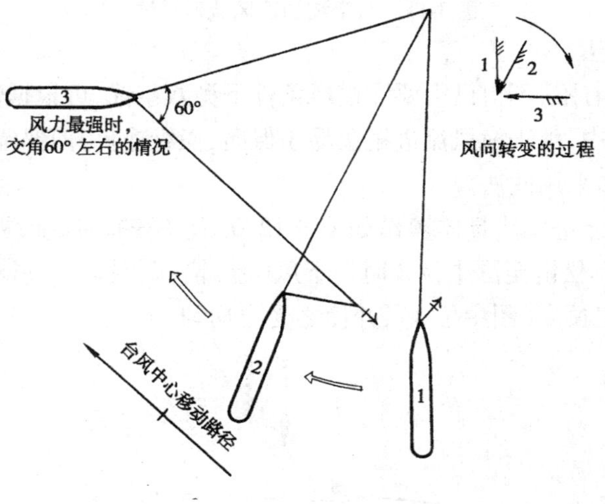

图 3-13 北半球右半圆抛八字锚抗台

3. 平行锚（一点锚）

平行锚的抛法类似单锚泊的退抛法，即船舶顶风流略有退势时，将两锚同时抛出，然后松链至两锚出链长度相等。

平行锚最适合于抗台使用。实际锚泊抗台可供参考的做法是，在台风来临前，以顶风方向同时抛出双锚，出链 9 节左右并取等长；抗风中为缓解锚链张力，可根据实际需要使用微进或断续地进一车速；等台风过后，风力降至 6 ~ 7 级时即改为单锚泊，以免锚链绞缠。

四、偏荡及其防止

单锚泊船舶、抛平行锚的船舶，甚至抛八字锚的船舶在风向明显改变而未及时调整两锚链出链长度时，都会因风、流、浪等外力的作用而产生偏荡现象(yawing at anchor)，其中又以单锚泊中的船舶偏荡幅度最大。锚泊中的船舶偏荡，将使锚链张力增加，影响锚抓力的大小，甚至导致走锚。

1. 单锚泊船的偏荡

单锚泊中的船舶，由于作用于水线以上船体的风动压力的变化，船左右两侧受力失去平衡。在新的状态下，风动压力、水动压力和锚链拉力周期性地作用于船舶，使船舶产生首摇、纵荡和横荡相复合的周期性运动，称为偏荡运动。如图 3-14 所示，偏荡中，船舶的重心将描绘出一个与风向横交的“∞”字形轨迹，并且通常抛锚侧的半个“∞”字形相应短些。

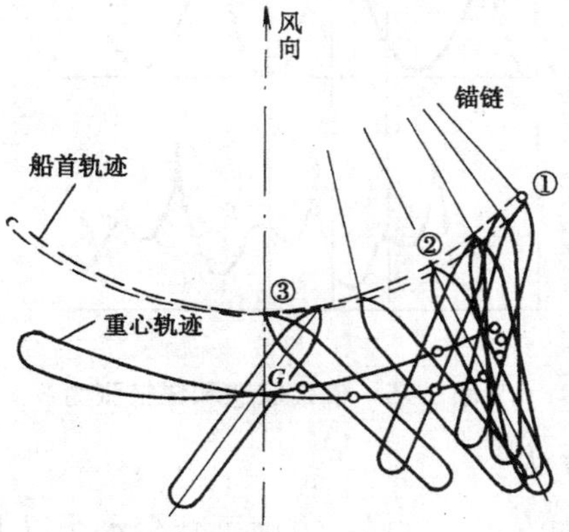

图 3-14 单锚泊船的偏荡运动

单锚泊船的偏荡大致在风速≥10 m/s 时就变得明显起来。风速越大，水线以上船体受风面积越大，风动力中心越接近船首，则偏荡运动的振幅越大、周期越短、速度越快，锚链所受的张力也就越大。当风动力中心位于船中后 10% 以上船长时，即使风速较大也几乎不产生明显的偏荡。因此，尾机型船较中机型船或驾驶台在船首的船偏荡幅度小，满载较空载时偏荡幅度小。

锚泊受风偏荡

值得注意的是，过去在台风中发生走锚的船，绝大多数为吃水较浅的船，而达到满载吃水 75% 以上者则很少发生走锚。偏荡中锚链所受冲击张力相当于正面风力的倍数的估值，表 3-4 也证明了这一点。

表 3-4 锚链冲击张力相当于正面风力的倍数估值

	小型船舶	大型油船	一般货船	空满载吃水变化较小的 PCC、LPG、LNG、集装箱船
满载	3	1.5	2	3
空载	5	3	3	

偏荡中锚链张力的变化情况如图 3-15 所示。它可分为两个部分：一是定常张力，

二是在定常张力基础上呈周期性变化的冲击张力。定常张力也称持续张力，它是指冲击张力出现后较长时间作用于锚链上的张力，当风链角 φ 为零、风舷角 θ 为最大时（图中位置③），由于船舶此时的运动惯性最大，故定常张力也最大，在一个偏荡周期内，出现两次最大值。而最大冲击张力则出现在由左右两侧偏荡极限位置向平衡位置偏荡的过程中，并处于风链角 φ 与风舷角 θ 相等的略后时刻（图中位置②），每个周期内也出现两次。当船舶处于两侧极限位置（图中位置①），即风舷角 θ 为零、风链角 φ 为最大时，锚链受到的张力最小。外力及其所引起的偏荡运动越剧烈，则冲击张力甚至定常张力就越有可能超过船舶的锚泊力，从而导致拖锚甚至走锚。

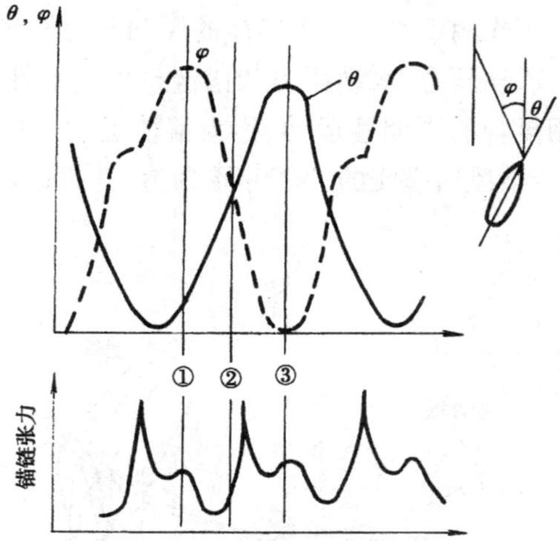

图 3-15　偏荡状态和锚链张力

2. 缓解偏荡运动的方法

（1）打入压载水，增加吃水。这样一方面可减少水线以上船体受风面积，同时另一方面可增大水线以下船体水阻力，从而使偏荡得以缓解。如能使吃水达到满载吃水的75%（即 3/4），则可使一般油船和货船的剧烈偏荡得到显著的缓解。

（2）增大首倾，将船舶调成适量的首纵倾。尽可能使水线以上船体所受风动力中心后移，水动力中心前移。这样可有效地增加偏荡时的船体水阻力，从而缓解偏荡，但小型船应慎用。

（3）加抛止荡锚（即立锚）。这是单锚泊船抑制剧烈偏荡简单而有效的方法之一，但应注意：

①最好是在船舶偏荡至未抛锚一舷的极限位置向平衡位置开始回荡时抛下止荡锚。

②根据经验，止荡锚的出链长度为水深的 1.5 ~ 2.5 倍较为妥当，这样可使止荡锚既拖得动，又具有足够的拖锚力，从而起到减荡作用。实用中单锚泊加止荡锚的可抗风程度常以 20 m/s 为限。

（4）改抛八字锚。操作时应注意两锚连线与风向垂直，两链交角控制在 60°左右，超大型船舶则以 90°左右为宜。这样既可使锚泊力得到增强，又可充分抑制偏荡。

(5)恰当地使用主机减荡。模型试验表明,倒车比进车抑制偏荡的效果好,但由于倒车增加了锚链张力从而提高了锚的负荷,所以存在走锚的可能。因此,使用主机减荡时应采用最低转速,并注意观察锚链方向和受力状况。

(6)灵活使用侧推器减荡。使用侧推器时应注意控制使用时机和用力方向,否则将适得其反。

五、走锚的判断及其防止

锚泊船因外力的变化而造成锚链张力大于锚泊力,致锚被拖动、自转乃至翻转出土,从而失去正常锚泊力的现象,称为走锚(dragging)。它与操纵用锚中的短链拖锚(dredging)完全不同,是安全锚泊的大敌。

船舶发生走锚的主要原因是锚的抓力不足,例如底质不佳、锚重不够、出链过短、锚链绞缠、风大流急、偏荡严重、他船傍靠使所需锚泊力激增以及洪水陡涨等。如不及早发现走锚,采取有效措施,则会酿成碰撞他船、搁浅、触礁等严重事故。

1. 发现走锚的方法

(1)利用各种定位方法勤测船位。利用雷达、GPS 等精度较高的定位手段,经常查核船位以便及时发现走锚。可能的话还可启用雷达和 GPS 的锚位检测报警功能。

(2)观察偏荡情况。若船舶的偏荡仍在有规律地维持,且总体仍处于顶风状态,则说明锚泊力仍能抵御外力对船舶作用及其造成的偏荡影响,船舶没有走锚;若船舶周期性的偏荡运动消失,船舶成单舷受风状态且锚链仅处于上风舷,则可判定船已走锚(空船时尤为明显),这是大风浪中判断走锚的最有效方法。

(3)观察锚链情况。若锚链失去偏荡中常有的周期性弛张、升降现象,而表现为持续保持拉紧,且不出现下降或缓解;或锚链紧后突松,感到间歇性的急剧抖动,都有可能是在走锚。

(4)根据本船与他船相对位置变化判断是否走锚。强风中应重点留意观测首、尾附近的他船或物标串视线的方位变化,这是因为大风浪中锚泊船走锚多呈接近横风的态势;而急流中则应重点观测正横附近的他船或物标串视线的方位变化。

(5)放置测深锤。在船首下风舷将测深锤放至海底,如发现测绳一直向前拉伸,则可能走锚。

2. 走锚的防止

(1)切实加强、高度重视锚设备的检查及养护工作。坚持对锚设备,特别是易受损部位的定期检查和经常性的养护,使锚设备始终处于良好的技术状态。

(2)坚持按锚泊操作规程要求,正确选择锚地、锚泊方式和抛锚方法,保证足够的出链长度,以确保有足够的锚泊力。

(3)加强锚泊值班,严守岗位,忠于职守,尽可能及早发现走锚。

(4)一旦发现走锚,值班驾驶员应采取的措施是:

①不失时机,立即加抛另一锚并使之受力,这是首要的措施。同时下令备车,并报

告船长。车备妥后，开车顶风流，以减轻锚链受力。

②谨慎松长锚链。只有在确认锚尚未翻转且松链后不致触碰他船或触礁时方可适当松长锚链，否则反而会招致不良后果。

货轮走锚搁浅

③悬挂并鸣放“Y”信号，或用 VHF、灯光等手段及时警告附近他船。

④若开车后仍无法制止走锚，则应转移至安全锚地或出海滞航。

第四章

港内操纵

【本章学习目标】

港内操纵包括船舶接送引航员、靠离泊、系离浮筒、港内掉头和锚泊等。港内操船时需要合理运用船舶操纵性能,合理使用车、舵、锚等船舶操纵设备和港作拖船,准确把握外界环境对船舶操纵的影响,以便对船舶的航向、航速和船位进行实时控制,保障船舶安全。

【本章要求】

(1)了解船舶进出港操纵;
(2)掌握系泊缆的名称、作用和使用方法;
(3)熟悉系泊和系浮筒的准备工作;
(4)了解系泊和系浮筒的操纵要领和注意事项;
(5)掌握引航梯的布置方法和要求。

第一节　缆的运用

一、系泊用缆的名称及作用

如图 4-1 所示,系泊用缆的名称及作用如下:
(1)首缆,又称头缆(head line):防止船舶后移及船首外移。
(2)首横缆(forward breast line):防止船首外移。
(3)首倒缆(forward spring):防止船舶前移及船首外移。
(4)尾倒缆(aft spring):防止船舶后移及船尾外移。
(5)尾横缆(aft breast line):防止船尾外移。

系泊缆绳的名称

(6)尾缆(stern line):防止船舶前移及船尾外移。

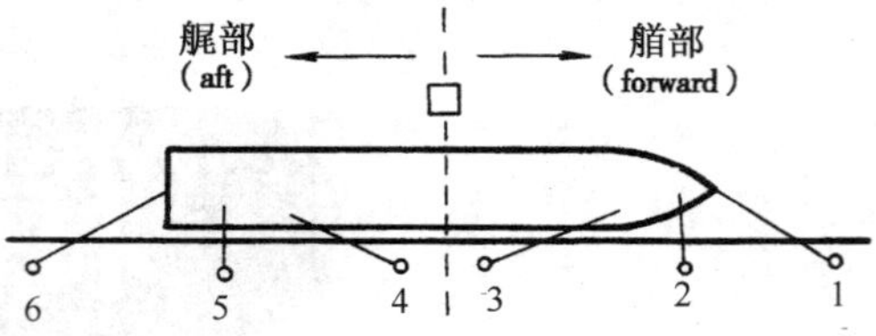

图 4-1　系泊用缆示意图

1—首缆;2—首横缆;3—首倒缆;4—尾倒缆;5—尾横缆;6—尾缆

二、靠泊带缆(系缆)的顺序

靠泊带缆的先后顺序、带缆的快慢直接关系到整个靠泊操纵的顺利与否。带缆的先后顺序与当时的风流情况密切相关。

1. 一般情况下的带缆顺序

能否及时带上第一根缆对安全靠泊至关重要。在有流港口,船舶多取顶流靠;在静水港口,船舶多取顶风靠。靠泊时一般应先船首带缆,后船尾带缆;而船首则应先带首缆,以稳住船身,避免因风流或锚链的拉力作用使船舶出现后缩,后带倒缆、横缆。若先带首倒缆,当倒缆吃力后,其横向分力将使船首过快压拢码头而受损;若码头较短、缆桩较远,则可从里档稍后处的带缆孔出一根领水缆,暂起头缆作用,待靠妥后再带头缆。

2. 吹开风或吹拢风较强时的带缆顺序

吹开风或吹拢风较强时,一般先带首横缆,无条件时亦可将首缆与首倒缆同时带上,并尽快收紧。这样,吹开风时可防止船首被吹开而陷入被动;吹拢风时则可防止船尾被风压拢过快而触碰码头。

3. 艉部出缆顺序

艉部出缆通常是在船首已带上首缆及首倒缆并已稳住船身后,在驾驶台示意下开始进行,以免影响动车。其带缆先后顺序视具体条件而定:

(1)船舶重载、顶流较强时,应先带尾倒缆,后带尾缆、尾横缆,以防止船身后移。

(2)如流较弱,而风从船尾来,且风力较大时,则应先带尾缆,后带尾倒缆、尾横缆。

(3)船舶空载、吹开风较强时,应先带尾横缆,以便尽快将船尾绞拢。

总之,带缆的先后顺序应从操纵全局出发,以有利于稳定船身、保护车舵、平稳贴靠码头为原则。所以首、尾应协调配合,相互呼应,使船身能与码头平行或近乎平行地缓缓靠拢,接触力量越轻越好。

三、离泊用缆

1. 离泊备车前的缆绳调整

离泊前,务必收紧前后各缆,使之均匀受力,以防冲车时造成断缆。

2. 备车完毕后的离泊单绑(single up)

单绑即先行解掉操纵中用不着的各缆,并非只留一根缆之意。对于一般情况下的离泊单绑,船首应留外档首缆及首倒缆各一根;艉部在顶流时留一根尾倒缆,顺流时留一根尾缆,如风流方向相反则留受力大的一根。静水港则根据风向而定。

对于离浮筒单绑,应根据实际情况,适时解掉单头缆,首尾只留回头缆,待拖船就位后方可解去。

3. 离泊时倒缆的运用

主机功率不大的中、小型船离码头时,为保护车、舵,通常先将船尾摆出一个角度,然后绞锚或拖首或倒车退离码头的方法叫尾离法,俗称开尾,如图 4-2(a)所示。

尾离前,首倒缆应选强度大、质量好的缆绳,尽可能带在贴靠码头边而又接近船中部的缆桩上,并将其收紧挽牢,以使它有足够的长度,适于承受带力后慢进车之力。

在操作时,先解掉艉部各缆,操里舷满舵,微速进,见首倒缆开始受力即停车。当首倒缆逐渐拉紧,船首开始向码头贴拢时,再用微进或慢进车,使首倒缆缓缓地受力并一次吃紧,应避免使首倒缆受顿力。在车舵作用下,船尾即徐徐离开码头。重载大船应争取拖船协助,不得已自力尾离时,必须十分谨慎,必要时用两根首倒缆。

与尾离法相对应的是使用尾倒缆的首离法,俗称开头。如图 4-2(b)所示,在顶流较强或吹开风有力时,可不用拖船而自力首离。留尾倒缆并使之带力后,用外舷舵松首缆使船首外摆,内舷受流,外摆加快,达一定角度后解首缆,慢进车以稳定船身,尾倒缆松弛后立即解掉并迅速收进,待艉部清爽后驶向航道。若流弱风强,且风来自船尾方向,则可能出现尾倒缆不吃力、船首不外摆的现象,此时,可用短暂慢倒车使尾倒缆吃力,使船首外摆,但同样也应避免使尾倒缆受顿力。此法常用于小吨位船舶在首离开码头约 15°,确保车、舵不会触碰码头的情况。

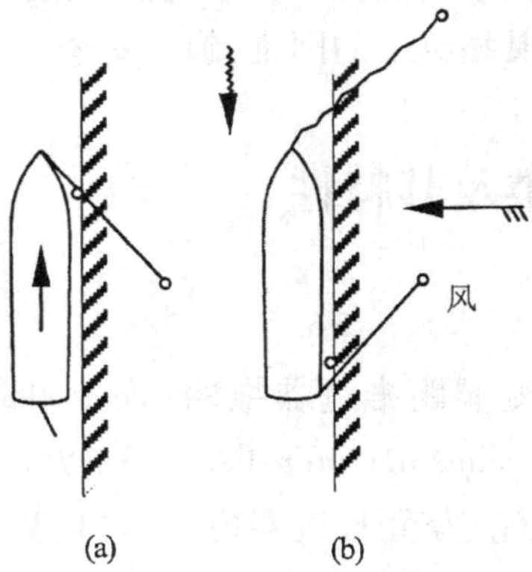

图 4-2 离泊时倒缆的运用

四、用缆注意事项

(1)停泊中因潮汐、装卸、风流等影响,原受力均匀的各缆可能会处于受力不均匀的状态，因此应注意查看并及时调整，使各缆受力均匀，严防个别缆绳受力过大。

(2)操纵中应防止出现缆绳突受顿力的现象，以免缆绳绷断伤及人员或损坏船舶。

(3)缆绳与之摩擦的部位应及时衬垫，尽量减少磨损。

(4)各缆与码头线的交角要适当。交角过大，则横向分力大，纵向分力小，船舶易前后移动；交角过小，则纵向分力大，横向分力小，吹开风时船舶易被吹离码头。为此，应根据用缆的目的正确选择和调整缆绳的使用角度，以适应具体条件。吹开风时，缆绳与码头线交角宜大一些；顶流较强时，缆绳与码头线交角宜小一些。此外，各系缆的水平俯角应尽量减小。

(5)溜缆所用缆绳应尽可能选钢丝缆，缆的溜出速度不宜太快，一次溜出不宜太长，甲板上应将溜出的缆绳理顺，做到既溜得出又挽得住。操作人员应位于溜出相反一舷，以策安全。

(6)缆绳挽桩要牢固。挽的道数要足够，以防止跳出。

(7)码头上桩时，应将琵琶头从桩上缆绳的琵琶头圈中穿出后上桩。

(8)系浮筒的各单头缆应受力均匀，回头缆不宜吃力；前后有船舶系、离时，应及时检查、调整本船的系缆情况。

(9)确保有足够数量的系泊缆绳，当风流情况发生变化，需增加系缆时，应尽可能使用同材质、同直径的缆绳，并尽量调整到同样受力状态。

第二节　港作拖船的运用

船舶在风大流急或自力操纵发生困难时，往往需要拖船协助。有拖船助操时，大船与拖船双方驾驶人员在操作前应商定操纵方案，操纵中必须密切配合，协调动作，大船要随时注意拖船动向并体谅其操纵上的困难，确保安全。

一、港作拖船的种类及其特性

1. 港作拖船的种类

现有的港作拖船有：可变螺距推进器拖船(controllable pitch propeller，简称 CPP 型)、平旋推进器拖船(voitch-schneider propeller，简称 VSP 型)以及 Z 型传动推进器拖船三种。老式的带普通舵的固定螺距推进器拖船(FPP 型)正在逐步淘汰，但在国内一些港口仍在使用，目前国内使用最多的是 Z 型拖船。

2. 港作拖船的性能比较

港作拖船普遍具有主机功率高而船舶尺度小的特点，通常其 L_{PP} 最长为 30 m 左右，长宽比为 3.2 ~4.2，GM 至少应保持在 0.75 左右。

各类拖船的主要性能比较如表 4-1 所示。

表 4-1 各类拖船主要性能比较

特性 \ 拖船类型		Z 型	VSP 型	CPP 型	FPP 型
舵的配备		无舵	无舵	导流管、舵	普通舵
主机	柴油机 换向装置	中高速 无	中速 无	低速 无	低速 有
操纵性能	变速控制 (启动、停止)	快	快	较快	慢
	旋回性 (旋回直径)	可原地掉头 (1.0～1.5)*L*	可原地掉头 (1.0～1.5)*L*	旋回直径较大 (1.5～2.0)*L*	旋回直径大 (3～4)*L*
	横向移动 耐波性	可以 好	可以 好	不可以 差	不可以 差
拖力	前进拖力 (每 75.35 kW)	1.5×9.8 kN	0.95×9.8 kN	1.35×9.8 kN	1.0×9.8 kN
	后退拉力/ 前进拖力×100%	91%	88%	54%	82%

由上表可知:

(1)CPP 型拖船前进推力大,但倒车推力和运动性能不够好,耐波性也很差。

(2)Z 型拖船的操纵性能最佳,VSP 型次之。这两种类型的拖船在操纵中无需改变主机的转动方向即可换车,变速灵敏,旋回性能好,且可横向移动。尤其是 Z 型拖船,能给出远较 VSP 型拖船为高的拖力,且进车和倒车推力相差无几,可向任意方向提供强有力的推力,受到操船者的普遍欢迎。

(3)VSP 型拖船的拖力低于 CPP 型拖船,但机动性能良好,可正横方向进车,横向牵引力可达到直向的 45% 左右。

二、运用拖船的方式与带缆

按照不同的操纵环境与要求,根据拖船的性能和特点,运用拖船的方式大致分为以下五种。

1. 吊拖(leading ahead)

吊拖又称直拖或拎拖。吊拖由本船出拖缆挂于拖船拖钩上,也可由拖船出缆系于本船上。拖缆长度视港内操纵水域而定。为了充分发挥拖船的有效拖力,保证操纵的灵活性,以及免使拖缆承受更大的张力,应使拖缆有最小的俯角,一般情况下应小于 15°,即拖缆长度应大于被拖船拖缆出口至水面高度的 4 倍;即使被拖船拖缆出口至水面高度很低,拖缆长度也不应少于 45 m。实用上拖缆长度一般为拖船长度的 2 倍左右。

单拖船吊拖是一种只可进而不能退的牵引方式。如被拖船吨位很大,在狭小深水域内操纵时,采用既可布置成为可进可退,又可原地掉转的四角牵引的吊拖方式,操纵性能将会大大改善,如图 4-3 所示。

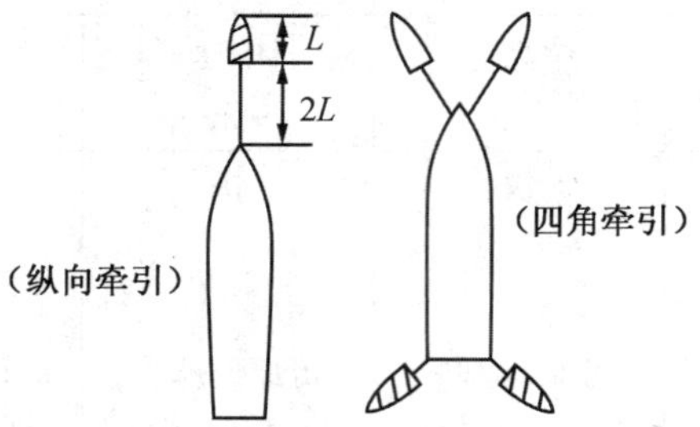

图 4-3　吊拖方式

2. 顶推(pushing)

拖带中,如拖力作用点位置及方向处于经常变换的情况下,宜采用顶推方式。图 4-4 所示为协助本船转向的实例。若用单拖船顶推船中,或双拖船分别顶同舷的首尾可助船横移。

顶推的带缆方式有单首缆、双首缆和紧绑(除双首缆外,另加一根从拖船船尾带到大船的稳定缆)三种。其中最后一种可较好地保持拖船的顶推方向;双首缆次之;单首缆则在倒车时难以保持拖船方向。

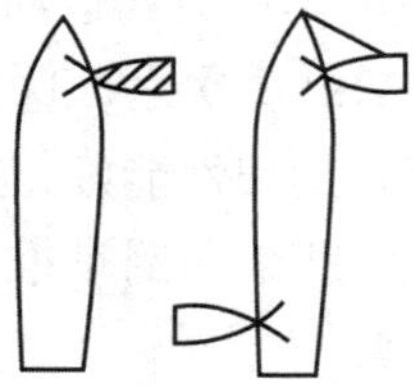

图 4-4　顶推方式

3. 傍拖(towing alongside)

这是拖船船首向偏于内侧傍靠在本船舷边的拖带方式。如图 4-5(a)所示,拖船常作为动力船使用。如图 4-5(b)所示,傍拖时的各缆名称及其作用如下。

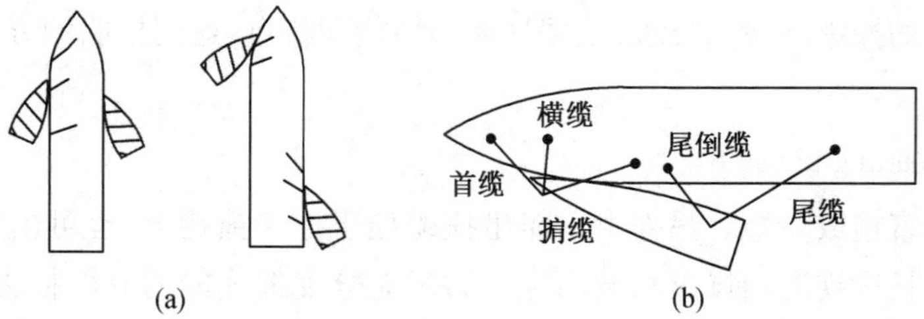

图 4-5　傍拖方式

(1)拖船首缆:习惯上由拖船提供,一般为钢丝缆。该缆的作用一是拖船倒车时,对大船起制动作用；二是拖船向傍靠一舷用舵时，起牵动大船同时转向的作用。

(2)拖船捎缆：习惯上由大船提供，一般为钢丝缆，作为主拖缆。该缆在拖带过程中受力最大。

(3)拖船尾缆：习惯上由拖船提供，要求是钢丝缆。其作用主要在于拖船用舵时牵动大船转向，其次是与捎缆一起受力拖动大船前进。

以上三根缆须均匀受力，不能松动，如有需要还可加带横缆、尾倒缆等，以使拖船和大船在拖带过程中形成一个整体，避免拖船前冲后缩而断缆或无法控制。

4. 作舵船用

用作舵船的拖船应采用 Z 型或 VSP 型，均系于被拖船船尾，如图 4-6 所示。根据舵船与大船之间系缆方式的不同，可以使其在具有起到控制本船航向的主要作用之外，还可以起到推进或制速的作用。

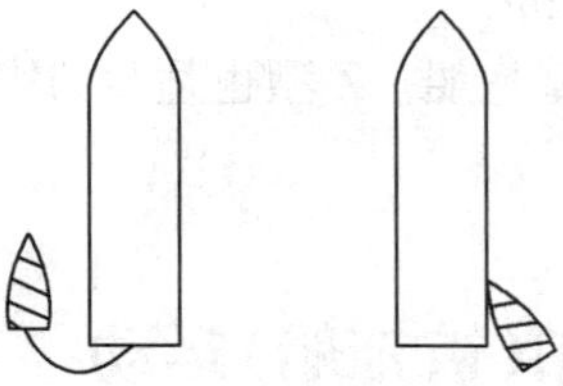

图 4-6 拖船用作舵船

5. 组合拖曳

组合拖曳拖无动力船或超大型船在港内由拖船进行操纵时，为同时解决推进、制速、保向、变向以及掉头等问题，将多艘拖船按所需拖带方式予以组合的拖带方式，如图 4-7 所示。

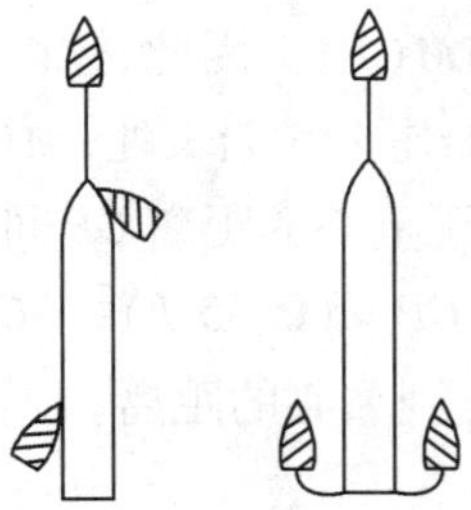

图 4-7 组合拖曳

三、拖船的配置

1. 根据助操任务确定拖带方式和拖船种类

在实际操纵中，应充分考虑到操纵本船的基本要求和外力的影响，并据此确定拖船的种类及合适的拖带方式。表 4-2 可供选择时参考。

表 4-2　根据助操任务确定拖带方式和拖船种类

拖船助操任务	应采取的拖带方式	可选用的拖船种类
使本船前进或后退	吊拖;傍拖	Z 型、VSP 型、CPP 型
使本船横向移动	吊拖;顶推	Z 型、VSP 型、CPP 型
使本船掉转或掉头	顶推;吊拖;作舵船	Z 型、VSP 型
使本船制动	尾吊拖;傍拖	Z 型、VSP 型

2. 选择吊拖或顶推方式的条件

适于吊拖的条件为:(1)大船在较长时间向同一方向移动;(2)水域较宽裕;(3)拖船的拖钩在重心附近。

适于顶推的条件为:(1)使用时间和使用方式多变时;(2)水域受到限制时;(3)拖船的拖钩设置在船体较后部。

最适合吊拖的拖船是 CPP 型拖船。Z 型也适用,因它可 360°回转,故用于顶推、傍拖时比吊拖更有效。

四、拖船作用下的船舶(被拖船)运动

使用拖船时,被拖船的运动状态取决于拖船的就位位置、拖力的大小和方向,并与拖带方式密切相关。

1. 静止中的船舶被单拖船顶推或吊拖时的运动

如图 4-8 所示,假设被拖船静浮于水面,有一艘拖船以垂直于被拖船首尾线方向顶推或吊拖,根据力的平移原理:图 4-8(a)中作用于船首的推(拖)力 T 被简化为图 4-8(c)中的横向推力 T' 和转船力矩 $M(T)$。因此,这时被拖船的运动是边横移、边回转。顶(拖)船首时,其转心 P 约在距船尾 1/5 船长处;顶(拖)船尾时,其转心 P 约在距船首 1/5 船长处,如图 4-9 所示。转心距重心的距离 GP 可由下式估算:

$$GP = (0.35\ L)^2 / GC \tag{4-1}$$

式中:L 为船长;GC 为拖力作用点到重心的距离。

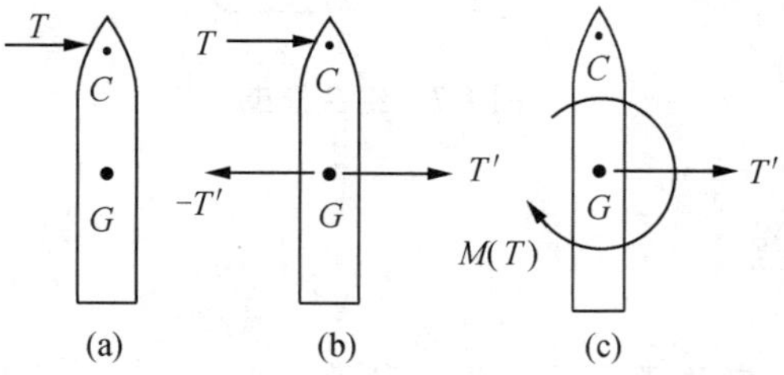

图 4-8　单拖船顶推(吊拖)时的转动与横移

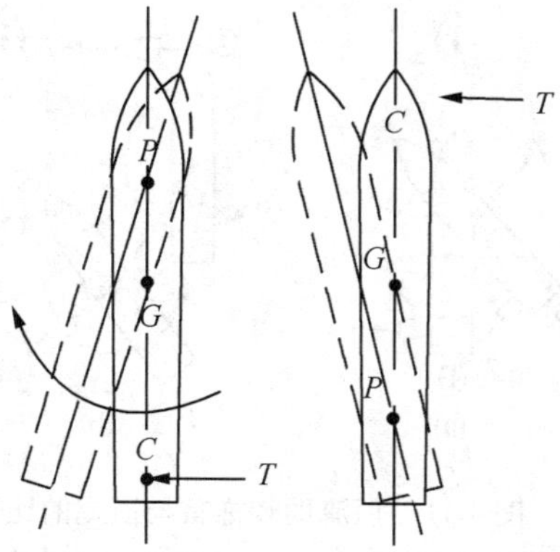

图 4-9　单拖船横移(拖)时本船转心位置

2. 本船低速直进时拖船顶尾与拖首时的运动比较

如图 4-10(a)所示，当拖船顶右舷船尾时，大船边前进，边向左横移，即船舶做斜航运动。此时水从左前方流向船体，水动压力的横向分力 Y_w 所产生的转船力矩与拖船推力的转船力矩方向一致，因而加速了大船的回转，但大船船尾反移量较大；而图 4-10(b)中，拖船拖右舷船首，水将从右前方流向船体，Y_w 所产生的转船力矩与拖力转船力矩方向相反，起阻碍回转的作用，与图 4-10(a)相比较，转过同样的角度所需时间较长，但船尾偏移量要小得多。因此，当水域足够，需加速回转时应采用顶尾方式；而当水道较窄不允许向外侧过多摆出时，则采用拖首方式较为有利。

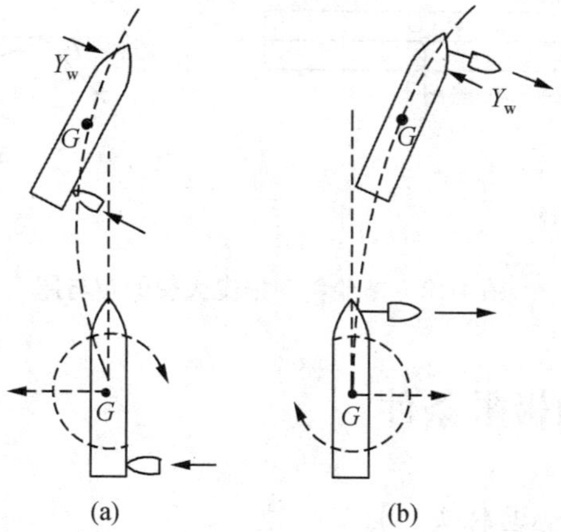

图 4-10　本船低速直进中推尾与拖首的比较

3. 顶流中协助船舶回转

如图 4-11(a)所示，若使拖力迎着水流方向作用，大船漂移小且回转速度也较快；而图 4-11(b)中，拖力顺着水流方向作用，则大船漂移大。

4. 拖船斜向拖曳大船的首与尾

(1)单拖船斜向拖曳船舶一端时本船斜航运动

如图 4-12(a)所示，将拖船拖力 T 分解成前进力 T_1 和横向力 T_2。T_1 使船前进并形

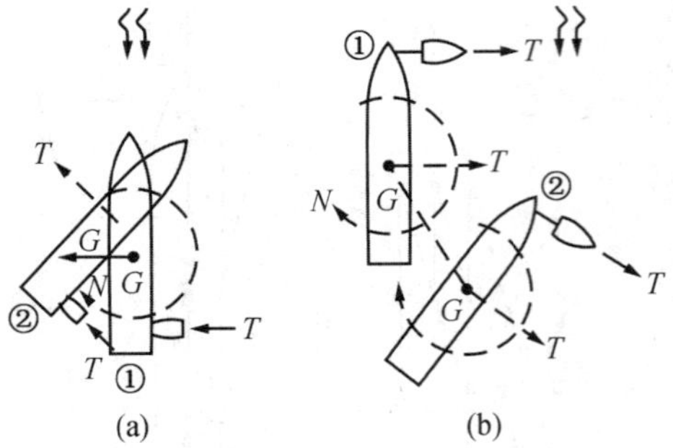

图 4-11　顶流助转拖首与顶尾的比较

成转船力矩；T_2使船横移并形成转船力矩。由于船舶横向虚质量较大，横移阻力较高，所以当单拖船斜拖静止中的本船一端时，本船该端在缓慢转向拖船的同时，将沿较拖力方向更靠近首尾线的某一方向斜航。

本船向拖船所在一舷转头的回转力矩为：

$$M = T\sin\theta b - T\cos\theta a \tag{4-2}$$

(2)双拖船同时以相等的拖力、角度同向拖本船首尾

如图 4-12(b)所示，这种情况大致相当于单拖船拖首与单拖船拖尾的叠加。其结论是：拖力角 θ 大于斜航漂角 β，船舶将沿较拖力方向更靠近首尾线的某一方向斜航，如图 4-12(b)中的 GT 方向。

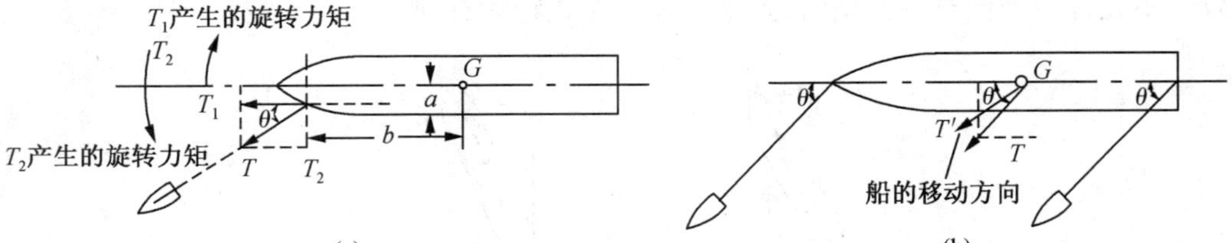

图 4-12　拖船斜向拖曳大船的首与尾

五、拖船助操的极限条件

1. 本船航行中拖船协助转头的极限航速

一般情况下，拖船对本船能给出的拖力和推力随其航速的增加而递降明显。当协助本船直航时，除克服拖船自身阻力外仅能提供剩余拖力或推力；航进中，若用拖船协助本船转头，也只有上述剩余拖力和推力可提供。如将拖船配置在本船船尾，将这一剩余拖力与本船的舵力并用还有某些效果的话，那么若将拖船配置于船首，就可能毫无用处。

如图 4-13 所示，航进中的本船操左舵时同时令拖船顶推船首右舷，则作用于本船的横向力 Y 和转头力矩 N 可表达为：

$$Y = Y(\beta) + Y(T) + Y(\delta) \tag{4-3}$$

$$N = N(\beta) + N(T) + N(\delta) \tag{4-4}$$

式中：$Y(\beta)$、$N(\beta)$—— 船舶斜航产生的横向力及其转船力矩；

$Y(T)$、$N(T)$—— 拖船剩余拖力产生的横向力及其转船力矩；

$Y(\delta)$、$N(\delta)$—— 舵力的横向力及其转船力矩。

当 $Y=0$ 时，由(4-3)式求得 β，将 β 代入(4-4)式，最后由力矩 N 的方向决定本船的转头方向。

显然，当 N 与 $N(T)$ 同向时，拖船顶首便是有效的；当本船航速达到某值以上，且斜航转船力矩 $N(\beta)$ 大于舵力转船力矩与拖船剩余拖力转船力矩之和时，本船将向拖船顶推的相反一侧转向。这时本船的航速即为拖船效果的极限航速，常出现在拖船顶推或吊拖本船运动前端的情况下。

经验表明：前进中本船的拖船效果的极限速度一般为 5 ~ 6 kn；当本船后退中拖船顶尾时，类似情况不仅会出现，航速甚至会变得更低。

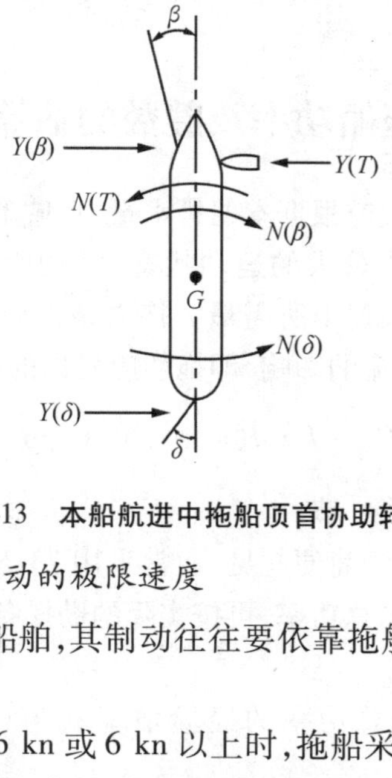

图 4-13 本船航进中拖船顶首协助转向

2. 拖船全速倒车使本船制动的极限速度

大型船舶，尤其是超大型船舶，其制动往往要依靠拖船进行，且制动时间和制动行程均较长。

经验表明，本船船速达到 6 kn 或 6 kn 以上时，拖船采用全速倒车使本船制动将会造成危险的后果。因为拖船不允许长时间的超负荷工作，所以当本船航速接近于 6 kn 时，拖船只能采用低速倒车，并随着本船船速的逐步降低而逐步提高倒车挡次，以增加制动力。这就要求本船的操纵者对本船的船速要有清醒的估计。

3. 拖船协助本船转向时的保位极限速度

经验表明，为使拖船在协助本船转向中保位，即拖船与本船之间较好地保持其相对位置，本船在船速控制上应注意以下两点：

(1)拖船顶推运动船舶的前端时，本船船速需控制在 3 kn 以下；

(2)拖船经拖钩拖带运动船舶后端时，本船船速需控制在 5 kn 以下。

若不能满足上述条件，便会出现拖船难以保位的问题。尤其在第二种情况下，还会产生横拖拖船的危险局面。在这种情况下，即使是 Z 型拖船或 VSP 型拖船事实上也已

拖船不当操作

很难发出应有的推力助船转向了。操船者必须明确,拖船仅仅是船舶处于静浮或低速运动状态下强有力的助操设备,拖船的助操作用将因船速的提高而降低,甚至丧失殆尽。

六、使用拖船的几种常见情况

(1)协助大船提高舵效控制船速。
(2)协助大船港内掉头。
(3)吹开风较大时协助大船靠拢码头。
(4)吹拢风较大时协助大船离泊。
(5)吹拢风较大时提尾协助靠泊。
(6)协助大船过急弯。
(7)拖无动力船。

七、协助操船所需拖船功率及艘数的估算

所需拖船的总功率及艘数应根据本船排水量、水域条件、泊位特点和系泊方法来确定,并按船舶被横推靠泊(阻力最大的运动状态)时的所需拖力计算,必要时还应留有适当的安全余地。日本岩井氏提出所需最大拖力条件应包括:克服推船入泊时的水阻力,以及克服推船入泊时横风流的影响,即拖船应发出的总推力 P 可用下式计算:

$$P = \frac{1}{2}\rho_w \cdot C_{wy} \cdot L \cdot d(v_Y + v_C)^2 + \frac{1}{2}\rho_a \cdot C_{ay} \cdot B_a v_a^2 \tag{4-5}$$

式中各项含义可参阅第二章第一节。

在将拖力换算成功率时,为简便起见,通常采用 73.5 kW (100 ps)为 1 t(9.8 kN)的换算率。根据所换算的拖船总功率,再按实际的助操条件,即可求出所需拖船的种类和艘数。

普通万吨级船所需拖船总功率的经验估算式为(风速低于 15 m/s,流速低于 0.5 kn):

(DWT) × 10% (ps)　或　(DWT) × 7.4% (kW)

或　(GT) × 15% (ps)　或　(GT) × 11% (kW)

对 VLCC,空载时为:(DWT) × 5% (ps)　或　(DWT) × 3.68% (kW)

满载时为:(DWT) × 7% (ps)　或　(DWT) × 5.15% (kW)

港内使用拖船协助操纵船舶,决定拖船马力的简易算法是:每一万载重吨需要 1 000 ps(735 kW)。

八、使用拖船协助操纵时的注意事项

(1)严防横拖和倒拖。当拖船吊拖船首而大船冲势过大,或吊拖船尾而大船退势

过大时,若拖缆张力与拖船拖力的合力方向与拖船首尾面垂直或接近垂直,致使拖船被横拖的现象称为横拖(girding)。严重的横拖可能导致拖船的倾覆。

倒拖(reversed towing)则是在拖船拖带大船时,由于大船前冲或后缩的势头过大,反而拖动拖船倒行,致使拖船在拖缆张力和倒行中所受水动力的合力作用下,失去控制而很快向大船靠拢的现象。严重的倒拖可能导致拖船与大船的碰撞。

横拖和倒拖时的受力分析如图4-14所示。它们均为运用拖船不当而出现的极有害现象,应严格防止。因此,在拖船助操时,被拖船必须严格控制用车,注意消除因本船动车而出现过大的前冲后缩。一旦发生横拖或倒拖,若不能立即缓解拖缆受力,则应立即解掉拖缆。

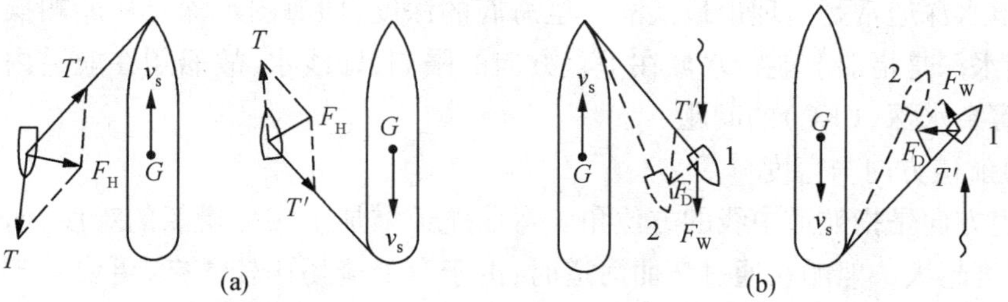

图4-14 横拖与倒拖产生的原因

(2)合理选择拖力作用点和拖船配置位置。无论是推还是拖,如欲使被拖船获得最大转头力矩,应使拖力作用点尽可能远离大船重心;若要推船平稳横移,则应尽可能选在重心附近。

(3)拖缆必须有足够的强度,采用"∞"字挽桩,而不宜将琵琶头直接套在缆桩上,以便随时解缆。

(4)按照拖带常规,协调好拖缆系带、挽桩、起拖、加速、减速等环节,并保持本船与拖船之间有效的通信联系。

第三节 进出港操船

一、港内水域概述

港内水域

港口系指位于江河、湖泊、海岸等水域的沿岸,具有一定设施和条件,可供船舶停泊、货物装卸、物料供应等作业的地方。它的范围包括水域和陆域两部分。水域部分一般设有制动水域、码头前沿水域、回旋掉头水域以及航道、港池、锚地等,陆域部分主要由码头和堆场构成。不同的港口,其水域、气象、水文条件不尽相同,船舶操纵方法也存在很大差异。船舶操纵人员首先要了解航行水域情况,针对其特点,制订相应的操纵方案。

1. 进出港航道

进出港航道是指连接停泊水域和港外水域或沿海水域的可航通道，有天然航道和人工疏浚航道之分。其特征参数有航道宽度、航道水深、航道方向与弯度以及乘潮水位等。

(1)航道宽度

航道宽度，即航道的有效宽度，是指可供船舶安全航行的宽度。从船舶操纵角度出发，航道宽度是指船舶航行水域在水平面方向的限制，即受限水域宽度，故船舶在航道内航行要考虑保向宽度、岸壁效应、船间效应以及是否需要拖船协助等问题。

(2)航道水深

航道水深通常是指理论最低潮面至海底的深度，即海图水深。从船舶操纵角度出发，航道水深是指船舶航行水域在垂直方向的限制，即浅水，故船舶在航道内航行要考虑安全富余水深(UKC)的问题。

(3)航道方向与弯度

航道方向是指航道中线的方位角。弯曲航道增加了实际操船的难度，而且转向角越大，难度越大。船舶在通过弯曲河道时，由于弯处流场比较复杂，更要引起足够的重视。转向角较大的水域，中、大型船舶应考虑运用拖船协助转向。

(4)乘潮水位

吃水较大的船舶，如果某一航段的水深不足以使船舶安全地通过航道，则需要在一定的时间内利用一定的潮位，以确保船舶安全通过该航段，这种能使船舶在一定时间内可安全通过航道的潮位称为乘潮水位。考虑乘潮水位设计的航道不能全天候通航。对于需要乘潮进出港的船舶，需要考虑进出港的时机。

2. 连接水域及码头前沿水域

连接进出港航道至码头的水域包括掉头水域、船舶制动水域、码头前沿停泊水域等。这些水域的大小及其与航道之间的关系直接影响船舶操纵的安全性。

(1)掉头水域

掉头水域也称为回旋水域。掉头水域是指船舶在靠离码头、进出港口需要掉头或改变航向时的专用水域。掉头水域范围的大小与船舶尺度，掉头操纵方式，流向、流速以及风向、风力等因素有关。

掉头水域范围的大小一般决定了船舶掉头操纵方式，掉头水域范围较大时，可以采用自力掉头操纵方式；掉头水域范围有限时，小型船舶可以采用拖锚掉头方式，中、大型船舶需采用拖船协助掉头方式。

(2)船舶制动水域

船舶制动水域是指供船舶靠泊过程中停船操纵的水域。船舶制动水域一般设在进港方向的直线上，有时也可能是曲线。制动距离的大小与船舶尺度，制动操纵方式，流向、流速，以及风向、风力等因素有关。

制动距离是船舶靠泊过程中选择船速的依据。船速过高，可能不易停船；船速过低，又可能由于风流的影响而产生较大的漂移。因此，应根据可供制动的距离和水文气象条件选择合适的进港船速。

(3)码头前沿水域

码头前沿水域是指供船舶靠离泊操纵和装卸作业的水域。码头前沿水域一般水流比较稳定,具有足够的水深和宽度,能满足船舶安全靠离泊操纵和装卸作业的要求。按码头布置形式,码头前沿水域可分为顺岸码头前的水域和突堤码头间的水域。其大小按船舶尺度、靠离码头的方式、水流和强风的影响、掉头区布置等因素确定,一般为 $2B$(B 为船宽)。

码头前沿水域在任意情况下都具有能保证船舶满载时的安全停泊要求的水深。为此,码头前沿水域的水深通常比航道和掉头水域的水深较深。

3. 码头及泊位

码头是指供船舶停靠、装卸货物和上下旅客的水工建筑物。码头系泊是船舶最常见的停泊方式之一。一个码头可以由一个或多个泊位组成。码头的种类繁多,分类方法也不尽相同。按照码头的平面布置进行分类,其可分为顺岸式、突堤式、墩式等形式;按码头结构形式进行分类,可分为重力式、板桩式、高桩式、斜坡式、墩柱式和浮码头等形式;按码头用途进行分类,可分为一般件杂货码头、专用码头(渔码头、油码头、煤码头、矿石码头、集装箱码头等)、客运码头、供港内工作船使用的工作船码头以及为修船和造船工作而专设的修船码头、舾装码头等;按照码头周围水域是否有掩护进行分类,可分为有掩护码头和开敞式码头两种形式。

尽管码头形式有所差异,水域环境和自然环境也有所不同,但进出港、靠离泊操纵的方式并没有本质上的差别。有掩护码头与开敞式码头比较,由于受风、流、浪的影响程度不同,故船舶操纵差别比较大。

4. 锚地及港湾

船舶停泊方式除了码头系泊之外,另一种重要的停泊方式是锚地停泊。最普通的锚地停泊方式是锚泊,此外,还有系浮筒停泊方式。

锚地与港湾是专供船舶(船队)在水上停泊及进行各种作业的水域,如装卸锚地、停泊锚地、避风锚地、引航锚地及检疫锚地等。装卸锚地为船舶在水上过驳的作业锚地;停泊锚地包括到、离港锚地,以及用于船舶等待靠码头、候潮和编解队(河港)等的锚地。避风锚地是指供船舶躲避风浪的锚地,小船避风须有良好的掩护。检疫锚地为外籍船舶到港后进行卫生检疫的锚地,有时也与引航、签证等共用。

驶入锚地

港湾具有天然掩护的自然港湾(有时也辅以人工措施),可供船舶停泊或临时避风的水域。避风港是供船舶在航行途中或海上作业过程中躲避风浪的港口,一般是指为小型船、渔船和各种海上作业船设置的临时锚地。

二、进出港船速的控制

进出港操纵是船舶从航行状态转为停泊状态或由停泊状态转为航行状态的必经阶段。在这一阶段,由于船速的降低,船舶控制航向的能力变差,航行水域的宽度和深度受限,通航密度增大,更增加了船舶搁浅、碰撞的可能性。航速过快会增大船舶的下沉量和惯性冲程,航速过慢会增大船舶的风流致漂移和航迹带宽度。因此,要根据船舶操纵性能、通航情况、航行水域的水文气象和地理环境对进出港船速进行掌控。

1. 船舶进港减速运动控制过程

船舶进港过程为减速操纵过程,船舵控制航向的能力随着船速的降低而减弱。为了保证船舶操纵的安全,在仅靠船舵控制航向的情况下,船舶抵达停泊位置时应具有一定的舵效。

(1)船舶进港过程

船舶进港过程中,一般采用主机转速逐级递减方式进行减速操纵。具体采用的船速递减方式取决于船舶情况、航行环境以及操船人员等因素,即根据船舶种类及载重状态、减速性能、进港水域、水文气象等情况分阶段进行减速。根据操舵对航向的控制能力,将船速递减过程分为四个阶段:高速阶段、中速阶段、低速阶段和制动阶段。

(2)备车与减速

船舶由沿海水域驶入港口水域并向停泊位置接近的过程中,由于港内航行需要频繁改变船速,因此,首先要进行备车。处于备车航行状态时,船舶是否降速取决于船舶距停泊位置的距离、船舶吨位、操纵性能、通航环境以及船型种类等因素。对于中、小型船舶,通常其到停泊位置的距离为 10 ~ 15 n mile,有时需提前 1 h 进行备车;在操船环境较好时进港备车时机应至少在至锚地前剩余航程 5 n mile 以上时,并采用港内全速航行;大型船舶,特别是 VLCC,备车距离还要增大,一般在 15 n mile 以上。大型集装箱船,由于其操纵性能较好,一般在至锚地剩余航程 5 n mile 左右时或提前 0.5 h 进行备车;若交通条件复杂,通常在至锚地剩余航程 10 n mile 或提前 1 h 进行备车,并采用港内半速航行。

(3)高速阶段

距离停泊位置 10 ~ 15 n mile(在狭水道或航道航行可能更远)时,船舶一般位于外港航道或港口界限之外,船速为 10 kn 以上(港内全速)。对于一般运输船舶,这一船速范围在港内航行属于“高速”,故称为“高速阶段”。在高速阶段,由于船速相对较高,受风流的影响较小,船舶对操舵的反应较为灵敏,故其航向可通过操舵进行有效控制,不需要拖船协助,因而船舶操纵风险较小。

(4)中速阶段

距离停泊位置 3 ~ 10 n mile 时,船舶一般位于港口航道之内,船速为 6 ~ 10 kn(半速或慢速)。对于一般运输船舶,这一船速范围在港内航行属于“中速”,故称为“中速阶段”。在中速阶段,尽管舵效有所下降,风流造成的影响比“高速”时有所增大,但船舶航向基本还是可由操舵进行控制,基本不需要拖船协助。在受限水域,可能需要拖船系在大船的舷侧或船尾,以协助船舶保向。这时船舶操纵风险较“高速”时有所增大。

(5)低速阶段

距离停泊位置 1 ~ 3 n mile 时,船舶位于内港或航道内,船速一般约为 4 ~ 6 kn(微速或停车)。对于一般运输船舶,这一船速范围在港内航行属于“低速”,故称为“低速阶段”。在低速阶段，风、流造成的影响比“中速”时进一步增强，舵效下降非常明显，特别是船速降至失去舵效的临界点时，停车之后，船舶很快失去舵效，操舵不足以控制船舶航向，船舶操纵风险也相应增大，则需要用侧推器（如果有）或用拖船协助船舶保持正确的位置和航向。一般将低速阶段作为使用侧推器的最早时机。

（6）制动阶段

距离停泊位置 3 ~5 倍船长时，船舶位于进港航道端部和泊位前沿之间的过渡水域，船速一般为 3 ~4 kn。因为在这一位置范围需要进行制动操纵，故称为“制动阶段”。在制动阶段，由于需要进行倒车制动，舵完全失去对航向的控制能力，故需要使用侧推器（如果有）或拖船全面控制船舶的运动，船舶吨位增大，制动所需的距离也随之增大。

船舶进港过程中，在不同运动阶段，控制船舶运动的手段各不相同。随着船速的降低，舵的控制能力逐渐减弱，同时，风流等外界影响逐渐增强，船舶对侧推器或拖船的依赖程度逐渐增强。在各阶段中，在制动阶段对拖船的依赖程度最强，并据此来选择所需最大拖船功率和数量。从船舶操纵意义上讲，高速、中速和低速三个阶段由于需要保持一定的船速使船舶安全进港，故属于“航行控制阶段”，而制动阶段由于需要进行减速、停车使船舶安全系泊，故属于“系泊控制阶段”。

（7）减速过程中的航向控制

进港操船中，随着船速逐步降低，舵的控向能力将会变得越来越差，此时需要侧推器或拖船协助控向。根据实践经验，需要注意的是不同的控向手段，需要有相应的船舶速度，以达到有效控制船舶航向的目的。

一般说来，操船者应当知道下列数据：

①自动舵可有效控制航向的速度范围为 8 kn 以上；

②万吨级船舶手操舵有舵效的最低速度约为 2 kn，而大型船舶约为 3 kn；

③侧推器发挥作用的速度范围为 4 kn 以下；

④港作拖船发挥作用的速度范围为 4 ~6 kn。

船舶在减速过程中的航向控制问题在实际操船中并不完全像上述四条那样单一。各种控向手段可实施控制的有效速度经常随船舶种类、船型、载态、外界环境条件的不同而不同。因此，需依据具体船舶及其所处的具体环境对船速加以修正。

2. 船舶出港加速运动控制过程

船舶出港过程为逐级加速操纵过程，舵控制航向的能力随着船速的提高而增强。比较而言，船舶出港操纵较进港操纵容易。

进港水域航行

船舶出港航行于港口水域时，应根据船舶状况、外界水文气象环境、航道及交通流情况决定行驶航速，一般航行速度以不超过 6 ~8 kn 为宜。

三、接、送引航员时的操船方法

为维护港口秩序和保障船舶安全，一般港口都对进出港船舶实行强制引航制度，船舶进港前，应提前查阅《进港指南》或有关资料，了解引航站的各种信息资料和注意事项。船舶进出港过程中，安全接送引航员是船长的主要责任之一。目前，因港口环境和情况不同，接送引航员的交通工具有两种：一种是引航船或拖船；另一种是直升机。

1. 引航员登离船装置的要求

引航员登离船装置是影响引航员登船安全的因素之一。根据 1994 年 1 月 24 生效的 SOLAS 公约 1991 年修正案，1974 年 SOLAS 公约第Ⅴ章（航行安全）第 17 条“引航员登离船装置”规定要点如下：

引航梯布置图

（1）引航员登离船装置的安装应由值班驾驶员进行监督，并对安装和操作设备的人员就安全操作程序进行指导。

（2）负责驾驶员应携带与驾驶台进行通信的装置，并护送引航员经由安全通道前往和离开驾驶台。

（3）从海平面至船舶入口位置的垂直距离超过 9 m 的船舶，应将舷梯或机械式引航员升降机与引航员梯组成组合梯供引航员登离船。

（4）舷梯的低位平台应保持水平，其上架设的引航员梯最少应保持 2 m 的垂直长度；舷梯的倾斜角度向后最大不超过 55°。

（5）在转送人员时，应备有立即可供使用的两根扶手绳（直径不应小于 28 mm），以及带有自亮灯的救生圈、撇缆。

（6）应配备适当照明，照亮舷外的登离船装置、甲板上人员登船和离船的位置。

2. 引航员登离船时船舶操纵要点

引航员登离船时船舶的运动状态也是影响引航员安全的因素之一。船舶在锚地接送引航员无须讨论船舶动态问题，比较而言，航行中接送引航员的风险较大，而且由于引航员登离船水域的通航密度往往较大，更要引起足够重视。引航员登船前，除了要做好以上引航员登离船装置的安放和检查外，还要较精确控制船舶，其操纵要点如下：

（1）调整进港船速，准确预报和控制抵达引航员登船点的时间。过早或过晚到达登船点，都不利于船舶安全，尤其是过早抵达引航地点而引航员还未抵达，因水域狭窄，往往会造成被动局面。

（2）根据引航员的要求，调整航向。通常将引航员梯或舷梯放在下风舷侧，以利用船体的遮蔽作用减小下风舷侧的风浪。在引航员上下船时，应保持航向和航速或根据引航员的要求操控船舶。

（3）降低船速，以适应引航船或拖船的并靠，但有强横流影响时，船速不宜过低，以免漂移过大而造成搁浅，一般以保持舵效的船速为准。

（4）能见度不良时，本船位置不易被引航船识别，必要时应开启雷达为引航船导航并鸣放合适的声号供引航船识别。

（5）引航船附近往来船舶交通密集，应加强瞭望，注意及时运用 VHF 与交管中心 VTS 和他船取得联系并及时避让。

3. 直升机接送引航员船舶操纵要点

随着航运业的发展，直升机在接送引航员和海上救助方面的应用越来越多。特别是大型船舶，引航员等船地点往往距离港口较远，引航船受风浪影响较大，采用直升机接送引航员的做法更为普遍。直升机具有方便、快捷等优点，但直升机在转运人员过程中也存在较大风险，由于操作不当而造成机毁人亡的事故时有发生。究其原因，除了直升机驾驶员方面的影响因素以外，船上人员的操作失误也是事故发生的原因之一。因此，船舶操纵人员有必要掌握直升机海上转运人员期间的船舶操纵知识，以利于安全。

(1)直升机抵达前的安全检查

对于所有船舶：

①根据有关最低要求的规定将降落区域报告交管中心(VTS)。

②所有甲板吊杆或克令吊以及其他活动设备是否落下并固定。

③所有降落/吊运区域附近的松动物品是否移开或系固。

④降落/吊运区域附近是否清洁，并没有残留货物和冰凌。

⑤降落/吊运区域是否处在日出至日没期间，或在能见度不良时有否足够的照明(直升机飞离船舶之前不可关闭甲板照明灯)。

⑥降落/吊运区域是否备妥消防器材。

⑦甲板照明灯的照射方向向下指向甲板，以免直接指向直升机驾驶员。

⑧注意甲板上的相对风向和风速，挂妥船旗或三角旗。

⑨VHF 设定在港口指定频道。

对于油船，还要做到：

①不早于直升机降落前 30 min 释放货舱压力(若没有配备惰性气体系统)。

②降低货舱压力，使其为正值(若配备惰性气体系统)。

③通风后关闭所有货舱开口。

对于液化气船，还要做到：

采取所有防范水蒸气泄漏到甲板的措施。

对于散货/液货混装船，还要做到：

停止所有舱面通风，并落下舱口压条(干散货)。

消防措施：

根据有关要求，在降落/吊运区域预先设置消防设备。

船员注意事项：

①指定协助直升机降落/吊运的船员，并在操作前对下列方面给予指令：降落/吊运区域的位置(如果船上没有固定的场所)；在直升机降落之前和降落期间尽可能处于离开降落/吊运区域的安全位置；任何时候都应远离降落/吊运区域；在吊运期间，不要接触吊索。

②指定协助直升机接送引航员的船员需携带手提 VHF 对讲器。

③指令所有不参与操作的船员远离露天甲板。

④指令所有船员不得使用闪光灯照相机，以免影响直升机驾驶员的视线。

如果在驾驶台两翼吊运：

①去除驾驶台两翼的遮阳罩。

②所有雷达天线停止运转。

上述所有项目检查完之后,船长应确认:

①甲板消防组到位并做好操作准备。

②船长上驾驶台,并确认安全检查的所有项目是否做到。

③船长通知有关方面船舶准备就绪,必要时通知 VTS。

(2)船舶横摇角和纵摇角

船舶的过度运动可能造成直升机滑出甲板上的降落区域。因此,在直升机降落甲板期间,一般要求船舶的运动状态最低达到下列要求:

横摇角左、右各不超过 2.5°,即横摇幅度不超过 5°;

纵摇角前、后各不超过 2°,即纵摇幅度不超过 4°。

为了减轻船舶的摇摆幅度,往往直升机驾驶员会要求船长调整航向和船速。

(3)船舶航向和船速

直升机降落甲板期间,一般要求船舶保持航向和船速。有时直升机驾驶员和引航员之间进行协商确定具体的航向和船速。一般情况下,要求船舶风舷角不大于 30°,并避免航向的突然变化。

第四节　港内掉头

船舶由于进出港或泊位装卸条件的原因或出于操船安全方面的考虑,常需进行掉头作业。

港内水域狭窄、条件复杂,很难凭车、舵一次全旋回完成掉头操纵。操船者应根据掉头目的、航道尺度、风浪情况、本船尺度、载况以及本船的操纵性能等条件,选择适当的掉头水域,拟订出安全快捷的操纵方案,合理地使用车、舵、锚、缆和拖船,利用或克服风流的影响,从而顺利完成掉头操纵。较常采用的掉头方法有:顺流抛锚掉头、顶流拖首掉头和拖尾掉头等。小型船舶可根据不同的航道条件选择采用连续进车掉头、进退车掉头、船首顶岸掉头以及利用码头系缆掉头等方法。双车船亦可用一车正转一车反转的方法掉头。

一、掉头水域

出于操船的实际需要,在泊位系留设施附近,应设置必要的使船就地掉头的水域,俗称掉头区(turning basin)。

就一般船舶的操纵性能而言,根据用锚、利用风流等外力因素的有利影响,以及利用拖船协助掉头等不同条件,船舶掉头范围可参考下列数据:

(1)先使船舶降速,而后提高主机转速,满舵向右掉头约需直径为 3 倍船长的圆形水域;

港内掉头操纵

(2)如可使用一艘拖船,则约需直径为2倍船长的圆形水域;

(3)利用锚和风流的有利影响自力掉头约需直径为2倍船长的圆形水域;

(4)完全使用拖船掉头时(两艘或两艘以上),约需直径为1.5倍船长的圆形水域。

二、掉头方法及操纵要领

1. 顺流抛锚掉头(turning short round with an anchor)

顺流抛锚掉头,是借助锚的拉力固定船首,利用流或风的有利因素推尾掉转的,如图4-15所示。

(1)选择合适的流速:流过缓或过急均不利于掉头。重载大船抵达掉头区时的流速以1.0~1.5 kn为宜,切忌在急涨、急落或平流时掉头。

(2)选择最有利的掉头方向:一般情况下,右旋单桨船宜向右掉头,以便利用倒车时的横向力;空载风大、水域狭窄时,采取迎风抛锚掉头较安全;弯曲水道处向凸岸一侧掉头有利。

(3)控制余速:及早停车淌航,当船抵达掉头处(位1)时,余速应控制至最低程度;抵落锚点前,应适当使用倒车,以减低冲力,助船右转。

(4)掌握正确的抛锚时机:抵落锚点前1~2倍船长处的船位应摆在航道中央略偏左的地方,以便拉开空间,腾出水域。若对水余速超过1 kn,应立即使用倒车刹减,同时操右满舵,使船首右转过航道中线而船身约与流向成30°角的状态(位2),伺机停车并抛锚,一般出链2.5~3倍水深,一次松出,刹牢。若淌航速度过快,一锚拉不住,切不可失策松链,而应加抛另一锚(通常一节入水)制止。若已预约拖船,则应请拖船协助。

(5)控制船身:在船身掉转过程中,应密切注意船位及船身之进退。一般当船首转过约70°左右时(位3),船身可能出现后缩现象,应及时用车加以抑制。转至位4以后,可酌情进车、施右舵,以缓解锚链受力、加速掉头。

(6)起锚:用车、舵配合将船身领直后(位6),起锚,如抛双锚,则应先绞后再抛锚。

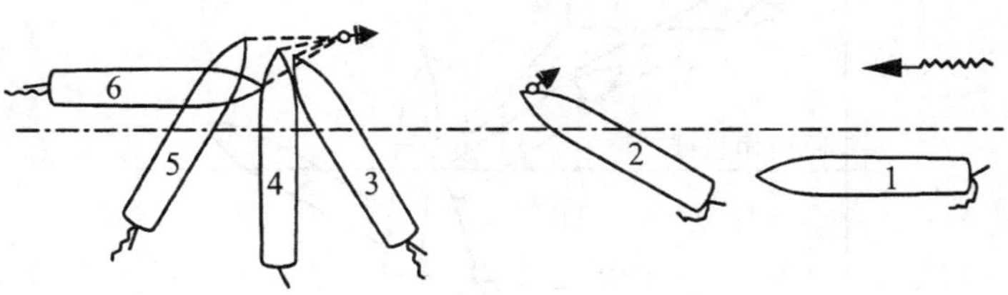

图4-15　顺流抛锚掉头

2. 顶流拖首掉头(turning by pulling the bow)

顶流拖首掉头如图4-16所示。

(1)选择合适的流速:为减少操纵中的流压漂移,便于控制船位,尽可能选择平流时抵掉头区，争取在平流或近乎平流中掉头，否则顶流流速不宜超过 1 kn。

(2)选定掉头方向：一般情况下，以拖船拖首向右掉头较为方便；空船、横风较强、水域较窄时，则以迎风掉头为安全；若风较小、水域足够，则在泊位边掉头后右舷靠泊，亦可向左掉头。

(3)控制余速：抵掉头区前应及早停车淌航，一般满载万吨船应在距掉头处 1 000 m 以外停车淌航。开始掉头时，船舶的冲势应基本消失，当距掉头处半个船长时冲势仍较快，应立即倒车制止，使船停住，以免影响拖船行动，甚至出现危及拖船安全的现象。

(4)注意掌握船位和船身的进退：向右掉头，开始时船位应保持在中央航道左侧。拖船领直而未向右拖带之前，大船不宜右舵，以免妨碍拖船向右转向。大船在掉转 90°前(位 1 ~ 位 3)，可能出现前冲现象，应及时倒车制止前冲；掉转 90°后(位 4)，可能后缩，一经发现，应用右舵和少量进车加以调整。

(5)降低转头速度，稳定船首向：船首转过 150°左右时，应适时用左舵，进车抑制其右转势头，拉直船身，稳住船首(位 5 ~ 位 6)。

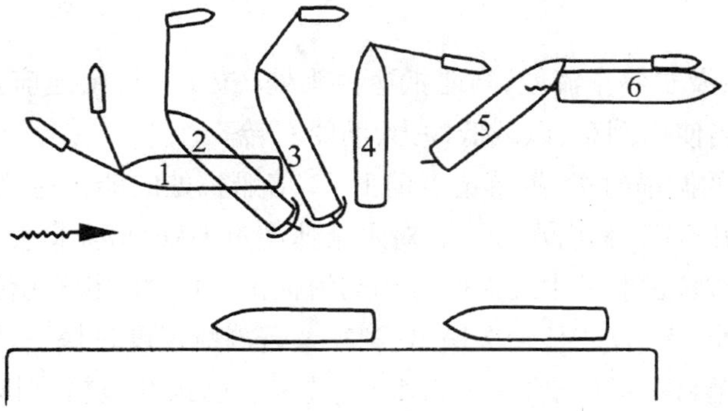

图 4-16　顶流拖首掉头

3. 拖尾掉头(turning by pulling the stern)

拖船拖尾掉头常见于静水港，如图 4-17 所示。

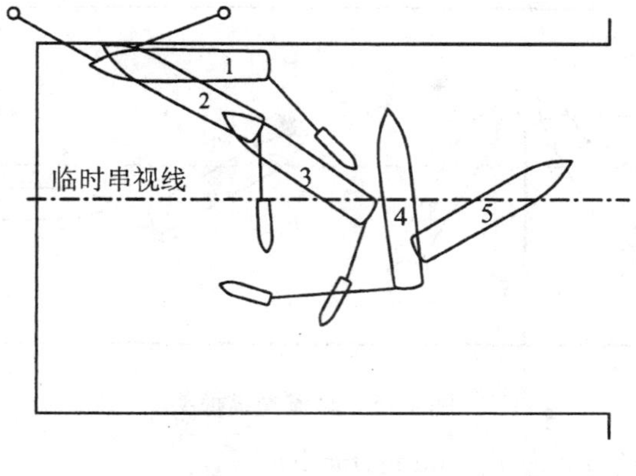

图 4-17　拖尾掉头

艉部各缆解清后，大船前部留首缆、前倒缆，垫好碰垫，拖船缓缓起拖，使大船尾离(位 1)，待尾离出约 30°(该角之大小视有无开风、拢风而定：如为较强拢风，尾离角度要更大;如为较强开风,则尾离角度可适当减小),松出并解掉船首各缆(位2),然后再解掉首倒缆及首缆。出泊后的大船,因拖缆在前阶段向后而有退势,应用右满舵、进车,以便助转和防止过度后缩危及拖船安全。与此同时,令拖船右转拖尾抵位4,保持大船在无前冲、后缩情况下,由拖船拖转至位5,而后大船视情况采用进车、左舵以抑制船首向右的偏转惯性,稳住船首。至此,掉头毕,当船略有对水进速时,停车解去拖缆。

第五节　靠离码头

一、靠码头(berthing alongside)

1. 准备工作

(1)了解港口与码头情况

港口方面有航道深度及宽度、掉头区范围及有效宽度、禁止追越区、禁锚区等规定细则,还有诸如通航分隔制、港内限速、VHF使用以及其他导航、通信设施的使用等规定。此外,尚有各段航道的航向、航程以及导航设施的配备等。

码头方面有码头线方向及长度、泊位水深、前后停船情况、泊位空当大小(一般为船长的120%)以及码头附近水域宽度等。

(2)掌握预计靠泊时码头边的风流条件

因受地域、地形制约,港内风流情况与外海不同,码头边的情况更加多变。若为静水港,主要考虑码头边风的变化情况;对流水应根据资料进行经验性修正,以预计码头边的流向、流速和转流时机。

(3)制订靠泊操纵计划

结合上述条件,依据本船载况和操纵性能(如旋回性能、停船性能等)以及各种操纵设备(如车、舵、锚、缆等)的准备情况及运转信息,需在靠泊前预先制订出一个完整的靠泊操纵计划。例如:何时自锚地起锚,何时经过浅水区(以解决富余水深问题为核心),何时进港,是否需要掉头,在何处掉头,何时抵泊,靠泊方案要点,是否需要拖船协助,甚至包括可能遇到的困难及对策;并对有关人员进行布置,必要时应与有关单位取得联系。

2. 操纵要领

(1)控制抵泊余速

根据本船载况、停车淌航冲程,结合当时当地风流的方向和速度,以及本船倒车功率的大小,在抵泊前适时减速和停车。由于情况多变,要准确估算各种外力影响尚有一定困难,最为普遍的做法是,在保证船舶舵效的前提下,抵泊速度以尽可能低为好。其优点在于可避免较长时间使用倒车或频繁用车,从而有利于控制船位和船首向;另外也为观察船舶动态变化和校正船舶的运动争取了正确决策的时间,即使出现意外,也可防患于未然。

淌航至泊位后端，如图 4-18 中的位 A 时，是控制抵泊余速的关键时刻，如岸边景物后移速度较快，从而判断淌航余速较高，则应及早倒车加以抑制。

船首抵泊位中点（N 旗）的余速以不超过 2 kn 为宜，以便用少量的后退二，或拖外舷短链锚（如 10 m 水深，则出链 1 节下水，超过 2 节即不易绞起），可在大约 1/2 船长距离之内将船位拉停；而后根据具体条件，用车操舵调整船位及靠泊角度时会较为主动。

空载且横开风较大时，为减低淌航中的风致漂移速度，淌航余速应适当提高。这就需要提前拖锚，必要时甚至拖双锚淌航。这样做既可大胆用车操舵，使船沿预定串视线进入泊位，又可在较短距离之内把船停住。

在有流的港口，泊位附近的水深往往较航道为浅，流速往往偏低，方向也可能改变。船舶由航道淌航至泊位边，会发现余速略有变化（往往变大），操船者对此应有所估计。

（2）合理选择横距

任何形式的靠泊，在船舶驶至泊位外档之前，总是存在着合理地选择横距的问题，以便为下一步驶至泊位外档后解决入泊问题打好基础。

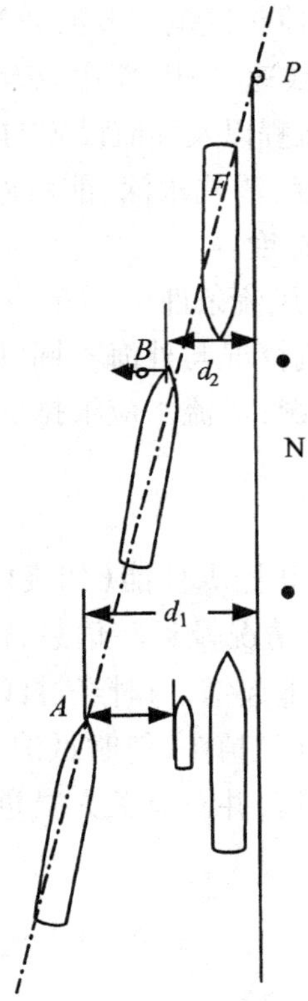

图 4-18　无风流时的靠泊模式

就舷靠码头而言，所选择的横距是指靠泊船的船首在进入泊位后端和驶抵泊位前端横开位置处，距码头外缘线的垂直距离，如图 4-18 中 d_1、d_2 所示，并分别称为初始横距和入泊横距。

靠泊前选定合理横距的问题，实质上就是选定合理可行的入泊航迹线的问题。该航迹线即由初始横距和入泊横距的横开端点连接而成的直线，俗称串视线（transit line），如图 4-18 中的 AB 线所示。A、B 两点位于水上，故难以利用在船舶入泊的导航之中；较为可行的做法是，沿串视线前方选择位于陆岸的两个物标，如烟囱、楼角、旗杆等突出物，作为临时的串视标，并在其距离选择上保证有用作叠标的足够灵敏度，以保证船舶循着串视线驶至泊位外档位置处。

①d_2的选定

d_2为船舶停于泊位外档时船首距码头外缘应保持的横距，即入泊横距。一般情况下大型船舶靠泊时，为有效地制速，克服风流等因素的不利影响，而且便于车舵机动等，需要抛下外档锚。从锚链带力、拖锚制速直到将船拉停时，船首与码头线的横距 d_2应具备 20 m 左右的安全余量。当风流不大时，即以该值为基本参考数据确定 d_2值；当有较强拢风或开风时，可视本船载况和风流的影响大小予以适量的增加或减少。

选择抛锚点应服从于具体的操纵方法与要求。若从刹减余速的角度看，应根据船舶对地余速大小、风流的大小与方向和靠拢角度的大小等因素综合予以确定。根据经验，当靠拢角较小、顶流 1 ~ 2 kn、水深约 10 m 时，多出链一节入水，抛锚点选于 N 旗略前处，此时船首距码头外缘线于 30 ~ 50 m 范围内。若遇开风或拢风，则抛锚点应适当提前，船首至码头线的横距也应相应增大。

②d_1的选定

d_1为本船入泊前，船首抵达泊位后方停靠的他船船中时至码头线的横距。除特殊机动情况外，d_1的选定应根据风流影响大小及泊位后方停靠他船的多少而定。泊位后方无他船停靠，且风流影响较小时，d_1至少应保持两倍船宽。拢风时，应根据实际风速、本船余速和载况估算出自 A 至 B 淌航中的横向漂移距离，得 $d_1 = d_2 +$ 风流致漂移距离。一般情况下，横距应大于 3 倍船宽；吹开风时，从本船船首内舷至泊位后方停泊船外舷，横距也应不少于 2 倍船宽。

d_1、d_2确定后，在船舶驶上 AB 串视线并停车淌航中，沿 AB 延伸线，找出两个显著物标，根据本船余速、风流影响，引导船舶驶抵泊位外档。

（3）调整好靠拢角度

船舶一般以顶风或顶流入靠。流水港往往采用顶流入靠，静水港一般以顶风靠为宜。但若风与流方向相反，则须根据本船水线上、下面积及受风流影响的大小做出判断，根据影响较大的一方来决定靠泊方向。根据计算，万吨级船空载时，2 kn 流速影响约与 6 级风影响相抵；1.5 kn 流速影响约与 5 级风影响相抵。

所谓靠拢角度，就是船首尾向与码头线间的交角。船舶为了保持在选定的串视线上淌航前进，需要不断地调整该角度。减小靠拢角可减小横向接近速度，顶流较强时尤为明显；增大靠拢角又可提高横向接近速度；首开风较强时还可采取顶风驶向 B 点的方法，使整个靠泊过程免去对风致漂移，尤其是对横向漂移的担心。

在靠泊中调整靠拢角，主要是在淌航向泊位接近中通过操舵、用车来实现的；进入泊位后还可以在此基础上通过抛锚并适当松紧锚链、绞收系缆而加以实现；大型船舶则需更多地借助拖船来协助操纵。

确定靠拢角大小的总原则是，重载船顶流较强靠泊时，靠拢角宜小，以降低入泊速度并减小拢岸力；空船、流缓、吹开风时，靠拢角宜大，以防船首被吹离码头而无法带上首缆；吹拢风时，靠拢角也宜大，以防拖外档锚制动时，船尾被很快压向泊位下端。

在河道弯头凹岸一侧、岛屿正对潮流一侧，一般有扎拢流，靠泊时机宜选在缓流时，靠泊时宜及早拉平船身，必要时还可略向外扬头，以减小流压差角，降低入泊速度。

调整靠拢角度宜早。如果等到船已进入泊位档子，才动车增加舵效来调整角度，必将增大冲势而陷入被动。

反复调整靠拢角度，最理想的情况是使船接近于平行地贴靠码头。贴靠速度的大小受码头和船体强度所限，必须予以严格控制。船舶吨位越大、泊位水深越深，该项限制越严格。一般船舶贴靠直壁式码头的速度应低于 15 cm/s，超大型船舶应控制在 2 ~ 5 cm/s；靠栈桥式泊位时，总载重吨为 1 万吨级、10 万吨级和 20 万 ~ 30 万吨级的船舶的贴靠速度应分别低于 10 cm/s、2 ~ 8 cm/s、1 ~ 5 cm/s。

上述控制余速、选定横距、调整角度三者，作为船舶自力靠泊操纵的三个环节，是互相联系、互为条件、互相影响的。余速过高势必要多用倒车，这样必然会影响靠拢角与船位的控制；余速过小，必然加剧风致漂移，难以按选定横距淌航于串视线上；横距和靠拢角的调整又需用车操舵，因而又将影响余速的控制，而余速和靠拢角的大小又直接影响贴靠速度的大小。由于靠泊中的船舶始终处于运动之中，操纵者必须针对船舶运动中出现的动态变化，紧紧抓住上述三个环节，给予必要的适当调整和控制，使之与客观条件的要求相适应，才能最终使船平稳地停靠在指定的泊位上。

功率大、操纵性能佳的港作拖船的日趋普及，为大型船舶和超大型船舶的港内操纵带来了很大的方便，也使传统的靠泊、离泊方法发生了较大的变化，但上述控制余速、选定横距、调整角度三个环节仍是靠泊操纵的核心所在。

顺流掉头靠泊

3. 操纵方法

靠码头的操纵方法，因船舶、泊位和环境条件的不同而千差万别，甚至因操纵者的习惯和风格而异。下列操纵方法供读者参考选用。

(1)惯性淌航驶靠(流缓、风小、码头下方水域宽敞时采用)。

(2)横移驶靠(水流较急或泊位上下均有停泊船，泊位空当小时采用)。

(3)大角度驶靠(遇强吹开风，或流弱、尾吹开风时采用)。

(4)扬首驶靠(有轧拢流或吹拢风的情况下采用)。

(5)顺流驶靠(在流速很小时，或涨末、落末的转流期间慎重采用)。

(6)拖锚驶靠：

①抛开锚驶靠(在有流港或强吹开风情况下采用)；

②抛拎水锚驶靠(有强前八字吹拢风、顶急流、轧拢流时采用)；

③拖倒锚驶靠(遇强后八字吹拢风、顶强风、顺弱流时采用)；

④在泊位边拖锚掉头驶靠——一锚到底(在无风流或顺风流且航道较窄时采用)。

(7)拖船协助驶靠：大型船舶靠泊以及静水港中靠泊，一般均需拖船协助。超大型船则需要多艘拖船协助。拖船协助靠泊的方法见本章第二节。

(8)抛锚并船尾系泊(风力较小时,在遮蔽优良的静水港内采用,如塞得港)。尾缆通常带四条,船首用交角为20°左右的八字锚形式固定。

4. 靠泊实例

【例4-1】无风流右舷靠码头

如图4-19所示,泊位前后均有他船停靠,靠泊船为右旋单车万吨级,满载。其操纵方法为:

(1)根据本船冲程适时淌航。考虑其冲程,万吨级船舶满载时在港内航行多用进一或微进车速,故在距泊位约1 n mile处停车;舵效极差时,可用短暂进车改善之。

(2)当淌航接近到停靠于泊位后的他船时,应注意观察舷侧物标移动的快慢,据此准确判断本船的余速;如余速偏高,可用外舷舵、倒车加以抑制,但应确保不致造成船首右转而增大靠拢角。使本船船首与泊位后停靠的他船保持不低于2倍船宽的初始横距驶上串视线(在图4-19中即由*A*到泊位前方外档水面横距约2倍船宽的*B*作连线,并延长该线找出明显物标*C*、*D*)。

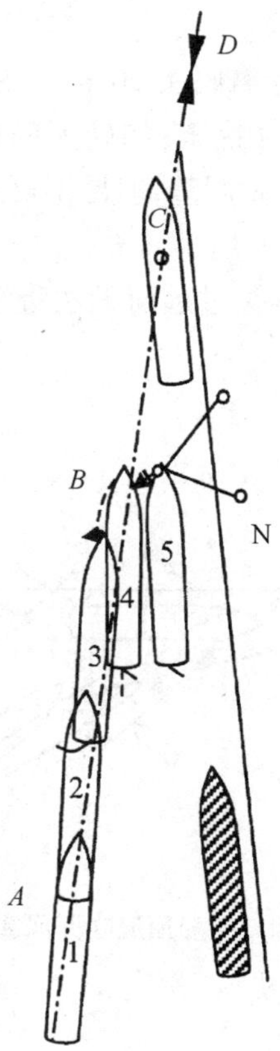

图4-19 无风流右舷靠码头

(3)在船首平泊位前端约1/4船长之前,船身与码头线接近平行或略向内的角度时,如船的冲势尚快则可用倒车刹减之;仍嫌不足则应及时在外舷短链(1节水面)拖锚(位3)。船首在减速中向泊位靠拢时及时带上首缆。如果发现拖锚停船后,船首在锚链作用下外摆而船身略有后缩，应及时进车、操右舵迫使船首继续拢岸（位4）。

（4）带缆时应先带首缆，继之带首倒缆；然后配合操外舷舵短暂进车再带好艉部各缆，配合绞缆使整船贴靠码头。

【例4-2】空船顶流吹开风靠码头

如图4-20所示，流速1～2 kn，流向与码头平行，开风5～6级，协靠拖船一艘，泊位前后均有他船停靠。其操纵方法为：

（1）根据本船空载时的冲程及当时流速适时停车淌航。如图4-20所示，船首进入泊位后方靠泊船船尾时，保持横距约2倍船宽，以N旗对应横距1.5倍船宽选定串视线，调整靠拢角使船驶于串视线上。随着余速降低，舵效弱至不足以保向时，可用短暂进车稳定；驶入停靠船下风区风压暂减，宜操下风舵并准备微进，以防船径直向他船靠拢（位1）；同理，当船首驶出他船，应及时操上风舵，必要时微进以稳定船首向（位2）。

（2）船首平N旗时，抛外档锚一节入水，操右舵，视拖锚余速刹减情况，进车片刻，保持船首以适当速度拢向码头而不为锚链拉开为度（位3）。

（3）首距码头20 m左右时，冲势尚难制止，宜用后退二刹减，先带首横缆，再带首缆及首倒缆，迅速绞进并挽牢（位4）。

（4）令拖船由缓而快顶尾，当尾离码头20 m左右时，令拖船慢车顶住，带上尾缆、尾横缆及尾倒缆，边顶边绞好各缆并挽牢；如确因船首各缆过紧而致船尾各缆无法绞入，不宜硬顶或硬绞，只要对首缆略做调整，船尾即可进入泊位，然后在各缆系牢之后解掉拖船。

顶流靠泊

（5）如由于操纵不当，船首距码头过远而无法带缆，可先令拖船顶首，配合松链，待带妥首部各缆后，再顶尾带缆。

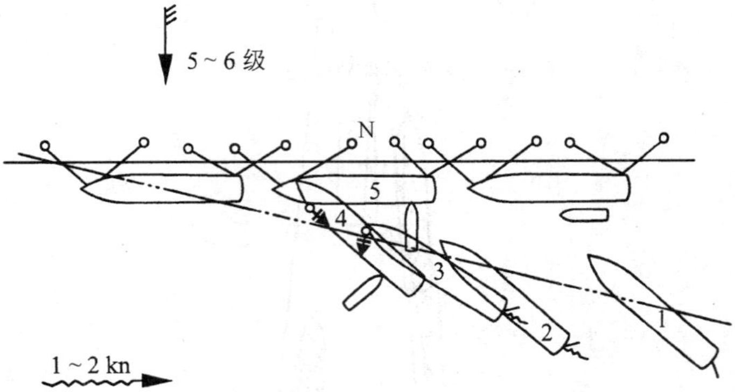

图4-20　空船顶流吹开风靠码头

【例4-3】空船顶流吹拢风靠码头

如图4-21所示，其操纵方法为：

（1）停车淌航，过泊位后端横距60 m的*A*点选定串视线，需要时进车以维持舵效，保持船驶于该串视线上（位1）。

（2）船首抵*A*点时抛外档锚一节入水，前进30 m左右后锚链带力，发现船首有被拉向上风趋势时，及时进车并压右舵以保持约15°角度迎流（位2）。

(3)船首平N旗(位4)时,再抛里档锚一节,甲板拖行约15 m后,锚链带力,此时船速虽然大减,但是因船身拖有两锚,可大胆用车用舵,保持靠拢角度并防止船尾在风力作用下甩向码头(位5)。

(4)船首距码头15 m左右时,尽快带上船首各缆并配合靠拢速度绞进,艏部贴靠码头后,尽量将首缆和首倒缆收紧,以防止船尾迅速转向下风。

(5)调整车速、舵角,垫好碰垫于船中、船尾,停车时,先带尾倒缆再带尾缆,放松左、右锚链,船即靠妥。

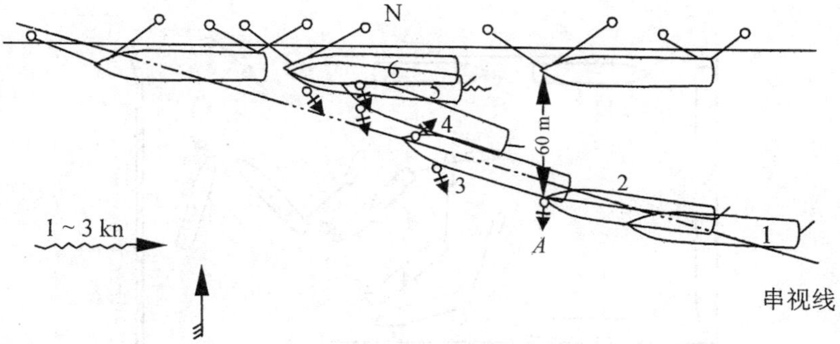

图4-21 空船顶流吹拢风靠码头

【例4-4】静水港靠码头

(1)静水港靠码头的一般特点

①余速:在静水港,往往航道短、港池小、淌航距离严重受限、航道折向港池或码头的转向角度较大,因而用车就比较频繁以便保向或保位,所以控制余速、使用倒车乃至抛锚时机均比较早。大型船舶多用拖船协助减速和转向。

②靠拢角:静水港靠码头中主要考虑风的影响:一般情况下,以顶风靠为宜,保持首尾向与风向成尽量小的交角先靠上船首后,再用拖船协助将船尾靠上。

③拢风较强时,除及早拖锚外,也可请拖船提尾。

(2)静水港靠码头的几种典型方法

①较强的首拢风下靠泊,如图4-22所示。使用拖双锚的方法以稳定船身;拖船顶首,带好船首各缆后,令拖船减速再慢慢靠上船尾。

②偏拢风拖尾进港池靠码头,如图4-23所示。在港内航道上转向顶风后(也可采用抛右锚掉头),利用拖左锚和拖船提尾的方法将船靠于港池口边的泊位上。

【例4-5】风流方向相反时靠码头

风流方向相反时,靠码头的船舶究竟是采用顶风靠还是顶流靠,应根据本船载况,就风流各自对船舶运动影响大小做出的判断而定,并使船首对着影响较大的一方。重载船舶宜顶流驶靠,并请拖船协助。

顶风顺流驶靠的船舶应尽量减小靠拢角度,并拖锚驶靠。

【例4-6】抛长链开锚靠码头

某些江河(如长江)于洪水季节水位骤升、流速加大,无涨潮流。为能在较强拢风时实现自力离泊,常采用抛长链开锚靠码头的方法。

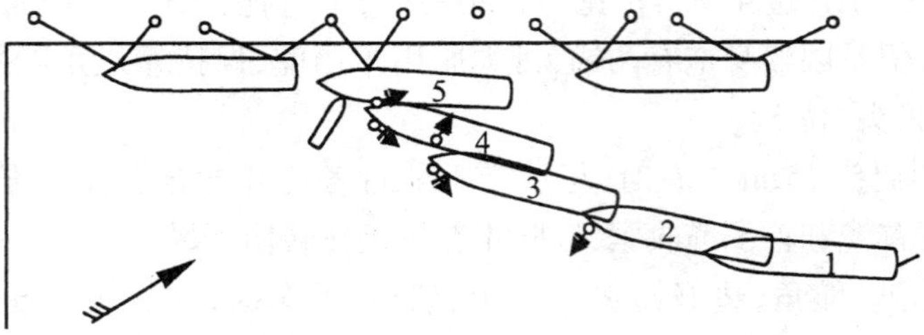

图 4-22　首拢风较强拖双锚靠泊

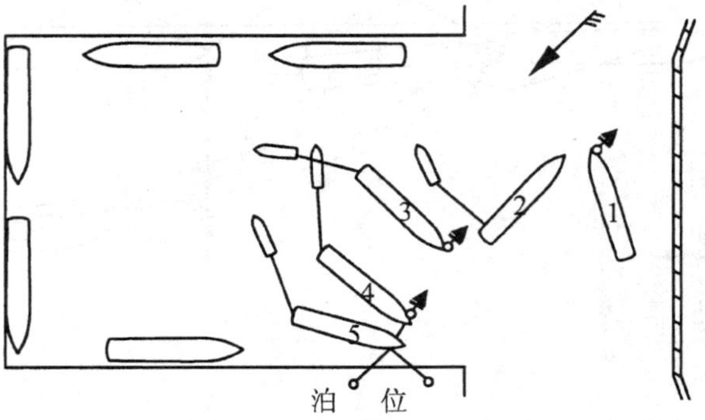

图 4-23　偏拢风拖尾进港池靠码头

对于浮码头,锚位的横开距离为 80 ~ 100 m,并处在泊位前方上游方向与浮码头的锚互无妨碍处。靠泊后的开锚出链长度为 4 ~ 5 节。

对于固定码头,可将锚位选于泊位前方上游约 1/3 船长处,横开 60 ~ 70 m 处落锚;出链长度为 4 节左右。靠妥后的锚链方向与船首向成 45°交角。

二、离码头

1. 准备工作

离泊准备

(1)离泊前,应实地观察风流及泊位前后情况,前后有无动车余量,锚链方向及长度,系缆的角度及受力状态,以及水域内来往船舶的动态。凡不适宜部分应做必要的调整。

(2)制订离泊方案。应根据气象、潮汐、泊位特点、船舶动态、装载情况,按照本船实际操纵性能,正确决定离泊时机、离泊方案,并于航前会议上对有关人员进行布置。

(3)如有拖船协助,应交待协助操纵方案,以便使其主动配合。

(4)机舱活车前,驾驶员应到船尾查看系缆是否受力均匀,推进器附近是否有障碍物,舷梯、吊杆、岸上装卸设备有无障碍,在确认无碍后方可试车、试舵,注意保持与机舱的联系。此外,驾驶台的准备工作还包括测试声光信号,并按规定悬挂信号,做好必要的记录。

(5)备车后再进行单绑。使用倒缆离首或离尾时必须确保其强度。里档锚不应与码头护木齐平，突出部位或触岸部位应垫好碰垫。等水面清爽时即可实施离泊操纵。

2. 操纵要领

(1)确定离出方法

离码头可取首离或尾离，使用两艘或以上拖船时也可平离。顶流较缓、有吹开风、泊位前方较清爽，船首开出15°左右，船尾的车舵与码头无碍时，均可采用首离法；自力或使用拖船离泊时，尾先离，车舵与码头无碍因而可以自由机动。因此，尾离是更为普遍的离码头方法，静水港内更是如此。

当其泊位前后余地不大、首离或尾离均感不便时，也可借助两艘拖船同时拖首、拖尾，强拢风时大型船舶离泊多用此法。此外，也可用一艘大功率拖船拖腰，或船首绞开锚(或利用首侧推)、拖船拖尾使船平行离出。

(2)掌握摆出角度

无论是首离还是尾离，其摆出角度的大小取决于当时外力影响的大小和摆出后的操船需要。

当外力影响有利摆出时，尽管摆出角仅有15°左右，那么该摆出角度虽小也因其足够而不谓之小；顶流离首、顺流离尾均如此。相反，当外力不利摆出时，尽管已摆出30°左右，在进行而后的操纵中因外力影响却又摆回到难以进行这种操纵的位置上，那么该摆出角度也因其不足而不可谓之大；顶流拢风时离尾就是如此。

当船首或船尾摆出之后，按预定操纵方案径直出港，或是再进行掉头移泊，还是离泊中在泊位边完成掉头，这些摆出后的操纵要求对于决定摆出角度的大小当然具有重要意义。

首离或尾离时，在决定摆出角度的大小时必须注意所用倒缆的强度及受力情况。承受顿力、强度不足或摆出角度过大使倒缆张力突然增加等情况均应予以避免。

(3)控制前冲后缩

当泊位前后余量较小、港池水域相对较窄时，无论是在泊位内、首或尾摆出中，乃至处于港池或航道中的船舶，均应注意留有自身的前后活动余地，并利用正横附近的物标灵敏地判断本船的前冲后缩，及时地通过车舵机动或使用拖船予以控制。

(4)防止系缆绞缠螺旋桨

解缆后应尽快绞进，特别是艉部各缆，艉部未清爽前切勿动车，以免绞缠螺旋桨。

3. 基本操纵方法

(1)顶流拖首离码头(如图4-24所示)

①离泊单绑，留首缆、首倒缆、尾倒缆各一根。拖船带好后就位；解后倒缆并绞清；里舷满舵，前进一，甩尾(位1)。

顶流离泊

②甩尾约15°，拖船起拖，同时溜松头缆及首倒缆，至船身与码头平行，解首倒缆(位2)。

③船首扬出前方船、驳，解首缆(位3)。

④里舷吃流，拖船拖首，船身斜出泊位档子，当前后船、驳清爽后，即用车、舵稳住船首向，解拖(位4)。

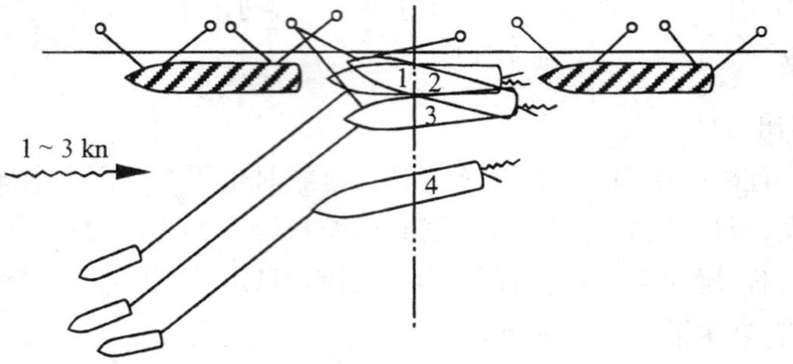

图 4-24 顶流拖首离码头

(2)顺流拖首离码头(如图 4-25 所示)

①离泊单绑,留首缆、首倒缆、尾缆各一。带好首拖缆,拖船就位后解尾缆,甩尾(位 1)。

②甩尾角度 20°～30°(甩出趋势快则角度小些,趋势慢则角度大些),令拖船起拖,解首缆,同时略用倒车以抵消流压推船前冲(位 2)。

③船尾扬出与其他船、驳清爽,一旦前倒缆松弛即解掉,令拖船快车拖船首向外,同时船身向后退出泊位档子(位 3)。

④拖船逐渐转向顺流,如船首向外偏转趋势大,同时船后缩较快,可用进车右舵控制偏转。但应注意既要制止后缩又不使船前冲过大,要防止将拖船倒拖或横拖(位 4)。

⑤当拖船移至本船前方时,用车、舵稳住船首后,即可解拖(位 5)。

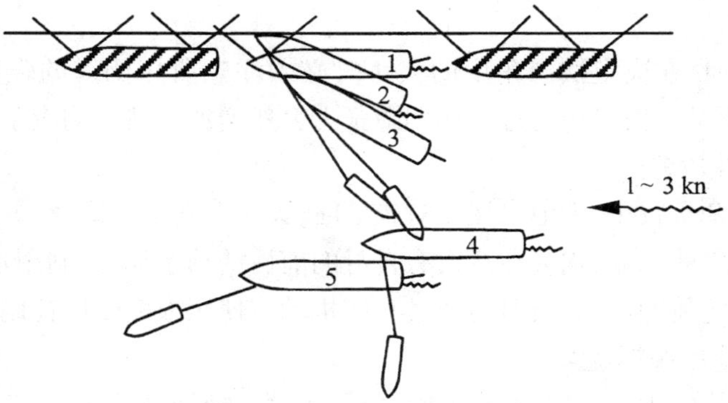

图 4-25 顺流拖首离码头

(3)顶流拖首掉头离码头(如图 4-26 所示)

①离泊单绑,留首缆、首倒缆、尾倒缆各一根。船首拖缆带妥,拖船就位后解后倒缆,甩尾(位 1)。

②保持船身与码头成 10°左右角度,里舷离码头 20～30 m,拖船向右慢车拖转,解首倒缆,溜松头缆,注意保持船位在串视线上(位 2)。

③船首外扬,解首缆。为防止前冲,应用倒车控制,但应注意尾后是否安全,倒车仅以消除前冲为度(位 3～5)。

④注意拖缆方向及船的前冲后缩,一般当拖船转向,拖缆斜向后方时船身出现后

缩,应及时用进车及舵予以控制。当掉转至150°左右即可逐渐稳住(位6)。

⑤用车、舵稳住船首,解拖(位7)。

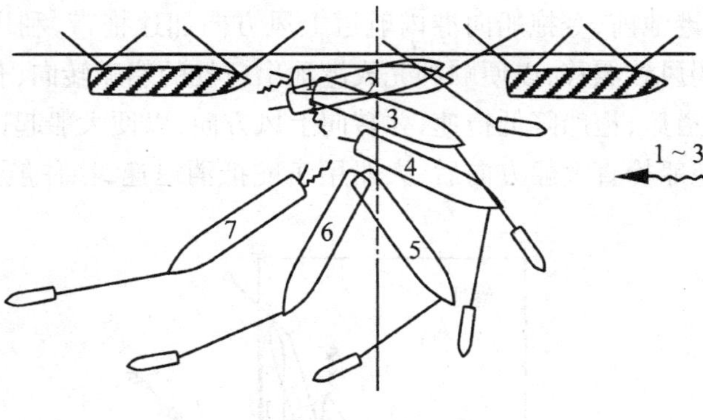

图4-26　顶流拖首掉头离码头

(4)顺流、甩尾,顶首掉头离码头(如图4-27所示)

①离泊单绑,留首缆、首倒缆及尾缆各一根。拖船靠前舱后解尾缆,本船受流渐前冲,首倒缆逐渐吃紧,尾缆绞清后,里舷满舵,慢进车,开始甩尾并适时停车(位1)。

②甩尾40°~60°(流急时不宜大于45°),解首缆,后退二,船首渐离码头,当本船开始后缩与码头无碍时解首倒缆令拖船顶首。船首退离码头约20 m时即停车,利用惯性缓慢退转(位2)。

顺流离泊

③选好正横串视线叠标,边退边顶;若退势过快可略用慢进车右舵控制,但在船身未掉转90°前,应绝对避免前冲(位3)。

④掉转至150°,前进一,操右舵,停止顶首。若右转趋势太快,可适当用左舵控制,逐渐拎直船身(位4)。

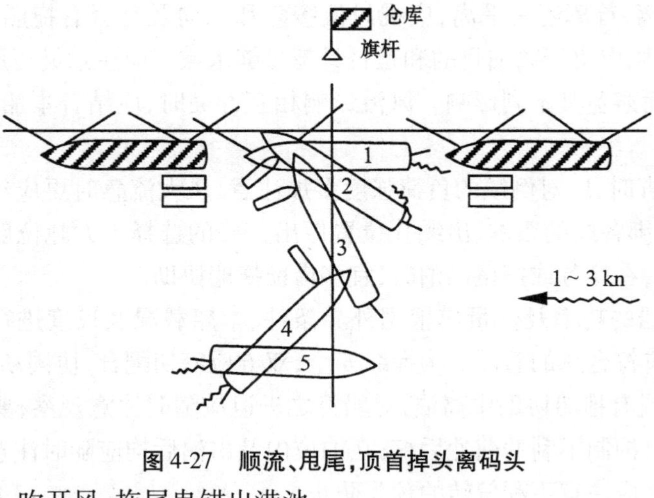

图4-27　顺流、甩尾,顶首掉头离码头

(5)静水港、吹开风,拖尾曳锚出港池

由于吹开风较大(6级),港池狭窄而船首又朝里,可用一艘拖船拖尾,大船拖锚离泊(如图4-28所示)。

①离泊单绑,留首缆、尾缆,系拖缆于大船船尾。起拖宜缓,略松首、尾缆,同时抛锚,出链一节于水面(位1)。

②随着起拖速度的升高，锚链带力，先后解去首缆、尾缆。为免使船位落向下风，可令拖船略向上风侧拖带（位3）。

③大船船尾出港池前，令拖船向港内航道上风方向加速拖带，利用船尾迎风、拖船拉力和拖锚力，减弱风致漂移，以便顺利完成港池出口处的船舶转向（位4、5）。

④进入港内航道后，拖船降低拖速，并转向上风方向，以便大船起锚（位5）。

⑤起锚后，靠拖船拎直大船方向后，大船用车舵抵消退速，稳住航向，然后解拖（位6、7）。

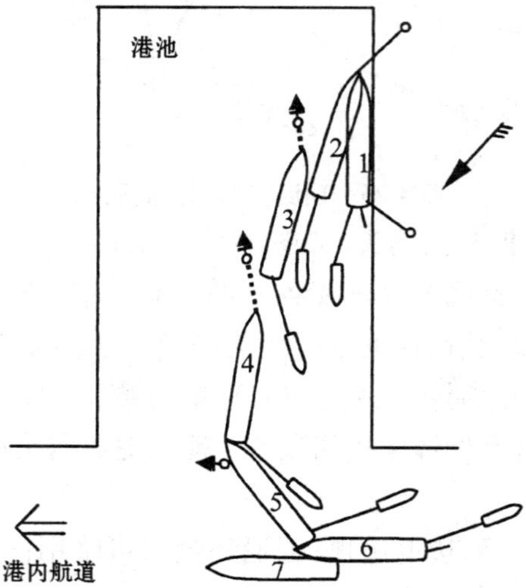

图4-28　静水港、吹开风，拖尾曳锚出港池

4. 离码头注意事项

（1）选择尾离、首离还是平离，应视风流缓急和方向及是否有拖船协助而确定；是否在泊位前掉头则取决于离泊目的和是否具备足够水域。应注意灵巧地运用风流对离泊的有利影响，而避免其不利影响。风流影响相互冲突时，应结合本船载况，考虑影响较大的一方。

（2）离泊单绑时，应对倒缆的负荷强度多加注意，风大流急时更应给予加强。应根据使用目的对单绑各缆的系桩、出缆孔位置做出正确的选择。大吨位船舶离泊中对于溜缆措施宜慎用，在摆首或摆尾出泊时，宜多借助拖船协助。

（3）使用拖船的功率及数量应根据外界条件、本船载况及尺度进行估算。拖船就位点、拖带方式应符合总的意图。为操纵安全，双方应密切配合，协同动作。

（4）在自力或有拖船协助中离泊，对船身之进退应随时注意观察；要充分估计前后的安全余量，适时抑制不利的前冲后缩；在泊位内及出泊后均应随时注意与拖船联络和配合；运用倒车时应注意不利偏转的预先防止。

（5）风大流急条件下离泊，为有备无患，应注意备好双锚。经估算，外力、外力矩过大，依靠本船车舵，甚至借助现有拖船仍无把握安全离泊时，可等待风流转缓后再行离泊，或增派大功率拖船，以策安全。

第六节　系离浮筒

一、锚链系浮筒

系浮状态下装卸货或在台风、强风时期，系留时间较长，一般皆用锚链系带浮筒。

(1)固定首锚；卸下第一节锚链的连接卸扣；将第二节锚链由锚链孔倒出至舷外水面。

(2)按系单浮筒步骤操作，直至船首内侧的一根单头缆(风大、流急时需两根)带上浮筒环，然后绞紧，使船首尽可能贴近浮筒。

(3)在另一舷松下一根引链索和卸扣，由带缆人员将索端穿过浮筒环，系扣在锚链链端往上第四个链环上，绞收引链索并松链，使链端贴靠浮筒环，用大卸扣系牢。

(4)解下单头和引链索并将它们扣接，用单头将引链索绞回本船，并使之保持松弛状态，挽牢在系缆桩上作为回头缆。

二、系离单浮筒

一般船舶可以自力系单浮，大型船舶或遇强风、强流时，应请拖船协助控速、控位。

系单浮时，只要条件许可，均采用顶风方向系浮，如图 4-29 所示。在风力较弱时，右旋单车船应利用倒车首右偏规律，将浮筒置于右舷横距 1～1.5 倍船宽处，距浮筒 3 倍船长时，应及时降速至维持舵效的最小速度，然后逐渐接近浮筒；距浮筒 0.5～1 倍船长时，采用倒车把船停住，倒车形成的首右偏将有利于带缆；在顶风较强时，则应于浮筒左侧上风处抛下左锚，出链 1.5 倍水深为宜，然后利用风力，辅以必要的车、舵，使船舶拖锚落向下风系浮。

系浮筒缆绳名称

顶急流系浮应注意避免发生倒车首右偏压浮的危险，同时也为便于使用车舵，一般应将浮筒置于左舷接近为好，大型船还应请拖船协助。

不得已顺风流接近时，可驶过浮筒，在其下风侧掉头后再系浮，如图 4-30(a)所示。若下风流侧水域不足 $3L$，可将浮筒置于本船右舷，保持 50 m 左右的横距，在浮前纵距 70～80 m 处抛下右锚，出链 1.5 倍水深左右顺风脱锚掉头，适时使用车舵，使船靠近浮筒，头缆带妥后将锚绞起，如图 4-30(b)所示。

条件受限，横风流接近时，可在其下风侧距浮筒 30～40 m 处抛上风锚，然后进车驶靠。若下风侧水域有限，也可在其上风侧 70～80 m 处抛上风锚，使船首受风缓缓拖锚驶靠，如图 4-31 所示。

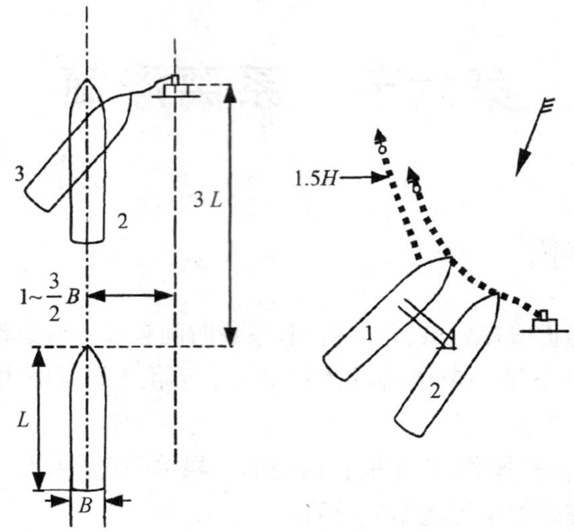

图 4-29　顶风系单浮

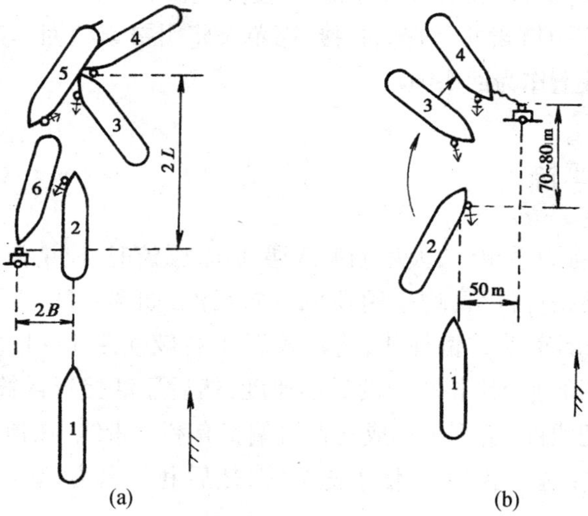

图 4-30　顺风系单浮

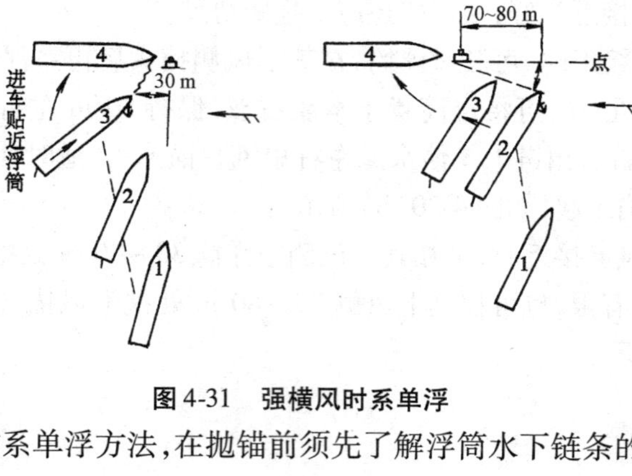

图 4-31　强横风时系单浮

对以上各种抛锚系单浮方法，在抛锚前须先了解浮筒水下链条的方向，尽可能与浮筒保持一定距离,以防锚链与其绞缠。缆系好后,要把锚绞起。若一时风流大绞不起,则必须在风流转弱后立即绞起。

离单浮比较简单,通常先将回头缆收紧,视风流情况适当进车协助,解去其余单头缆及锚链绞起之后,再慢慢松放回头缆,倒车左满舵,使船后退,向左摆出船尾,船首向右偏离浮筒后,解去回头缆,即可进车驶离。风流较强时,则不需用倒车,仅凭风流压离浮筒。

三、系离双浮筒

系双浮能使系泊船较好地保持系泊位置,过驳装卸方便,泊位伸缩余地较大,无碰码头之虞。其缺点是:系离浮筒所需时间较长,离泊时摆首、甩尾得不到缆绳协助之利,受横风流时,系缆受力过大。因此,系离时不得不更多地借助于锚和拖船,大型船舶更是如此,所以不能有丝毫大意。

1. 系双浮操纵要点

(1)与靠码头一样,余速、横距、靠拢角同样是系双浮过程中应掌握和调整的三个重要环节。此外,还应注意到,横风对系双浮的影响较靠码头时大得多;若浮筒连线与流向之间存在夹角,则该轧拢流或轧开流的影响也应予以考虑。

(2)用锚:抛锚是系浮筒的重要环节,对抵御风流影响、控制余速和船位具有重要意义。锚位距浮筒不宜过近,以防与浮筒锚链发生绞缠。系双浮时,抛开锚应横距浮筒连线 30 ~40 m 外。开锚对离双浮有很大帮助。

(3)用拖船:流弱、横风强时,需考虑系带尾缆困难、占据航道、内档可能较浅或存在障碍物等因素,故应申请拖船协助。一般均应等船首系妥后才顶尾上线系尾缆,其间必须随时指挥拖船协助拖顶,防止风压甩尾扫碰浮筒、在航道内打横或进内档搁浅。

(4)系缆:系浮筒带缆需时较长,大风季节用锚链系浮需时更长。因此,在对风流影响及潮流变化进行估计时,要留有充分的余地,以免被动。系带各缆时,应控制船与浮筒相对静止;回头缆不应将琵琶头直接套在缆桩上,而应在桩上挽“∞”字形。为迅速带上第一根单头缆,船首应尽可能接近浮筒;系好的各缆应受力均匀,回头缆不应受力。

2. 系双浮操纵方法

如图 4-32 所示,一般情况下以两浮连线为基线,以两浮连线的中点向外横距 30 ~40 m 处为抛锚点,以抛锚点和上浮的连线为串视线。及早停车淌航,距下浮约 3L 时,驶上串视线;船首抵下浮时控制对地余速在 1.5 ~2.0 kn 以下;调整靠拢角度,船首抵中线附近时抛外档锚,出链 1 节入水刹住;待船首距上浮约 20 m 时系带首缆;首缆系妥后,令拖船顶尾上线系带尾缆。

遇顶流流速较强或吹拢风较强时,靠拢角度应适当减小,如图 4-33 所示;遇吹开风较强则应适当增大靠拢角度,如图 4-34 所示。顺流横风时必须掉头系靠,其操纵方法与顺流掉头靠单浮类似。关键是拖锚点的选择应依抛锚时的对地余速、排水量和锚抓力而定,并应防止船首出现不利的偏转,图 4-35 所示便是一例。

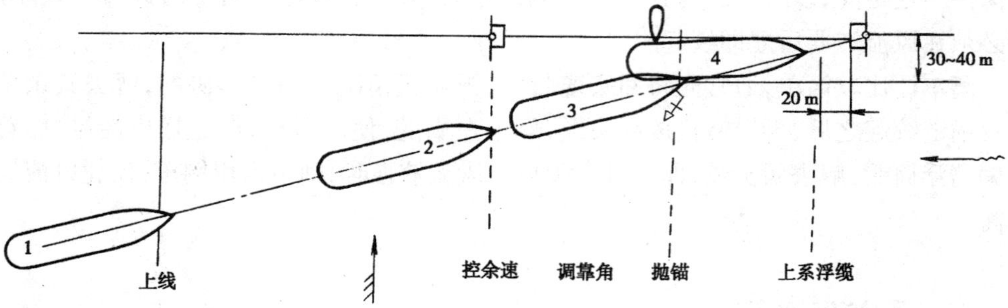

图 4-32　系双浮一般操作模式

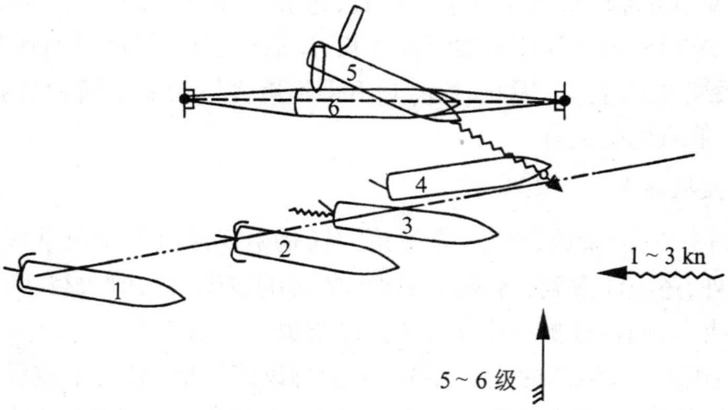

图 4-33　顶流拢风系双浮

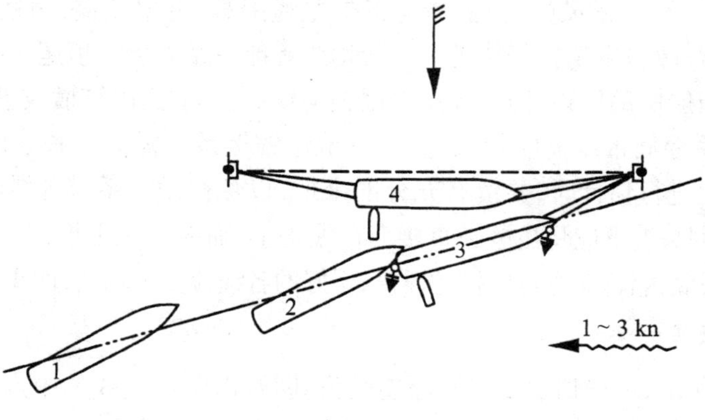

图 4-34　顶流、吹开风系双浮

3. 离双浮筒操纵要点

(1)单绑:如风大流急,松解迎风流的单头缆前,应先绞紧回头缆,然后慢慢松开单头缆,使回头缆逐渐吃力;若有拖船协助,则单绑时应在上风流一端多留一根单头,等拖缆带妥后再解去单头。

(2)掌握回头缆的松解时机:例如流水港吹拢风时,拖船推上流端出泊,下流端的回头缆不宜早解,以防下流端甩进浮筒连线里侧,不利出档。

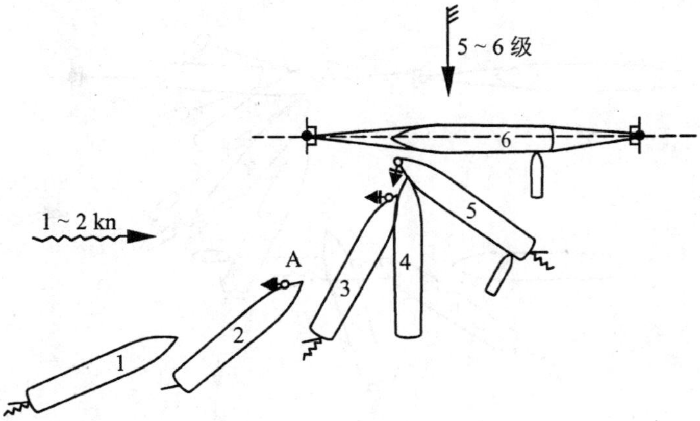

图 4-35　顺流开风掉头系双浮

(3)一般均需请拖船协助扬头或摆尾方可出档，拖缆最好由拖船出，以便解拖后，大船即可动车。如有开锚，则起锚出档更为方便。

4. 离双浮操纵方法

图 4-36、图 4-37 和图 4-38 分别为顶流拖首离双浮、顺流拖尾离双浮和顺流拢风掉头离双浮的操纵示意图，请读者自行分析其操纵要点及步骤。

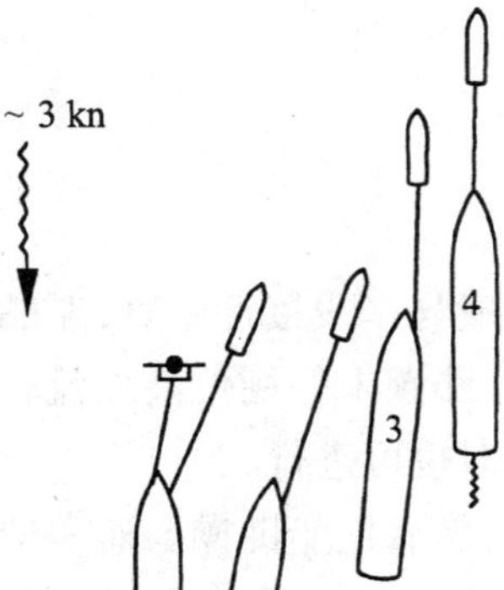

图 4-36　顶流拖首离双浮

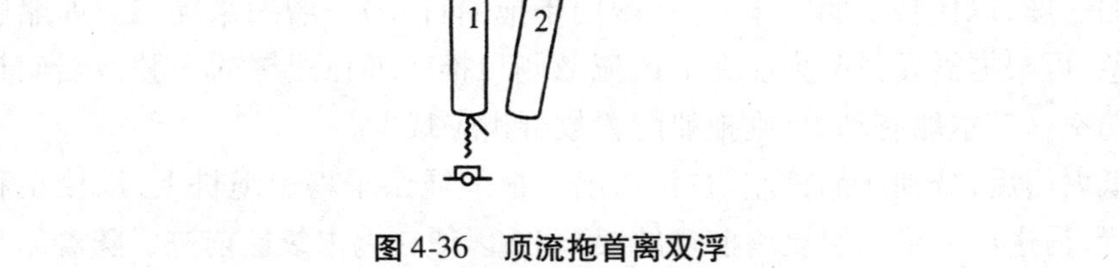

图 4-37　顺流拖尾离双浮

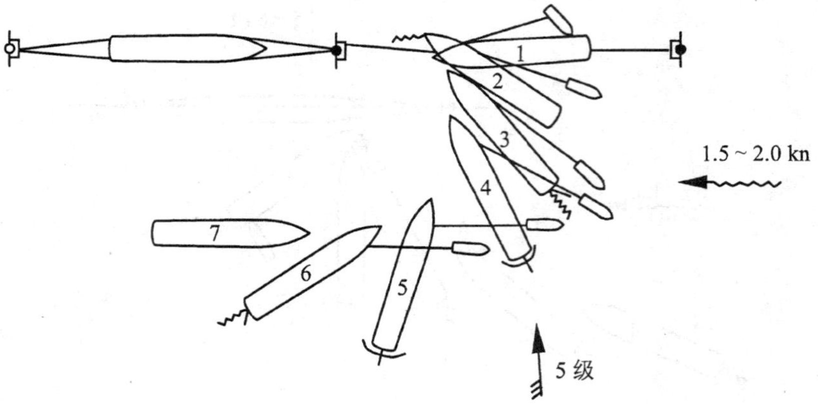

图 4-38　顺流拢风掉头离双浮

第七节　其他情况下的系离泊

一、进出船坞操纵

1. 进出干船坞

在流水港，干船坞的方向一般与岸线接近垂直，船舶在进坞前、出坞后的船位受流影响很大，所以应选择在高潮后、涨潮末等潮位高而流较缓的时刻进行。在静水港，只需考虑风的影响，在适当的潮高时也可进行。

船舶进出坞，因本身无动力，需靠拖船助操。通常情况下需三艘拖船，其中一艘绑在船尾的一舷，以代替本船的车舵；一艘用于拖船首；另一艘用来提尾。如船舶较大或风流较急，可根据需要另配拖船在下风流舷侧顶推。绑在船尾的一艘拖船应具有较高的主机功率。若本船有动力，则拖船配置数可相应减少。

船抵坞门后，分别从船首左、右各送出一根缆绳系于坞边缆桩上，以校正和稳定船首的位置；另送出一缆绳引至坞前方的绞车上，以便在坞内绞船前进。随着船身在坞中的前移，在船尾可带缆时，再带上左、右各一根缆以稳定船尾，取代拖船。

具体操作如下：

（1）进干船坞（如图 4-39 所示）

①以主机功率最大的拖船 A 并靠于大船的艉部舷侧，功率较小的拖船 B 拖首，拖船 C 提尾，拖船 D 在坞口备用。大船在诸拖船的配合下，沿着坞门口上流角的一根预定的串视线向坞门口驶去（位 1）。

②本船余速的控制主要靠拖船 A 的倒车和拖船 B 的减速来实现；大船的首向主要由拖船 A 来控制；大船横距的保持则主要靠 B、C 两拖船的拖带方向来确定。当大船距

坞门口 2 ~ 3 倍船长时，适时令拖船 A 倒车，拖船 B 减速，拖船 C 开始向上风、上流提尾（位 2）。

③距坞门口 150 m 左右时，调整拖船 B、C 的车速，大船的船位可稍偏串视线的上风、上流一边，但不可偏到下风、下流一边（位 3）。

④当距坞门 20 m 左右时，大船余速应控制为零。迅速带上上流舷的缆绳，令拖船 A 改为顶推里舷尾部，解去拖船 B 的拖缆，并带上下流舷缆绳，绞紧缆绳（位 4）。

⑤在拖船 A、C 的顶、拖之下，船身与船坞逐渐领直。如风大、流急，可令备用拖船 D 也来顶推里舷尾部。此后，及时带上首绞引缆，随着坞头绞车的绞入，船身缓缓入坞，视需要用拖船 C 控制入坞速度。最后，解缆，辞去拖船。

有时由于干船坞的水深限制或其他原因，需在大潮高潮、流急时进坞，也可先将大船停靠于坞门下游侧的码头上，并使船首伸于坞门外；带好船首左右缆及绞引缆，进坞时边绞缆，边用一艘拖船提尾，1 ~ 2 艘拖船顶里舷船尾，领直船身后，绞缆进坞。

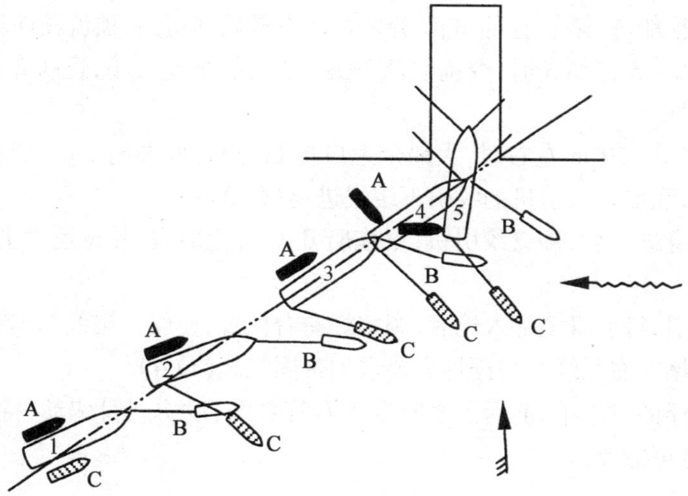

图 4-39　顶流、拢风进坞

（2）出干船坞（如图 4-40 所示）

①船首留左、右缆，船尾留上流侧缆，另准备一根首拖缆送至坞边上流侧备用。令拖船 A、B 在坞口等待，提尾拖船 C 带妥拖缆后就位（位 1）。

②拖船 C 起拖后，解掉船尾上流侧系缆，船身缓缓退出船坞，随时调整左、右两缆，使船首居中。

③半个船身出坞后，本船艉部受流，令拖船 C 向上风、上流拖带，同时令拖船 B 顶推下风舷。拖首的拖船 A 迅速带上拖缆在上游一侧就位（位 2）。

④船首将退出船坞时，令拖船 A 快车拖首，收进各系缆，拖船 B 移至船首下风舷准备顶首（位 3）。

⑤伺船身全部出坞，即令拖船 B 快车顶首，拖船 C 尽量抢占上风位置（位 4）。

⑥船身调至迎流后，解去拖船 C，本船在拖船 A、B 协助下移至预定泊区。

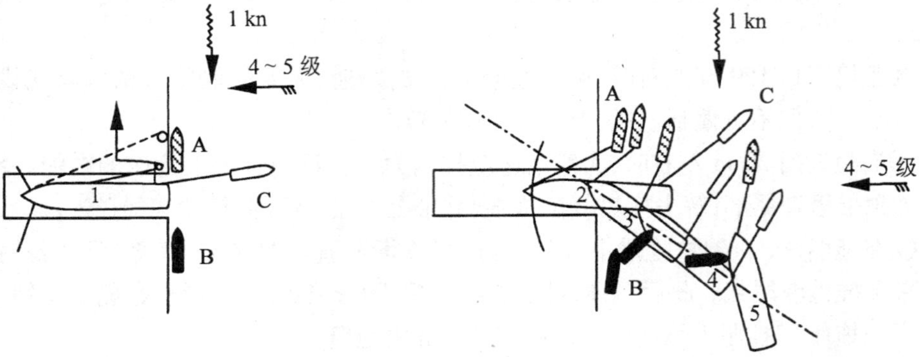

图 4-40　顶流、拢风出坞

2. 进出浮船坞

(1)进浮船坞(如图 4-41 所示)

①大船由拖船 A 拖首,拖船 B、C 分别在左右舷艉部傍拖,顶流驶向坞口。

②距坞口 2 ~ 3 倍船长时,令拖船 A 减速,视大船余速大小,适时令拖船 B、C 倒车加以控制(位 1)。

③船首距坞口 20 m 左右时,大船余速应控制为零,解去拖船 A,带左、右首缆及绞引缆至浮船坞,在船坞绞引机的绞引下缓慢进坞(位 2)。

④半个船身进坞后,停绞绞引机,令拖船 B、C 解缆离去,并迅速带上左右尾缆各一根(位 3)。

⑤继续绞引,待船身全部入坞后,调整好左右位置,使船首尾线与坞身中线重合,及时固定好船首尾左右系缆并根据坞方要求加带固定缆(位 4)。

⑥坞身起浮的过程中,前后需要有专人看管系缆,以防船身偏动,待船身坐上坞墩后,前后人员方可撤离。

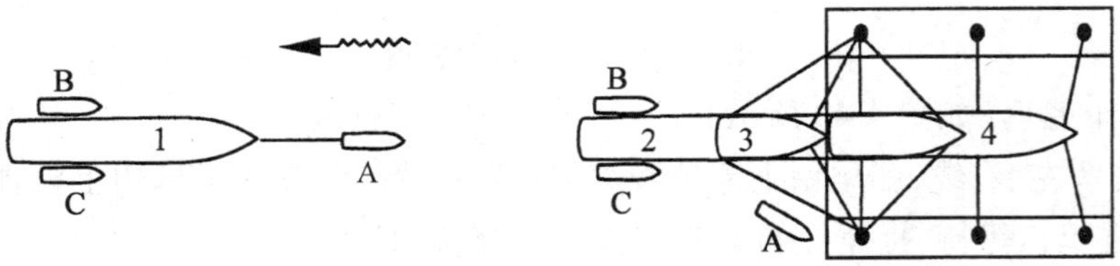

图 4-41　进浮船坞

(2)出浮船坞(如图 4-42 所示)

①浮船坞下沉前大船船首左右各带一根首缆①、②,并从船首左右朝后向坞出口方向各带一根绞引缆③、④,另在船的腰部和艉部的左右各带一根系缆⑤、⑥、⑦、⑧(均由坞方供缆)(位 1)。

②浮船坞下沉完毕,大船起浮后,经反复检查,确认没有问题,方可动手绞绞引缆③、④。此时,船身便开始缓缓退出船坞,船首两系缆顺着滑道滑动,船尾两系缆⑦、⑧

松至正横方向即可解掉。

③后半船身出坞后,暂停绞缆,让拖船 B、C 分别到左右舷艉部带傍拖拖缆(位 2)。

④拖缆带妥后,继续绞缆,解掉腰部的系缆⑤、⑥,绞至船首即将出坞时,再暂停绞缆,并令拖船 B、C 开慢进车稳住船身,让拖船 A 带船首拖缆(位 3)。

⑤首拖缆带妥后,解绞引缆③、④,令拖船 B、C 微倒车,继续出坞,当船首平坞门时,解去首缆①、②。待船身全部出坞后令拖船 B、C 停车,改开进车,并令拖船 A 向上流拖,驶往预定泊区(位 3)。

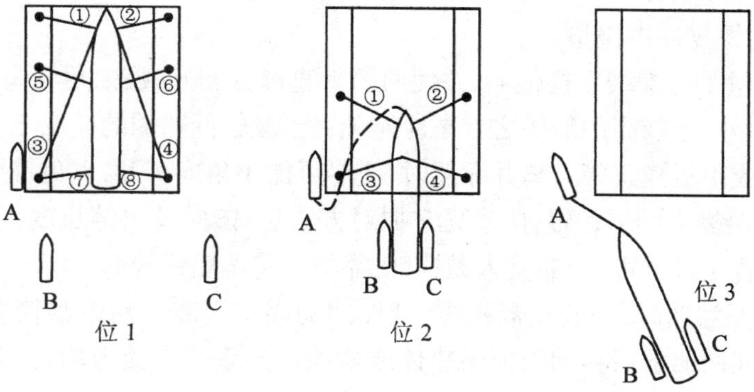

图 4-42 出浮船坞

二、进出船闸操纵

1. 进船闸

(1)控制船速,维持舵效,使船舶沿导标中线缓速接近闸口,横风较强、受风面积较大的船舶应保持在导标线上风一侧行驶。至闸口前适当距离(例如 200 ~ 300 m)处,使用车舵,领直船身进闸。

(2)船首进入闸口时,应尽力避免使船首偏向船闸的任何一侧,这可以通过船首缆或及时使用车舵加以调整。

(3)船首带缆时,为抵御倒车时的不利偏转,一般应先带左侧缆,后带右侧缆。横风较强时,半载或空载船舶可视需要用拖船在下风舷顶推,带首缆时则应先带上风侧后带下风侧缆。

(4)船舶进闸后,船尾左右舷再各带一缆,以保持船位。横风时,上风舷侧所带的首、尾两缆应予绞紧。船停于闸内后,前后各缆应尽可能受力均匀,以防调压载水时出现前冲后缩。

2. 出船闸

船尾先解下风舷缆并收进后,再解上风舷缆,快速收进后开慢车进。待船首缆松弛后再解掉,由船闸工提着前行,船首出闸时收进。横风较强时,船尾上风舷缆解去后,由船闸工提着前行,待船舶起速后再停车收进,以免船尾推向下风。

三 、靠离系泊船的操纵要点

靠离系泊船、锚泊船,甚至靠离在航船,都属于船舶之间的靠离。并靠他船时,由于两船的吨位、吃水、干舷高度不一,特别是首尾部分线型变化较大,若掌握不当,容易造成相互挤损。靠离他船的准备工作及操纵要点与靠离码头基本相同,但需注意如下几点:

(1)船舶靠离一般不应有向着并靠一舷的横倾,并靠前两船间舷外突出物应收进。同时,应准备好固定碰垫及手提碰垫备用。在锚地过载时,为防止涌浪引起两船撞击,可使用专门的橡皮冲击碰垫。

(2)应尽量平行缓缓靠拢他船,并使两船平直部分相互接触,尽量避免一点接触而损及船体。此外,干舷高的船舶之首尾应避免在干舷较低船舶的船舷之上,以免损及栏杆、舱面设备或甲板建筑等。离并靠船时,应尽可能小角度离开,以免首尾挤损。

(3)如本船操纵中需抛锚,应事先掌握对方锚位、链向及出链长度,以免两锚绞缠。靠锚泊船时,若条件许可,应靠其未抛锚舷,靠毕宜将本船锚绞起。

(4)并靠系浮船时,一般先带相缆(两船间的固定用缆),后带浮筒缆,以防有他船驶过近旁,引起两船前后移动而损伤船体或断缆。各系缆应受力均匀,并收紧挽牢,防止从导缆孔跳出或严重磨损。尤其是两船干舷高低悬殊、缆绳水平角度太大时,有效分力太小,系缆易从导缆孔内跳出或磨损,要注意改善其角度。

(5)通常在风力大于 6 级或锚泊船偏荡角度超过 1 个罗经点以上时,不宜进行傍靠;但若船舶只有少量偏荡,则可根据锚泊船之偏荡轨迹,待其偏荡至一边极限位置时,适时接近并完成靠拢操纵。风流方向不一致时,若风力较弱(小于 4 级),则从上风舷入靠,可借助风压缓缓靠上;但若风较强(大于 4 级)则最好从锚泊船的下风舷入靠。若海上浪涌较大,船舶颠簸剧烈,则应等海面条件转好后再靠。

四、在航中两船靠离操纵

1. 在航中船靠船操纵

在航中船靠船操纵时,一般船舶吨位和尺度相对小的受货船靠吨位和尺度相对大的卸货船,受货船通常以其左舷驶靠卸货船的右舷,偶尔也有大船靠小船的情况。

(1)船靠船前的准备

①到港前,船长、大副应仔细阅读《船靠船转载指南》(*Ship To Ship Transfer Guide*),熟悉大型船舶过驳中需注意的问题。

②充分考虑作业锚地/水域的安全条件,包括遮蔽条件、水深底质、潮汐潮流、气象因素、海况、障碍物、通航密度,告知船舶尺度与吃水等。

③两船相靠前应按船靠船(STS)检查表交换信息,包括船舶资料、接驳软管尺寸及布置、碰垫安放,备妥主碰垫钢缆,告知系泊作业要求。

④如有直升机送靠船作业的操纵人员,则应做好直升机的接送准备,包括引导标示

和消防准备。

⑤备妥引缆和快速释放装置，用于系泊的钢缆必须配备至少 11 m 长的合成纤维头，船上应配备至少 4 根规格为 200 m×40 mm 的引缆，还应自制 4 个快速释放装置。

⑥建立并确认两船间通信联系。

(2)船靠船操纵要领

①两船均处于在航状态，靠泊引航员在受货船上进行靠泊作业的准备，靠泊助理在卸货船上协助带缆位置的安排。在作业前和作业时按 STS 检查表交换信息，并根据风流情况约定汇合点(即靠泊作业开始点)。

②卸货船在汇合点按靠泊引航员指定的航向航行，一般情况下卸货船的左舷或左舷首迎风迎流，以减少风流、涌浪对靠泊的影响。

③船靠船作业开始时，卸货船的船速一般维持在 3 kn 左右，待受货船接近到 1 n mile以内时逐渐增速，待接近到0.5 n mile 时增速到5~6 kn，利用船吸将两船靠拢，并在维持航速中系缆作业。

④带缆作业时，可将带缆人员分成两个小组，一组在船首带头缆，另一组先带前倒缆，再带后倒缆，带头缆的船员系妥后到船尾带尾缆。一般情况下，先带受货船出的缆绳，再带卸货船出的缆绳。

⑤带缆结束后即转入过驳作业，如采用在航过驳方式，两船作为一个整体以低速或漂航状态进行过驳作业；如采用锚泊过驳，两船均用左舵，待卸货船向左转向迎流并停止前进时迅即抛下左锚，松链长度应确保两船并靠后的作业安全。

2. 在航中两船离开操纵

船舶过驳作业完成后，如果风流有利于离泊操作即可直接进行解缆作业。如无风流或风流不利于锚泊解缆作业，卸货船可先起锚，然后在航行中进行解缆作业。

(1)两船离开前准备工作

①离开前两船应按 STS 检查表交换信息，并确认已按检查表项目完成核实，双方已商定解缆离泊的方式与程序。

②作业区域通航情况可以进行离开作业。

③辅助碰垫已就位，各解缆作业部位已备妥引缆、制缆索等用具。

④船员各就各位，操作人员之间及两船间通信联络已经建立。

⑤做好直升机的接送准备，包括引导标示和消防准备工作。

(2)在航两船离开操作要领

①离开时两船均处于在航状态，船速 3~5 kn，把定航向。一般情况下，卸货船的左船首迎风迎流，以减少风流、涌浪对两船离开作业的影响。

②将人员分成船首、船尾两组，通常先解卸货船出的缆绳，后解受货船出的缆绳。

③在无拖船协助的条件下，船首和船尾单绑，然后解首倒缆、尾缆，再解头缆。

④卸货船船首摆开约 5°时解倒缆，待解缆完毕，卸货船逐步加大左舵，使两船之间在流的作用下分开；或者卸货船保向保速，受货船采用首离法，内舷受流，左舵进车划尾，停车划头，再进车划尾，逐步离开。

第八节　特种船舶的操纵特点

一、超大型船舶的操纵特点

随着航运事业的发展和造船技术的日臻完善,巨大型船和超大型船相继出现。船舶在大型化发展的过程中,其船体尺度和主机推进马力都有了大幅度的增加。但因受到动力推进装置与设备的限制,同时为了提高船舶在营运中的实际经济效益,大型船舶的船体尺度和载重吨位的增加远大于所配备的主机马力的增加。大型船舶的主机马力相对于吨位的比例变小,加上船舶尺度大、长宽比小和方形系数大等特点,使这类船舶的操纵性能与一般1万~2万吨级普通货船相比有很大的不同,在实际操纵中具有一定的特点。驾引人员只有全面地了解这些特点,熟悉和掌握其操纵特性,才能确保大型船舶的安全营运。

通常,我们把载重量在4万吨以上的船舶通称为超大型船舶。但从水上交通管制的角度来看,超大型船舶是指总吨位超过10万吨的船舶。而在我国海事局的有关文件中船长大于250 m或载重吨万吨以上的船舶称为超大型船舶。

1. 超大型船舶的操纵性能

(1)质量大,单位排水量主机功率远较一般船舶低,机动操纵时显得异常呆笨,停船性能较差。停车冲程比一般万吨级船要大得多,耗用时间也相对较长。

(2)线型尺度大,受外力影响较一般船舶大。空载时受风的影响,满载时受流的影响,风浪中受波浪的影响,浅水效应和岸壁效应均较突出,淌航中丧失舵效的时刻出现得早。一般来说,万吨级船舶在余速2 kn左右时尚有舵效,而4万吨的油船在余速3.2 kn时已无舵效。所以港内航行时要经常保持微进车来维持舵效,而用拖船来刹减船速。此外,线型尺度大,也给操纵者观察、瞭望乃至目测判断带来许多不便,瞭望盲区增大。

(3)船型肥大粗短,其方形系数大(一般C_b都在0.8以上),长宽比较小(一般L/B约为6),船宽与吃水之比较高,舵面积比也远较万吨级船小。但其具有良好的旋回性,也就是说具有较大的K值。同时,肥大粗短的船型也带来了航向稳定性差、船舶对舵的追随性差的缺点。一般来说,超大型船具有较大的T值。

追随性和航向稳定性差、旋回性好的特点,要求操船者在操纵超大型船舶时,遇有改向或过弯曲航道时,要掌握好一定的提前量,及时施舵,一旦船首开始偏转则需注意及时回舵、压舵,从而保证船舶驶在航线上或航道内。超大型船舶转向惯性大,所以,在避让或转向时一定要切记早用舵、用大舵角,早回舵、用大压舵角的原则。

2. 超大型船舶港内操纵特点

(1)由于受港口码头水域的限制,超大型船舶必须借助拖船在港内安全航行和靠离泊位。

(2)在靠离泊位的横向移动中需要多艘拖船的协助操作。

(3)根据不同的作业状态与要求,所配拖船的位置应根据实际需要而有所不同。

(4)船舶在回转中需注意本船船尾的反移量,以防止发生意外。

港内操纵超大型船舶,所用拖船已不仅仅是本船推进器和舵的辅助工具,在接近码头,尤其是横向靠拢码头的操纵中,本船推进器很少使用,甚至完全不起作用,除非遇到紧急情况,一般均依靠拖船提供主要动力。虽然不同港口的风流、地形、设施甚至操船者的经验等差别很大,即使同一条船在同样的装载状态下,其所配备的拖船功率总数也不尽相同。但为能使大船在吹开风 10 m/s、开流 0.1 m/s、富余水深为吃水的 10% 的情况下得到 0.15 m/s 的横移速度,所需拖船拖力可按下列经验公式求出:

$$\text{所需拖船拖力} = \left(\frac{\text{本船载重量}}{100\ 000} \times 60 + 40\right) \times 9.8\ \text{kN} \tag{4-6}$$

式中:本船载重量以吨为单位。在实际操作中拖船的拖力还应考虑所在港口的特殊情况,在该值基础上做适当修正,大致补充一艘拖船即足够。

3. 超大型船舶的靠离泊操纵

超大型船舶的靠离泊操纵若采用第五章第四节中所述中小型船舶的操纵方法,则靠泊过程中产生的巨大靠岸压力必将会损坏码头设施。因此,大型船舶的靠离泊均有多艘拖船协助。一般的做法是先将大型船舶驶至或由拖船带至泊位正横前,距岸约(1/2 ~1/3)船长处,再由多艘拖船或顶或拉地接近泊位。离泊时则由拖船横向拉出泊位,然后在拖船的协助下驶离。

(1)入泊速度的控制

超大型船舶由于排水量大、相对主机功率低,其换车减速要比一般船舶早,大致可参照表 4-3 进行,该方法称为“七 · 五 · 三”减速法。

表 4-3　“七 · 五 · 三”减速法要领

距目的地剩余航程	10′	7′	5′	3′	0.5
应发出的换车命令	备车	进二	进一	停车	退二
换车的船速	—	12 kn	8 kn	6 kn	停车

(2)贴靠码头的速度

超大型船舶质量巨大,如贴靠码头的速度稍高,则易造成码头或船体的损坏,这个速度以 2 ~5 cm/s 为宜。为此,当船舶在泊位外摆好位置后,可令舷侧拖船全速顶推大船,当横距为一倍船宽时,拖船停止顶推,船舶靠惯性缓慢地贴靠码头。

为了能精确地测定船舶贴靠码头前的横移速度,超大型船舶通常都安装有多普勒靠泊系统,一些现代化的大型码头还设有监控测试设备。操纵人员可借助这些仪器设备所提供的精确速度合理地调整拖船的顶推速度,以便将大船贴靠码头的速度控制在 5 cm/s 以下。

4. 超大型船舶的锚泊

(1)余速

从理论上讲,抛锚前对地退速以低于 0.5 kn 为宜,而实际上要将超大型船舶对地退速准确地控制在 0.5 kn 以内是很困难的。因而,实操中船长通常把船停住后才抛锚,利用流的作用产生的退速使锚牢固抓底,以策安全。若需要在移动中抛锚,则重载时应将船速限制在 0.25 kn 以内,压载时限制在 0.5 kn 以内。

(2)抛锚要点

超大型船舶首锚、锚链均较重,锚地水深较大,若采用普通抛锚法则会与海底产生很大的冲击力,为防止锚及锚链不必要的损坏,一般均采用深水抛锚法。深水中若以 3~4 m/s 的出链速度抛锚,一般认为锚机刹车可以进行有效的控制,超出该速度时,应谨慎操作。大型船舶抛锚时对底质的要求比一般船舶要高,同样海况条件下出链长度要长于一般船舶。具体操作方法详见本书第三章第四节。

(3)驶入锚地做法

一般情况下,满载的 VLCC 距离锚地 10 n mile 左右时备车,8 n mile 左右时改用港内速度,7 n mile 左右时改用半速,6 n mile 左右时改用慢速,5 n mile 左右时改用微速,3 n mile 时停车;空载 VLCC 距离锚地 10 n mile 左右时备车,7 n mile 左右时改用港内速度,6 n mile 左右时改用半速,5 n mile 左右时改用慢速,4 n mile 左右时改用微速,3 n mile 时停车。其他大型船舶可根据各自的操纵特性及当时环境条件,在适合本船实际情况的基础上,采取分段减速的方式,确保采用安全的速度驶入预定锚地。

(4)大风浪中的锚泊法

超大型船舶在大风浪中的锚泊法常用的有两种,即抛单锚和抛单锚加上荡锚,且两链交角应取约 90°。而改抛夹角为 90°的八字锚并非不能增加锚泊力和减缓偏荡,在现实中极少采用。

5. 超大型船舶海上单点系泊及多点系泊

(1)海上单点系泊

随着油船的大型化、超大型化的发展,选择遮蔽良好的港口和锚地越来越难,人们不得不转向研究开阔水域的系泊设施,单点系泊设施逐渐引起人们的关注,油船利用该设施既能抵御风浪,又可进行装卸作业。

目前常见的单点系泊设施主要由 SBM-IMODCO(国际海上石油开发公司)和 SHELL(壳牌石油公司)两家公司制造。图 4-43 为常见的 SBM-IMODCO 式系船浮的示意图,该浮是装卸油和系泊两用浮筒,由四根锚链、四块水泥沉块和八个锚固定,浮筒上设有转台,浮筒上的漂浮软管用于连接油船上的总油管,软管的另一端则通过转台与海底油管相连,将油输往岸上。转台上还系有两条系缆绳,系泊时由带缆艇接送缆绳和油管。

船舶系泊时应控速、顶风流接近浮筒,当距浮筒 0.5 n mile 时,余速应控制在 1 kn 以下,并用两艘拖船在前后协助控速和控向。接近至 200~300 m 时将船停住,由带缆艇将引缆送递到大船。大船边绞边接近浮筒,至约 40 m 处时将船完全停住,带好系浮缆绳,并注意不要过分靠近浮筒,以防触压浮筒锚链,导致浮筒倾斜。最后由带缆艇将输油管送至大船并接好。

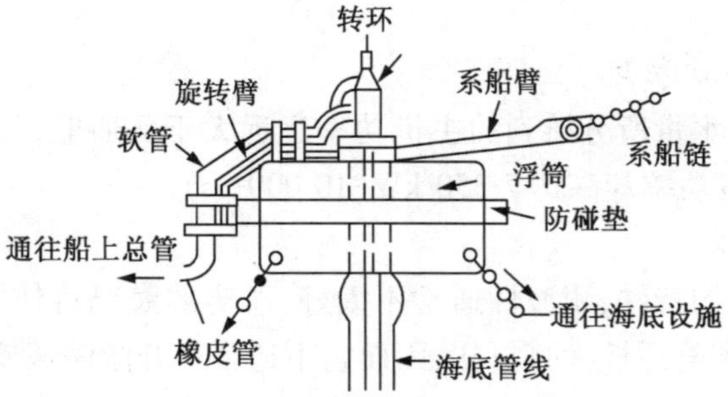

图 4-43　SBM-IMODCO 式系船浮示意图

(2)海上多点系泊

多点系泊是一种根据船舶大小而设置在狭小水域,以稳定船位的多浮筒系船方式,它既可用于油船,也可用于散货船,如图 4-44 所示。由于其系泊操纵较为困难,固多数情况下需要拖船助操。

这种系泊方式虽无偏荡等不利因素,但当受到横向外力时,各系缆和锚链上将受到很大的张力而易发生事故。因此,在强风流海域不宜使用这种系泊方式。

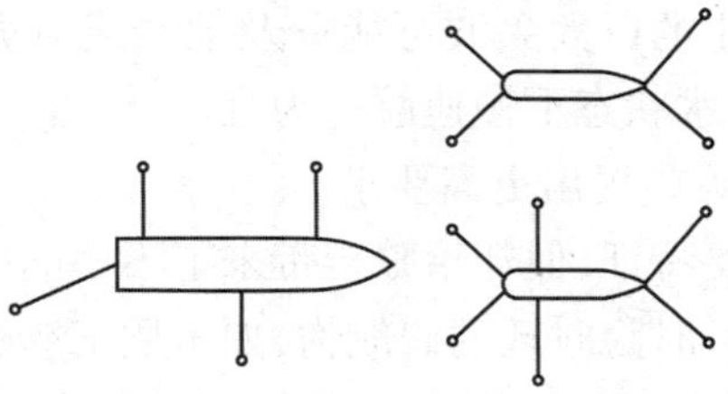

图 4-44　海上多点系泊示意图

二、高速船的操纵特点

1. 高速船的定义

在 IMO《国际高速船舶的安全规则》中,采用航速和体积的傅汝德系数 $Fr\nabla$ 来做界定,即船舶最大航速能满足 $v \geqslant 3.7\nabla^{0.1667}$ m/s 者为高速船。v 为船舶最大航速(m/s);∇ 为对应的设计水线以下的排水体积(m^3)。我国《内河高速船建造与检验规定》规定,满足 $v \geqslant 3.7\nabla^{0.1667}$ m/s 且 $v \geqslant 18$ km/h 者为内河高速船。

2. 高速船的种类

高速船种类繁多,继 20 世纪 50 年代以前问世的水翼船、气垫船后,新的船型不断出现,如掠海地效翼船(WIG)、小水线面双体船、高速双体船、穿浪双体船、水翼双体船、侧壁式气垫船、气垫双体船等。按其原理分又可归纳为浮力型、水动升力型、气垫压力型、空气动升力型和复合型高速船等。

3. 高速船的操纵特点

高速船由于其特殊的船型和较高的船速,其操纵特性有别于普通船舶,有其自身的特点和局限性。

(1)质量小,主机功率大

高速船每单位排水量所分摊到的主机功率远远大于普通船,如有些高速船排水量仅 300 ~400 t,而主机功率却高达 7 350 kW(10 000 ps)。

(2)易受风浪影响

由于高速船的结构特殊,耐波性通常不太好,恶劣的海况将使它严重失速,快速特点难以显现,平稳性和舒适性大打折扣,因而它不适合在开敞海域使用,多用于江河、湖泊及遮蔽海区。

(3)操船中应慎用大舵角

由于速度快、质量轻,大舵角旋回将产生过大的横倾,甚至可能导致船舶倾覆。

(4)受风的影响远远大于受流的影响

由于抗风能力差,高速船在侧风中航行时会产生较大的漂航,其航向与航迹向存在较大差异,会给他船在瞭望和判断上造成困难,对此,高速船驾驶员必须予以充分的注意。

(5)狭水道航行应注意防止浪损

高速船高速航行时产生的巨大兴波可能危及他船或对堤岸造成不利影响。因此,若可能的话,狭水道中以排水状态下慢速航行为宜。

(6)保持高度警惕,对瞭望提出更高要求

速度快是高速船的主要特征,但却给瞭望带来了不小的困难,即不易发现那些较小的目标,尤其是那些漂浮的、时隐时现的碍航物,如木质沉船、树杆、圆木、落水的集装箱等,这些对普通船舶不致造成太大危险的障碍物,对高速船的危害却是致命的。另外,即使目标被发现,也可能因速度过快而在时间上、距离上给判断进而采取有效措施带来极大的限制。这必然对高速船的瞭望提出更高的要求。

三、肥大型浅吃水船的操纵特点

肥大型浅吃水船是一种新的经济船型。它是为解决船舶趋向大型化,而港口、航道对船舶吃水有限制这样的矛盾而发展起来的。

1. 在船型系数方面的主要特点

(1)船宽 B 与吃水 d 之比远大于常规船。

(2)船长 L 与船宽 B 之比较小。

(3)方形系数 C_b 较大,国内外肥大型浅吃水船一般 B/d 为 3.0 ~3.5,L/B 为 6.0 左右。对这种扁平船尽管设计者通过增大舵的面积、部分船舶采用双车双舵等手段来改善肥大型浅吃水船的特性,但由于 B/d 增大、L/B 减小,使得船舶在阻力、推进、操纵性能、适航性能等方面与普通货船有所不同。

2. 在操纵性能方面的主要特点

(1)由于肥大型浅吃水船 B/d 增大,使得长宽比 L/B 相应减小,船舶航向稳定性变差。

（2）低速航行时，由于产生舵力重要因素之一的有效舵速非常小，同时船舶载重量较大，使船舶的应舵性较差，难以及时、准确地满足操舵转船的需要，即舵效较差。

（3）大吨位肥大型浅吃水船，应提早使用大舵角操舵，加快改变航向的速度，克服因惯性大而导致的改向时间长的缺点，在靠码头时还应充分注意利用拖船等其他条件，协助操船。

（4）双车双舵的肥大型浅吃水船，利用桨、舵的配合，充分利用双车的助转功能，可改善该类船舶的操纵性能。

第五章

特殊水域中的船舶操纵

【本章学习目标】

本章主要介绍了船舶在狭水道、岛礁区域、冰区水域与分道通航制和交通管制区域及其附近的船舶操纵要点。

【本章要求】

(1)了解狭水道的船舶操纵要点;
(2)熟悉岛礁区域的船舶操纵要点;
(3)了解冰区水域的船舶操纵要点;
(4)熟悉分道通航制和交通管制区域及其附近水域的船舶操纵要点。

第一节　狭水道中的船舶操纵

一、狭水道的特点

狭水道是指水道的相对水深或相对宽度较小,因而给通过该水域的船舶进行操纵带来各种影响的水域,如港区、港湾、江河、运河、锚地、岛礁区、狭窄海峡等。

狭水道内,航道狭窄弯曲,水浅滩多,碍航物多,水文气象条件多变,风流影响显著,船舶交通密集。因此,船舶在其中航行,不安全因素较多,必须采用合适的航行和操纵方法,正确、果断地处理导航、避碰、避险的关系,才能确保狭水道内的航行安全。超大型船舶更应注意其吃水深,舵效差,惯性大,船体下沉,易发生岸吸、岸推和浪损,以及不宜抛锚的特点,在拖船的协助下谨慎操作。

二、狭水道中的船舶操纵要点及注意事项

1. 狭水道中的船舶操纵要点

(1)充分准备

①备妥有关海图、港图、最新蓝图、港章、航路指南等资料。

②及时收听和改正航行通告,研究、查核最新海图和蓝图,特别应留心水深、浮标的变动情况。

③掌握水域附近的地形地貌,包括两岸山形、岛屿、岬角、岸滩、大的弯头、居间障碍及碍航物等情况。

④掌握狭水道内可航水域的水文情况,包括水流、水深、可航宽度、最大可偏航距离,以及潮汐、潮流甚至洪峰等。

⑤掌握狭水道内助航标志及导航设施的情况,不但应准确识别并判明标志的意义,而且要熟记其号码和配布,包括标志间的距离和走向以及驶至各航标的大致时间等。与此同时,对岸形及显著物标也应予以熟悉。

⑥掌握狭水道内的船舶交通状况,包括航行船舶和锚地船舶的动态、分道通航制的适用水域及有关航道航速等方面的特殊规定。

⑦检查并确认船舶操纵系统、动力系统、声光信号、助航仪备等处于良好工作状态。

(2)行驶在计划航线上

航行中,应随时确认船位,走自己的航道。为此,必须根据具体情况采用正确的导航方法和避险方法。可供采用的导航方法有浮标导航、叠标导航、单标方位线导航等。同样,为防止船舶偏离计划航线过远而发生危险,可采用物标方位线避险法和距离圈避险法等。

(3)准确掌握转向点

狭水道航行,对船位精度要求高,准确掌握转向点是极其重要的一环。实践中,应根据水道特点、船舶所受风流情况,正确选择转向依据和转向时的船位,按所处的地理环境和弯势等适当用车用舵,使船驶于新航线上。

2. 狭水道中操船的注意事项

(1)随时确认船位,注意狭水道内水流流向、流速的变化以及风对操船的影响,正确预配风流压差。

(2)严格遵守各种航行规定,适时备车航行,以便随时控制船速。根据情况备锚,派人瞭望。

(3)夜航或能见度不良时,应加强瞭望,并开启雷达,避让时注意确认水面实际情况,不可盲目操纵。

(4)利用浮标导航时,要逐个进行核对并记录,以防错认或遗漏。大风浪常造成灯光熄灭、浮标移位或漂失,故航行中对浮标不应盲目依赖。

(5)通过潮流较强的水道时,应选择在视线良好、通航密度较疏的平流时进行,以

免陷入被动局面。

(6)驶于浅水区域应保持连续测深,确保在有足够的富余水深时通过,必要时应减速航行。

(7)近岸航行时应减速,以防止浪损及船首向深水侧偏转。

(8)操纵困难或紧急避让时应毫不犹豫地抛单锚或双锚配合车舵助操。

(9)航行于分道通航制区域或船舶交通管理区域时,应严格遵守分道通航制的有关规定,服从海上交管中心的指挥,并按规定报告本船动态、位置等相关情况。

三、在有流弯曲水道中的船舶操纵

有关弯曲水道的水流特点已在第三章第二节中介绍,这里仅就过弯操纵方法做如下介绍:

1. 顶流过弯

如图5-1所示,顶流过弯应选择在潮流较缓时,在双向通航的航道内,通常的做法是保持船位在航道中央略偏凹岸侧,而对只能单向通航的弯曲水道,则可将船位保持在航道中央,船首对着流采用慢车、小舵角,顺着凹岸保持连续内转,即随时保持与岸线平行,并充分考虑到操舵回转时尾反移对安全过弯的影响。

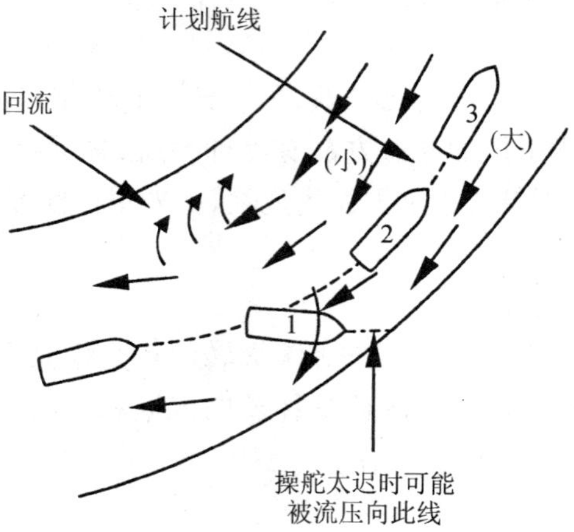

图5-1　顶流过弯

用舵太迟或过早把定,都会使船首内侧受流而形成不利回转过弯的转船力矩,使船首向外偏转,船身被冲向凹岸。此时,应迅速加车用舵纠正。当上述措施无效时,应果断抛双锚,快倒车,以防船首触碰凹岸。

2. 顺流过弯

如图5-2所示,顺流过弯时,若过于靠近凹岸航行,则因侧壁效应作用,船首将被推开,船尾被吸拢,使船舶产生转首而横越水道;反之,过于靠近凸岸,则船首会受到弯嘴回流的作用而向凸岸偏转,同时船尾也受到流压作用而向凹岸偏转,使船冲向凸岸。

为保证顺利过弯,可在过弯前适当降速或停车淌航,过弯时再适当加车,短时间内的加车可在船速提高不多的前提下提高舵效;将船位保持在水道中央,采用慢车、小舵角,使船尾坐着流,顺着弯势连续内转。

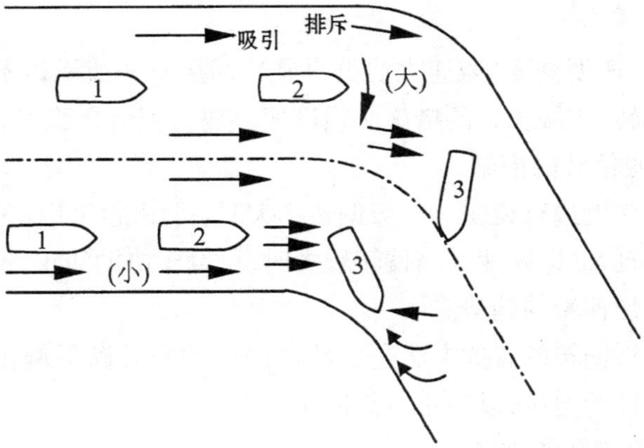

图 5-2 顺流过弯

四、运河中的船舶操纵

运河是连接外海与河港或贯通外海的水道,如苏伊士运河、巴拿马运河、基尔运河等。这种水道的某些航段也较狭窄且水深较浅,给船舶操纵带来一定的困难,故也应予以足够的重视。

1. 选定适当的航速

运河中航行,如航速太大,船岸间的流体动力作用增强,会使船舶操纵性能大降,严重时甚至会导致搁浅、碰撞事故;航速过小,则船舶的保向性和旋回性下降,在有流水域中操纵困难,易陷入困境。

各运河为保障航行安全,都有限速的规定。船舶应根据当时的实际载况、风流影响、河道状况等在限速范围内适当调整实际航速,以确保航行安全。需要减速时,应逐级进行,因为幅度过大会使舵速急剧下降,舵效变差,导致船舶发生偏转。航速的选择应符合以下要求:

(1)符合水域主管当局的限速规定;

(2)确保本船的操纵性能需要,尤其是确保本船的舵效;

(3)为避免碰撞和运用优良船艺应付不测,留有观察、估计局面和机动的余地;

(4)防止造成浪损;

(5)尽可能在满足上述各条件的情况下,提高营运效率。

2. 保持在航道中线上航行

船舶在运河中航行,受浅水和水域宽度的影响,加上航速限制,舵效比海上差得多;操舵时必须思想集中,用舵要及时、正确。

在河床基本对称的运河中航行,应将船位保持在河面的中线上;在河床不对称的河段,则船舶应驶在深水主航道的中线上,否则将可能因岸壁效应而出现船首偏转的情况。当有风影响时,应稍偏向上风一边;过弯时应适当靠近弯的凹岸一边行驶。

3. 克服偏转的措施

由于操舵不稳、速度突变(减速太快更明显)、河床不平或岸边不对称等原因,航行中的船舶会突然偏转,克服偏转的措施必须迅速、果断,否则会酿成事故。

(1)单车船克服偏转的措施

以右旋单车船为例进行说明。一般偏转不大时,可用舵纠正,必要时可短暂加车以提高舵效,待船摆正后立即减速。当偏转较大时,可倒车协助纠正,但应注意时机,以免出现倒车横向力增加偏转的趋势。

另一种克服剧烈偏转的有效方法是在减速操舵的同时抛下偏转相反一舷的锚,利用短链锚来阻滞偏转的力量,以防止船首冲向对岸。

(2)双车船克服偏转的措施

当偏转不大时,可将偏转相反一舷的车停住,并向偏转相反一舷施舵,当船首停止偏转,并开始向相反一舷转动时,再将停止的车开进车,用舵使船舶驶回中线上。若偏转较大,则可将偏转相反一舷的车倒转。

若低速时发生偏转,可将偏转舷的车加速,另一车减速或停车,并用满舵配合。

若高速时发生偏转,应将偏转相反一舷的车全速倒车,另一车减速或停车,同时用满舵配合。这样,既可减少冲力,又能改善操纵条件。

4. 运河中会船

在有些运河(如基尔运河、巴拿马运河)的某些航段,航道宽度和深度均较大,两船对驶时,只要双方配合得当,影响就不会很明显,而在苏伊士运河中的某些航段中会船产生的影响就较大,因此,只能在规定的湖泊中会船。如果特殊情况下,需要在狭窄航段会船,一般都是一船系岸等候,让另一船驶过。此时:

(1)等候的船靠岸时应适时减速,尽量不用倒车,一般约在 1 n mile 前就需减速。有风时,若条件许可,应尽量靠下风一边。操纵性能较差的船靠岸时,可将船停在中间,待带缆艇带好缆后绞拢。双车船应注意螺旋桨不要碰及岸壁。除有流及强顶风外,一般只需带 2 根横缆即可。

(2)他船驶过时易使系岸船剧烈摇荡而无法用缆稳定,此时必须松掉前后缆,用车舵来克服这种摇荡;否则,易造成一船艉部与驶过另一船艉部发生碰撞。双车船用车时只能用外舷车,以防碰坏螺旋桨。

(3)驶过船必须以慢速保持在航道的中线上航行,以避免因过分靠近另一岸而出现侧壁效应。

5. 狭窄入口处的船舶操纵

港口防波堤、船闸或运河入口的口门往往很窄,且常受到横风、流的影响,给船舶操纵带来困难。进口操纵时,一般应按下述方法进行:

(1)将船的航线选在与入口中心线成直角的方向上,如图 5-3 所示。

（2）在较远的距离即应驶上预定的航线，并保持一定的风、流压差角。

（3）当船首接近口门时，将船首拎直，使船首尽可能靠拢上风一侧进入口门。

（4）当船首通过口门后，为防止船尾压向下风侧，应立即加车用舵将船尾甩向上风，以顺利通过口门。

横风、流通过口门时，船速不能太小，否则风、流压差角过大会给进口操纵造成更大困难。

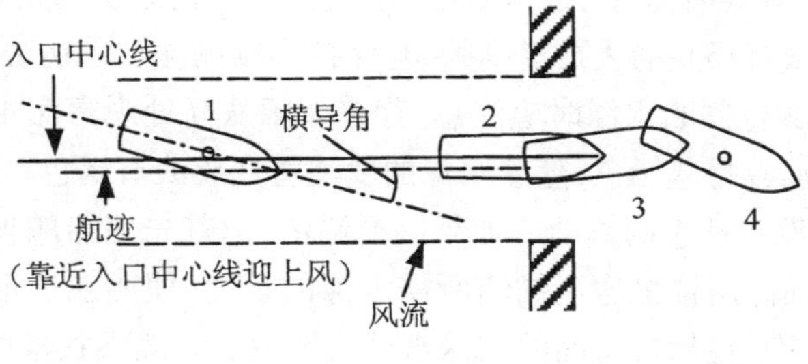

图 5-3　狭窄入口处操纵

第二节　岛礁区域的船舶操纵

一、岛礁区的特点

（1）航行资料较少，海图精度较差，如暗礁位置、水深等。

（2）航标系统极不完备，没有显著的陆标可供定位。

（3）水深变化很大，海流、潮流强而复杂且资料严重缺乏。

（4）珊瑚礁多见于平均水温为 25 ~ 35 ℃、海流相对较强的热带水域，并易于在阳光可射入的较浅水域内发展起来，这些地区往往又是热带低压的发源地。

（5）浅水礁盘白天的特征：

①礁盘所在地的水天线附近上空常有反光，在晴天比别处明亮。

②稍有风浪，礁盘边缘即起白浪；若刮大风，更是白浪滔滔。由上风方向望去特别明显。

③礁盘上海水呈青绿色，礁盘边缘浅水区呈浅蓝色，与周围海水颜色明显不同。此种变色的大片海水，白天距离 3 ~ 4 n mile 即可见，船舶只要不接近变色海水就无危险。

④有些礁盘上有沉船等特有标志可供辨认；有的礁盘内会有渔船在捕捞。

二、岛礁区的船舶操纵要点

（1）正确选择航线。使用最新的大比例尺海图，根据海流、潮流、风向、风力和天气条件拟订航线，一般至少要距礁盘 6 n mile 以外。

(2)正确选择航行时间，如无特殊情况应选择白天，最好是中午前后，在礁盘的上风侧通过礁区。若在低潮时，太阳背后高度较高，海面又有微波，这时是发现珊瑚礁的最佳时机。

(3)如迫不得已需夜间通过，则必须与礁盘保持足够的距离，即大于推算船位的最大误差，以避免因船位偏差过大而触礁。

(4)加强瞭望，必要时减速、备锚航行，但应注意风流致漂移的影响。为及时发现珊瑚礁，应提前选派有经验的人员登高瞭望，保持连续测深和雷达观测。

(5)利用海水颜色判断水深时应注意：背着太阳从高处观察海水颜色时，较深水域呈现紫蓝色，次深水域为蓝绿色，随着水深的变浅将变成淡黄褐色。

(6)珊瑚礁区没有理想的锚地。如果需要锚泊，应首先使船舶顶风慢进，边测深边通过礁区；然后将锚链用锚机送至锚泊所需水深的长度，使船舶后退；待锚抓住珊瑚礁后再慢慢松出锚链，并在越过礁面的较深水域处锚泊。一般不宜采用普通抛锚法，以防出现以下不良后果：一是锚可能由于与珊瑚礁撞击而受损；二是锚可能抓住珊瑚礁较深而难以起锚；三是一旦锚抛在能滑落的斜面上，则可能根本得不到应有的抓力。

第三节　冰区水域的船舶操纵

一、冰区航行知识

1. 海冰及其分类

海冰由海水冻结而成，或是陆地冰川注入海洋的淡水冰。北半球每年 10 月至次年 3 月海冰分布很广，可达北纬 40°，南半球 4—9 月到达南纬 50°。我国每年 11 月至次年 3 月在渤海湾和辽东半岛附近海面有冰冻，最盛期为 1—2 月，冰厚可达 1 m 以上。

(1)冰山

冰山(iceberg)是由海上的冰在风流和浪的作用下堆积起来形成的，或是极地附近陆上的冰川断裂坠入海中的浮冰。冰山按其大小可分为冰山(直径 30 m 以上)、小冰山(直径 6 ~ 30 m)和冰岩(直径 2 ~ 6 m)。冰山浮于海面以上的部分仅占整个冰山体积的1/10 ~ 1/7，航行船舶应尽量远离之，以策安全。

(2)冰群

海上生成的冰，在风浪和水流的作用下破碎成冰块，称为冰群(pack ice)。其分布范围很广。冰群按其大小可分为：碎冰(直径 $D<2$ m)、块冰(2 m$\leqslant D<10$ m)、小冰块(10 m$\leqslant D<200$ m)、中冰块(200 m$\leqslant D<1\ 000$ m)、大冰块(1 000 m$\leqslant D<5$ n mile)和冰原($D\geqslant 5$ n mile)。

2. 冰量、冰色与硬度

(1)冰量

冰量指的是冰群在海面上的覆盖量。通常采用十分法度量出视界范围内海面上浮冰覆盖的比例量,冰量占十分之几即称为几度冰量,冰量可分为8级。

冰量的大小用于表示船舶在冰区中航行的困难程度。按其大小可分为下列5种:

①无屏蔽水域(open water):冰量为1/10以下,船舶可自由航行;

②稀碎冰(scattered ice):冰量为1/10~5/10,船舶不能按预定航向航行;

③疏散冰(broken ice):冰量为5/10~8/10,船舶航行有障碍;

④密集冰(close pack ice):冰量为8/10以上,无破冰船(ice breaker)支援难以单独航行;

⑤凝固冰(consolidated ice):冰量为10/10,冰布满视界并形成冰原。

(2)冰色与硬度

冰的生存期越长,硬度越大;淡水冰比海水冰硬。冰的硬度可通过冰的颜色来识别:灰或铅灰色最软;纯白色稍硬;青白色较硬;青绿或灰绿色最硬。

3. 海冰的探测

大冰山的视距在晴朗的白天可达10 n mile以上,而在黑夜只有1/4 n mile左右,用望远镜可在1 n mile处见到。夜间,如月亮与冰山都在前方,则难以发现冰山;如满月在船尾方向高照,则冰山的视距几乎与白天相同。

雷达可在10 n mile以上探测到大冰山,但对露出水面3 m的冰山,只能在2 n mile左右处发现,高度小于0.3 m的冰山则很难探测到;当海浪干扰超过1 n mile时,雷达很难发现浮冰。冰中水道小于1/4 n mile时,雷达上也不易辨认。

4. 接近冰区的征兆

冬季船舶在高纬度海区航行时,除应按时收看冰情传真图或收听冰情报告外,还必须加强瞭望,谨慎驾驶,并根据下列征兆判断是否已接近冰区。

(1)冰光(ice blink)。日光照射下的冰区上空因受冰的反射而呈黄白色,下部明亮而上部暗淡,其高度因冰的远近而异。无冰水域或陆地上空则呈灰色。

(2)在冰区边缘往往出现浓雾。

(3)风浪天,波浪突然减弱或海面突然平静而风力无减,此时,如上风方向无陆地则表明可能有冰区。

(4)水温降低预示可能正在接近冰区。处于非寒流中的船舶,发现海水表面温度为1.1 ℃时,则海冰的边缘已在100~150 n mile;海水表面温度为0.5 ℃时,则距海冰边缘一般已不足50 n mile。

(5)虽远离陆地却发现海狮、海豹或海鸟等,则预示附近有冰区存在。

(6)发现异常的折光现象,常预示远处有海冰存在。

(7)听到异常声音,如汽笛的回声、海浪打击冰山的浪花声、浮冰在风浪中的挤压声、冰山崩解或冰块破裂坠海的巨响声,则说明冰区已临近。

(8)航行中发现漂流的冰片或碎冰。

二、冰区航行的准备工作

(1)参阅航路指南、冰情报告及其他资料,摸清冰区情况。

(2)检查船体结构,特别是船首部分,必要时在首尖舱加撑纵向和横向抗冲击冰梁,以提高局部强度。

(3)检查排水、救生设备,使其处于良好技术状态,并检查充实堵漏器材,以便应急。

(4)做好防冻工作,包括:

①保持航行中的航行灯、室外磁罗经以及电罗经复示器照明灯昼夜常开;

②救生艇淡水桶存放的淡水只能装至其容量的3/4,并用帆布包妥或暂移室内;

③用草包裹住集装箱底脚,放尽法兰螺丝的螺杆套筒中残水;

④关闭货舱通风筒,以防冷空气入内存水结冰;

⑤放尽消防水管残水后再关闭;锚链水的出口阀应常开;

⑥放尽室外淡水管、冲洗管内残水或用稻草包扎;

⑦上层边水舱、边水舱与前后尖舱的水量不超过满舱的85%;

⑧双层底水舱内的存水量至多为其容量的90%,其空气管和测量管在双层底舱顶以上部分绝不允许有存水。

(5)配载时,应把不怕湿、不贵重的货物配装在首舱及各舱底部,两边留有通道;一般不应配置甲板货,若实在需要,应预先考虑甲板及货物可能结冰而使重心升高、稳性下降,并应保证甲板排水通畅。

(6)保持一定吃水,以使螺旋桨和舵充分没入水中,并保持1.0~1.5 m的尾倾,这样既提高了船舶的操纵性和破冰能力,又使车叶、舵叶得到保护,还可避免船底海水阀门被碎冰堵塞。

(7)在桅顶加设瞭望台,并与驾驶台建立通信联系。

(8)按冰区航行要求备有足够的燃料、淡水和食物,同时配备好下列专用物品:保暖衣靴、护目色镜、御寒食品、防冻滑油、冰锚,以及除冰排冰物料或材料。

(9)船首备好拖缆一根,船尾做好拖带他船的准备。

(10)备好探照灯,用于夜间探照冰中通道。

三、冰区水域的船舶操纵

1. 进入冰区

船舶应尽量绕过冰区,迂回航行。如能看到冰区的边缘,应从其上风侧绕过。冰量在5度(5/10)或6度(6/10),冰厚在30 cm以下时可以单独航行;冰量超过6度(>6/10),应争取破冰船导航,单独航行会存在危险。

进入冰区应考虑以下原则和方法：

(1)选择适当的地点。由于上风侧冰块密集，积层较厚，而且涌浪大，冰块上下波动易损坏船体。所以，应选择于冰区的下风侧且舌状突出之间的较平坦处进入。

(2)选择适当的时机。应等待微风缓流或无流时进入。原因是，涨潮时冰易结聚而增厚；退潮时积冰碎裂，浮冰漂流快，因而对船舶不利。当涌浪较大或有5级以上横风时不宜进入。

(3)采用适当的方法。进入冰区时，应保持船首与冰缘垂直，并将抵冰缘的余速降至最低程度(3～5 kn)，待船首顶住冰块时再逐渐增加车速，分割并推开冰块，驶向选好的航路。

2. 通过冰区

(1)根据冰量正确选择航速。冰量为4/10～5/10时，可用常速航行；冰量为6/10～7/10时，应慢速航行；冰区夜航速度应较白天低；能见度不良时，应大幅度降速(至维持舵效的最低航速)。

(2)有离岸风时，可从冰缘近岸一侧通过；有向岸风时，则远离岸边航行。

(3)尽量少改向，转向时宜用小舵角慢慢转过，以防车舵受损。切不可一次转向30°以上，大角度改向宜分几次进行。

(4)正确运用撞冰法。如被大冰块挡住去路，要防止盲目高速撞冰。当单凭进车的力量难以破碎前方硬质冰块时，应立即退出，然后再进车，利用冲势在冰中撞出一条通路；一次不行，可反复几次。无法前进而需要脱出时，从原路驶出较另选新路更方便。倒车时必须正舵，以免舵叶、舵杆损坏。

(5)冰中航行要增加首尖舱及污水沟的测量次数，并注意海底阀被冰堵塞的可能。

(6)加强瞭望，提前采用措施避让他船。由于船位变化较大，航行中应勤测船位。

(7)有破冰船居前引航时，应保持约3倍破冰船船长的距离等速跟进，过短则容易出现碰撞。

3. 冰困后的措施

(1)全速进车、左右满舵，待船首松动后再正舵、倒车退出。

(2)交互排灌对称压载水舱的水，使船身左右或前后倾斜，松动船身后退出。但该方法不适合大型船舶。

(3)等待破冰船救援。

(4)不论是自力脱困还是等待破冰船救援，都应保持进车，以免尾后的水道被冰封住。

4. 破冰船护航

非冰区专用船舶在冰量超过6/10时，最好请破冰船护航；冰量达7/10以上时，若无破冰船引导则不宜盲目进入冰区。船多则要编队，编队时功率最大、机动性最好、船壳最坚固的船编排在为首的破冰船之后，而船壳较弱、功率较小的船居中，间距以2～3倍本船船长为宜。护航中的航速由破冰船航速来决定，一般当冰量为4/10时，可维持 8 kn,冰量每增加 1/10 就减速 1 kn。航行中要密切注意前后船舶的航速与信号,调整船舶间距,万一有碰撞危险时,后船应转舵使船首撞冰,前船则全速前进,以排出流将后船船首推向一边。

当护航发生困难时,可由破冰船拖航。冰中拖带拖缆不宜太长,一般采用龙须缆。拖缆最好穿过锚链筒后再带好,一般相距为 20 ~ 40 m,必要时仅 10 ~ 20 m 即可。

四、冰中锚泊、停泊和靠泊

1. 冰中锚泊

在有流冰中锚泊应非常小心,轻易不可抛锚。若不得不抛锚,则应选择在薄冰或碎冰的浅水区,且其下风或下流应无暗礁或浅滩,通常冰厚超过 10 cm 就不宜锚泊。出链长度一般不超过 2 倍水深,若出链过长被流水拖拉往往难以控制,极易发生被冰困住或断链走锚事故。锚泊中,锚机和主机应随时处于准备状态,为防止锚机运转部位冻结,应保持慢速运转状态,必要时可起锚驶离。

2. 冰中停泊

(1)为保护车舵,停泊船应以船首顶流冰的方向,采用合适的速度插入一片碎冰组成的流冰群中约 1/2 船长的距离;冰况中等、功率大的船可插入深一些,约 2/3 船长的距离,但切勿在大冰块之间停泊。

(2)停泊中应不时缓速进车,将船尾车、舵附近的冰块赶走,以避免艉部被困住;同时还应适当使用进车和倒车并左右用舵,以减少冰与船壳冻结在一起的机会。

(3)不论流冰群漂向何处,如附近有浅滩或暗礁,在冰中停泊的船应将船首朝向海侧或安全的地方,以便随时逃离。

临时性停泊往往不在有固定冰的海岸上靠泊,却可在较小的浮冰块上用冰锚停泊。但必须事先对浮冰的走向及沿线附近水深有足够的把握,确认安全后方可进行。

抛冰锚是冰海中使用的特殊系缆方式。其做法是先在冰上挖一浅槽,然后将一长为 0.07 m、宽为 0.25 m、高为 2 m 的硬木料(dead man)置于其中,套上缆绳后注水,使之与冰冻在一起。这种系缆方式一般只系一根缆绳即可,与抛锚停船在形式上有相似之处,故称之为抛冰锚。

3. 冰中靠离泊

港内结有厚冰时,可令拖船在泊位边及航道上来回破冰、驱冰或利用本船螺旋桨排出流排冰、船体挤压冰块、船首刮冰、码头蒸气或热水排冰等方法,驱赶泊位边的冰块,以利靠泊。

(1)如泊位下端有余地,可对准泊位下端的码头靠拢,将首缆带在上端较远的桩上,绞首缆、开进车、操外舷舵使船首紧贴码头前移,将碎冰排挤出去。当船首到达上端位置时,若里档尚有少量浮冰,则可在带上首倒缆后,开进车,利用排出流将浮冰排出。

(2)如泊位下端无余地,应使船首先贴靠泊位上端,带好首缆和首倒缆,用进车外舷舵，并在拖船顶推的协助下，挤压里舷的积冰，然后再用排出流将碎冰排出。按上述方法反复进行多次，便可逐渐排清靠拢。

(3)在冰不厚时，船舶离泊基本上没困难；在冰厚时，则应先请拖船在泊位附近及航道上破冰后再离泊。如系拖尾离泊，应注意防止车舵受损。

第四节 分道通航制和交通管制区域及其附近水域的船舶操纵

分道通航制是指用分隔线、分隔带等方法将依相反或接近相反方向行使的航行船舶分隔开的一种定线制度，尤其适用于狭水道、沿岸海域、江河、港口附近等通航密度较大的水域。分道通航制的实施，对改善水上交通秩序、降低碰撞事故的发生率效果显著。目前，世界上许多通航稠密的海区都建立分道通航制，部分已被 IMO 所采纳。

在被 IMO 所采纳的分道通航制区域内，航行船舶应遵守《1972 年国际海上避碰规则》第十条和有关的地方规则；在尚未被 IMO 所采纳的分道通航制区域内，也应遵守其主管机关对分道通航制区域所做的具体规定。

一、在分道通航制和交通管制区域及其附近水域船舶操纵的注意事项

(1)及时收听和改正航海通告，研究、查核最新海图，特别注意水深、浮标的变动情况，熟悉分道通航制和交通管制及其附近水域的各种情况。

(2)备车航行，以便随时控制航速，根据情况加派瞭头。

(3)检查船舶操舵系统、声光信号设备、助航仪器是否正常，以确保安全。

(4)严格遵守分道通航制和交通管制等各种航行规定。

(5)近岸航行时应减速，防止浪损。

(6)随时确认船位，走规定的通航分道，尤其在横流地段，更应经常观察前后方物标，及早发现偏航并纠正。

(7)大风浪常造成浮标移位、漂失或灯光失常、熄灭，故航行中对浮标不应盲目信赖。

(8)通过浮标所在水域时要进行核对，记下其名称与正横时刻，以防错认或遗漏。根据前一浮标距离和航速推算到达下一个浮标所需的航行时间。

(9)应选择视线良好、平流、交通较疏时刻通过涨落流较强的区域，航行中应掌握流向、流速及其变化，正确预配流压差。

(10)夜航或能见度不良时应加强瞭望并开启雷达或 ARPA，避让时仍需再次确认水面环境和情况。

(11)驶于浅水区域应连续测深，保证足够富余水深并选择在高潮时通过，必要时应减速航行，向浅水侧施舵，制止船首向深水侧偏转。

(12)航行中转向或变速后应核对舵角指示器、车钟、转速表，防止船的动态与发令效果不符。

二、在分道通航制和交通管制区域及其附近水域中的船舶操纵要点

1. 航线标绘要顺着相应分道的船舶总流向，并以分道的中线为宜

众所周知，通航分道往往比较狭窄，加之船多拥挤、受风浪影响和避让他船等原因，不能使船舶始终走在预定的计划航线上，故需要经常地定位和修正偏差，而航线标绘以取通航分道中线为宜。切忌为图省事和方便，在分道内有几个航向变动的情况下，以一直向线代之；或在分道内确定转向点和端外区域驶进和驶出时，忽视与船舶总流向的角度问题。

2. 认真瞭望，保持连续定位

分道通航区内船多拥挤，船速快慢不一，受风流影响明显，这就需要值班驾驶员做到认真瞭望和系统观测，连续定位，随时掌握本船的准确船位和他船动态，熟悉和了解分道区域内明显的、重要的定位航标，正确处理好避让和定位的关系，切忌偏重定位而疏忽避让。

3. 在转向、交叉警戒区内要小心谨慎，并采用安全航速

分道通航制区域内根据需要还设立有交叉警戒区，当接近转向点和航经这些区域时，应特别谨慎和小心，除应弄清他船的动态和意图外，还应采用安全航速行驶，尤其当本船处于追越他船状态时更要注意。切不可自以为船速快，就盲目穿越两船中间，要充分考虑到可能出现的意外情况，视需要和实际情况灵活采取措施，如提前和推迟转向时间等，以避免本船和他船构成紧迫局面。切忌机械地按海图标示点转向，或在刚追越过他船船头后立即改向，应按避碰规则的要求做到驶过、让清，并考虑他船在航行操作上的困难。

4. 及时用 VHF 沟通联系、协同避让

在分道通航区域内航行，常因船多密集和可航水域的限制，而形成你追我赶、各不相让的局面，尤其在转向点附近、狭窄地段和分道交叉区域，有时会出现几艘船齐头并进的情况，由于相互间距离太近、相对位置变化和操舵不稳等原因，极易形成紧张和危险的局面。及时运用标准航海用语与他船沟通联系，做到互相配合、协同避让，就显得相当重要。

第六章

大风浪中的船舶操纵

【本章学习目标】

船舶在复杂多变的海上航行，遇到狂风巨浪的袭击是在所难免的。那么，怎样才能战胜自然，克服困难呢？一方面，要求船舶要有良好的适航性；另一方面，要求船舶驾驶人员了解风浪，熟悉船舶在风流中的运动规律，并针对客观规律，采取正确的操船措施，从而确保船舶在恶劣天气下安全航行。

【本章要求】

(1)熟悉波浪对船舶运动的影响；

(2)了解大风浪中的船舶操纵；

(3)了解避离台风的船舶操纵。

第一节　海浪知识概述

一、海浪的形成

海浪是发生在海洋中的一种波动，是海水运动的主要形式之一。海浪按其形成的原因可分成风浪、涌浪、潮汐浪、气压浪、地震浪（海啸）及船舶兴波等很多种类，但船舶航行时最常遇到的是风浪和涌浪。

风浪是由风的直接作用，将能量传给海洋而引起的水面波动。当风力作用停止后，风所引起的波浪受到重力和摩擦力的影响而逐渐衰减。风浪离开风区传到远处或风区里风停息后所存在的波浪，称为涌浪。海上风浪的发展，与风速、风时、风区有关。风速越大，产生的风浪也越大；风对水面作用持续的时间（即风时）越长，海水获得的动能则越大，风浪也就越大；船舶所处水域的上风一侧风的吹送距离越长，即风区越大，浪在风区内移动则越远，风浪就越发展。

涌浪在传播过程中，随着传播距离的增加，波高逐渐降低，周期不断延长。导致涌浪消衰的原因之一是涡动黏滞性引起的能量消耗，另一原因是散射作用致使能量分散。我们知道，涌浪传播速度往往比海上风暴系统的移速快得多，因此常把涌浪作为预测台风或风暴来临的征兆。

二、规则波

波面可用简单函数表达的波浪称为规则波。规则波不仅能近似地表示涌，而且也是研究不规则波的基础。规则波的要素如图 6-1 所示：

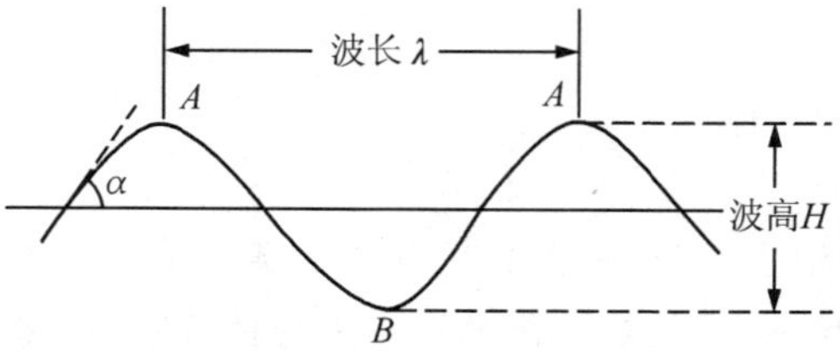

图 6-1　规则波

波高 H——波面最高点与最低点之间的垂直距离（m）。

波长 λ——两个相邻的波峰或波谷间的水平距离（m）。

波速 v_W——波形向前传播的速度（m/s）。

波浪周期 T_W——水质点每回转一周所需的时间（s），即波形向前传播一个波长所需的时间。

波面角 α（wave slope angle）——波面上某一点的切线与水平线间的夹角，用来表示波表面的倾斜度。

陡度 δ（wave steepness）——波高与波长之比 H/λ，用来表示波的陡峭程度。

这些波浪要素之间存在如下的相互关系：

$$\text{波速 } v_W \approx 1.25\sqrt{\lambda}\ (\text{m/s})$$

$$\text{波浪周期 } T_W \approx 0.80\sqrt{\lambda}\ (\text{s})$$

$$\text{波长 } \lambda \approx 1.56 T_W^2\ (\text{m})$$

此外，

$$\text{最大波面角 } \alpha_m = \pi \cdot \frac{H}{\lambda}$$

有关各海区不同季节的波浪要素可以从航路指南等有关资料中找出。大洋中最容易产生的波浪的波长是 80 ~ 140 m，波浪周期为 7 ~ 10 s，最大的陡度为 1/10，一般大洋波的陡度为 1/40 ~ 1/30。

三、不规则波

海上波浪实际上是不规则的，它们是由各种不同波长、波高和陡度的波组成的，而且由于海区地形的关系,波浪的不规则性更为复杂。但不规则波是由无数单元规则波叠加而成的,大量的统计观察表明,如果外界条件没有显著变化,波浪的出现有其一定的规律性。为了简便,常以一种波高来说明波浪的状况,通常使用的几种方法有:

平均波高:所有波高的平均值;

均方根波高:将所有波高的平方相加,求平均值后再开方;

合成波高:海上风浪和涌浪并存时,可采用合成波高表示海面状况。

部分大波的平均波高:有时将观测到的波高按大小排列起来,并就最大的一部分波高计算平均值,称为部分大波的平均波高。例如:对于最高的1/100、1/10、1/3的波,其平均波高分别以符号$H_{1/100}$、$H_{1/10}$、$H_{1/3}$表示。它们的意义是如果共观测1 000个波,则分别代表最高的10、100、333个波的平均波高。部分大波平均波高反映出海浪的显著部分或特别显著部分的状态。习惯上还将$H_{1/3}$称为有义波高,其周期称为有义波周期,具有这种波高的波称为有义波。有义波是一个统计量,它非常接近于有经验的驾驶人员直接目测的波高。波浪预报部门通常是用有义波来做波浪预报的,故常把有义波高$H_{1/3}$设为1,并用统计法求得平均波高H_m为0.63,1/10最大波的波高$H_{1/10}$为1.27,1/100最大波高$H_{1/100}$为1.61。

通常采用部分大波的波高来表示波浪的要素,1/10最大波的波高$H_{1/10}$为平均波高的2倍(1.27/0.63≈2),1/3最大波的波高$H_{1/3}$为平均波高的1.6倍(1/0.63≈1.6)。有义波波高可以用来确定最大有义波的波长以及最大能量波的波长:

$$\lambda_{最大有义} = 60H_{1/3}$$

$$\lambda_{最大能量} = 40H_{1/3}$$

根据这两个波长可以估计出某船在该不规则波中航行时的摇荡情况。所谓最大有义波的波长是指波长超过一定范围的波,它在整个单元波中所占比例很小,不具备使船舶产生很大摇摆的能量,这个波长界线称为最大有义波长。

四、波形的变化规律

当水深大于$\lambda/2$时为深水波,当水深小于$\lambda/2$时为浅水波。在深水中的波浪,波长长、波速大、周期长。因海浪是各种不同周期的浪的组合,所以每一组波浪中,大浪与小浪总是有秩序地重复出现,即每组连续的浪都是逐渐增大,然后又逐渐减小,周而复始。一般情况下,连着三四个大浪之后,接着是七八个小浪,俗称三大八小。每组浪的具体周期、浪的强度以及大浪和小浪的数目,则因各种风型、风速和海区而异,在航行中可通过观察来确定当时海浪的规律。

在浅水中,波速随水深而变化,但波浪周期不变,由于波浪底部受海底摩擦,速度减慢,所以波峰速度要比波谷速度快,这样波形就起了变化,波峰向前弯曲,波长变短,波高增大,浪变得陡而且高,然后开花。在海岸附近,这些开花浪为海岸所阻,又产生反拍浪,这些浪对船舶的冲击力较大,对船舶有一定的威胁。

从远海袭来的大浪与本海区相反方向的波浪相遇,其波速变得很小,波高可能增加一倍，这种波浪俗称“三角浪”。

第二节　船舶在波浪中的运动

一、船舶在波浪中各种运动的名称

船舶在风浪中航行时，其运动情况比较复杂，通常将船舶的复杂运动简化分解成六个自由度的运动。

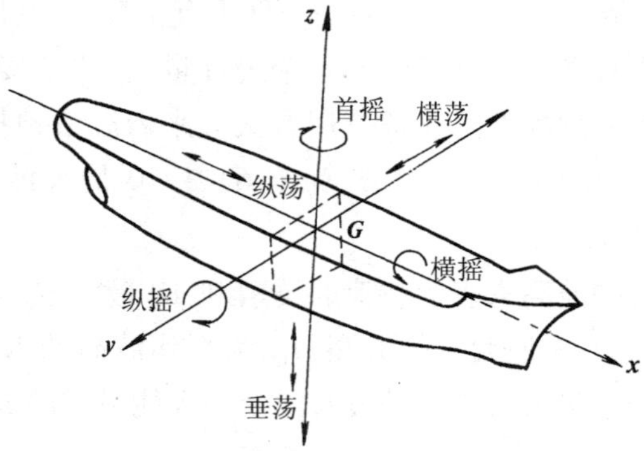

图 6-2　船舶在波浪中的六个自由度摇荡运动

如图 6-2 所示，将重心 G 取为固定于船体的直角坐标系的原点，则船舶运动可分解成沿三个坐标的平动和绕三个坐标轴的转动。沿坐标轴的平动有单向运动和往复运动之分，往复性的平动称为荡动。同样绕坐标轴的转动也有单向和往复转动之分，往复性的转动称为摇动。船舶在波浪中的直线运动和回转运动如表 6-1 所示。

表 6-1　船舶在波浪中的直线运动和回转运动

坐标轴 \ 名称 \ 种类	直线运动(translation)		回转运动(rotation)	
	单向运动	往复移动	单向回转	往复回转
X 轴	进/退(ahead/astern)	纵荡 (surge)	横倾(heel)	横摇(roll)
Y 轴	横移 (drift)	横荡 (sway)	纵倾(trim)	纵摇(pitch)
Z 轴	升/沉 (float/sink)	垂荡 (heave)	旋回(turn)	首摇(yaw)

在表 6-1 的所有运动中，与船舶安全操纵密切相关的是横摇、纵摇、垂荡和首摇。

横摇涉及船舶的稳性，有时会引起货物移动，致使船舶横倾，过大的横倾可能导致船舶倾覆(capsizing)。

纵摇会导致降速，还会引起船首上浪而使甲板货、甲板设备损坏，同时纵摇使船体特别是其前部因受到浪的冲击而导致船体受损，此外，纵摇还会引起螺旋桨空转，将给主机运转造成障碍。

垂荡也是一种有害于船舶航行的运动，往往与纵摇同时产生，造成船舶失速，主机功率得不到充分利用，垂荡相位若与纵摇相位相差不大，二者的共同作用将会引起船舶激烈的拍底、上浪、螺旋桨空转。

首摇对船舶在风浪中航行时的保向性有重大影响，尤其在斜顺浪航行时，首摇明显，危险时会导致船体打横。

二、波浪对船舶运动的影响

1. 横摇

船舶在风浪中绕 X 轴横向的摇摆运动称为横摇。过大的横摇对保持船舶的稳性是不利的。在波浪中操船，必须预先妥善配载并根据风流情况来选择航向和航速，以力求减轻横摇。

(1)横摇摆幅与周期

横摇状态主要用摆幅 θ 和周期 T_θ 来表示。摆幅是船舶自正浮向一舷横倾时的横倾角。船舶在规则波中的强制横摇摆幅取决于船舶横摇周期(rolling period)与波浪遭遇周期(period of encounter)的接近程度，可以近似地用下式表示：

$$\theta = \frac{\alpha_{\max}}{1 - \left(\frac{T_\theta}{T_E}\right)^2} \tag{6-1}$$

式中：$\alpha_{\max}$——最大波面角，$\pi \cdot \frac{H}{\lambda}$；

T_θ——船舶横摇周期(s)；

T_E——波浪遭遇周期(s)。

横摇周期是船舶自一舷横倾到另一舷，又自另一舷回到初始横倾位置所需的时间。一般船舶横摇周期可用下式估算：

$$T_\theta = C_\theta \frac{B}{\sqrt{GM}} \tag{6-2}$$

式中：T_θ——横摇周期(s)；

B——船宽(m)；

GM——初稳心高度(m)；

C_θ——横摇周期系数，客船为0.75～0.85，货船为0.7～0.8，油船为0.70～0.94，估算 T_θ 时常把 C_θ 简单地定为0.80。表6-2所列是各类船舶横摇周期的数值范围。

表 6-2　各类船舶横摇周期的数值范围

船舶种类		横摇周期 T_θ(s)
客船	500 ~ 1 000 t	6 ~ 9
	1 000 ~ 5 000 t	9 ~ 13
	5 000 ~ 10 000 t	13 ~ 15
	10 000 ~ 30 000 t	16 ~ 20
	30 000 ~ 50 000 t	20 ~ 28
货船	满载	9 ~ 14
	压载	7 ~ 10
拖船		6 ~ 8

根据经验数据，超大型油船的横摇周期，一般空载时为 6 s 以下，满载时为 14 s 以上。

(2)波浪遭遇周期 T_E

波浪相对于航行中船舶的周期称为波浪遭遇周期。如图 6-3 所示，设船舶航行时其前进方向与波浪传播方向成一夹角 φ(即遭遇角)，则波浪遭遇周期 T_E 为：

$$T_E = \frac{\lambda}{v_w + v_s \cos\varphi} \tag{6-3}$$

式中：v_w——波速(m/s)；

v_S——船速(m/s)；

λ——波长(m)；

φ——船首遭遇波浪的夹角。

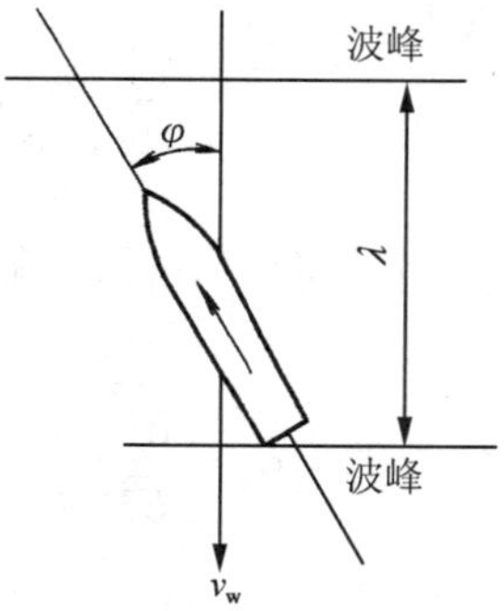

图 6-3　波浪遭遇角 φ

(3)影响横摇大小的因素

①最大波面角 α_{max}：α_{max} 越大，波浪能量越大，波长短而波高大，横摇摆幅就成正比增加。

②主要取决于横摇周期 T_θ 与波浪遭遇周期 T_E 的比值。

当 $\frac{T_\theta}{T_E} < 1$ 时，横摇较快，很少上浪，但船体受惯性力大。

当 $\frac{T_\theta}{T_E} > 1$ 时，横摇较慢，角度不大，但上浪较多。

当$\frac{T_\theta}{T_E}\approx 1$时，横摇最激烈，横摇角越摇越大，严重时将导致船舶倾覆。这种现象称为谐摇(synchronize rolling)。

(4)减轻横摇的措施

①调整船舶的横摇周期

船舶航线确定后，应根据本航次各海区季节可能经常遭遇的波浪周期，在配载时调整初稳心高度 *GM*，使其避免与波浪周期一致而谐摇。在稳性允许条件下，尽量使之避开谐摇区，即

$$\frac{T_\theta}{T_E}>1.3\text{ 或 }\frac{T_\theta}{T_E}<0.7$$

②改变航向、船速以改变波浪遭遇周期

由式(6-3)可知，改变船速或航向，或者同时改变船速与航向，就能改变波浪的遭遇周期，避免谐摇。这种方法是航行中船舶减轻横摇的简便而有效的方法。但应注意：当$\varphi=90°$或$270°$，即正横受浪时，船舶横摇剧烈，若仅改变船速对于改变波浪的遭遇周期是无效的，只有改变航向才能取得减轻横摇的效果。

【例 6-1】某万吨级货船，船宽 $B=20$ m，船速 $v_S=17$ kn，某航次开往北美，估计可能遇到波浪的波长 $\lambda=180$ m，波向与航向交角 φ 为 60°。求该船配载时，*GM* 控制在什么范围内才能避开横摇谐振的危险。

解：$$T_E=\frac{\lambda}{v_w+v_s\cos\varphi}=\frac{180}{1.25\sqrt{180}+8.74\times\cos 60°}=8.51\text{ s}$$

$$0.7T_E>\frac{0.8B}{\sqrt{GM}}\text{ 或 }\frac{0.8B}{\sqrt{GM}}>1.3T_E$$

$$1.3\left(\frac{B}{T_E}\right)^2<GM\text{ 或 }GM<0.38\left(\frac{B}{T_E}\right)^2$$

$$1.3\left(\frac{20}{8.51}\right)^2<GM\text{ 或 }GM<0.38\left(\frac{20}{8.51}\right)^2$$

$$GM>7.18\text{ m 或 }GM<2.09\text{ m}$$

计算结果表明，当 $GM<2.09$ m 或 $GM>7.18$ m 时，可以避免谐振。但取 $GM>7.18$ m，则 $T_\theta<5.97$ s，将引起急剧横摇，对船体结构、设备和人员不利，故应取 *GM* 小于 2.09 m 为宜。

2. 纵摇与垂荡

当波浪通过船体时，随着船体附近波形的变化，浮心做前后方向上的周期性移动，将引起船舶纵摇；船体浸水面积变动使得浮心上下移动，从而导致船舶重心在其垂直轴上的上下运动就是垂荡运动。由于船首尾形状不对称，一般船在迎浪航行时，同时发生纵摇和垂荡，纵摇会引起垂荡，垂荡会引起纵摇。

(1)船舶固有纵摇、垂荡周期

船舶固有纵摇周期可用下列近似公式估算：

$$T_p = C_p\sqrt{L} \tag{6-4}$$

式中：T_p——船舶纵摇周期(s)；

L——船长(m)；

C_p——纵摇周期系数，其中客船取 0.45 ~ 0.55；客货船取 0.54 ~ 0.64；货船取 0.54 ~ 0.72；油船(尾机型)取 0.80 ~ 0.91。

船舶垂荡周期可用下列公式估算：

$$T_Z = 2.4\sqrt{d_m} \tag{6-5}$$

式中：T_Z——船舶垂荡周期(s)；

d_m——船舶平均吃水(m)。

可以证明，船舶垂荡周期和纵摇周期比较接近，后者略大于前者。它们约为船舶横摇周期的一半。一般船舶均具有 $T_\theta > T_p > T_Z$ 的关系。船舶固有纵摇和垂荡周期的范围：货船为 4 ~ 6 s；客船(1 000 t 以下)为 5 ~ 7 s；渔船为 3 ~ 4 s。

(2)影响纵摇摆幅的因素

①波长与船长之比对纵摇摆幅的影响最大，当 $\lambda/L < 3/4$，即 $L > 1.3\lambda$ 时，纵摇角较小，船长越大，越趋平稳；$\lambda/L < 2/3$，即 $L > 1.5\lambda$ 时，纵摇角更小；$\lambda/L = 1$，即 $L = \lambda$ 时，纵摇摆幅急剧增大，正如小船遇长波，不论船速如何，无法避免纵摇。

②纵摇周期 T_p 与波浪遭遇周期 T_E 的比值：

当 $\frac{T_p}{T_E} < 1$ 时，即船首迎长浪航行或船速很低，或顺浪航行时，船随波而摇，沿波面运动，纵摇摆幅较小。

当 $\frac{T_p}{T_E} > 1$ 时，即船首迎短浪航行或船速大时，纵摇较小。

当 $\frac{T_p}{T_E} \approx 1$ 时，发生谐摇，纵摇激烈，容易发生打空车、甲板上浪或拍底现象。

③船速：纵摇摆幅一般随船速增大而增大，但船长波短、船速快时反而减小，$V \approx 0$ 时纵摇较小，船身以波浪周期纵摇。

④航向：船舶顶浪航行，纵摇剧烈。

⑤货载相对集中于船首、尾时，纵摇剧烈。

(3)影响垂荡强度的主要因素

①船舶垂荡周期 T_Z 与波浪遭遇周期 T_E 的比值。

当 T_Z/T_E 较小时，垂荡运动也小，船舶随波做周期性的升降；当 $T_Z/T_E > 1$ 时，产生谐摇，垂荡位移最大；当 $T_Z/T_E < 1$ 时，垂荡运动再度变小。

②波长与船长之比：当 $\lambda/L \leqslant 0.75$ 时，即使谐摇，垂荡振幅也是很小的；当 $\lambda/L \geqslant 1$ 时，即小船遇到长波，不论是否发生谐摇，都不可避免地发生较大的垂荡。

③船速：$\lambda/L \leqslant 0.75$ 时，船速影响较小；当 $\lambda/L \geqslant 1$ 时，船速越高，垂荡越激烈。

④波高：波高越大，垂荡越激烈。

（4）纵向受浪时产生的危险现象

①拍底

在激烈的纵摇和垂荡中，当船首升起后下落而与波的向上运动相撞击时，船体发生急剧振动的现象称为拍底（slamming）。它使船首底部，特别是从船首起至1/10～1/4船长处的范围内产生很大的应力，将导致艏部船体结构的损伤。船速越大，损伤范围越向后扩大。

容易产生拍底的条件：

a. $\lambda/L \approx 1$：遇到与船长相当的波长时拍底激烈。大风浪中顶浪航行均有拍底的可能，而船长为80～140 m的船舶易发生拍底。

b. $d/L < 5\%$：吃水与船长比值小时易产生拍底。一般空船时拍底严重，2/3载以上时则不易拍底。

c. 尾倾严重，上层建筑庞大的船舶易产生拍底。

d. 方形系数 C_b 及棱形系数 C_P：C_b 及 C_P 大的船舶拍底冲击力大；U形船首比V形船首遭受拍击的次数多、强度大。

e. 遭遇周期与船速：当 $T_P(T_Z) \approx T_E$ 时，船舶发生纵摇和垂荡谐摇，纵摇和垂荡剧烈，拍底也就剧烈。船速越高，纵摇和垂荡越剧烈，拍底也就越剧烈。航速在傅汝德系数 $Fr = 0.14 \sim 0.21$ 时为危险速度区。

f. 气候与海况：当风力达5级（10 m/s）以上时，中型船就易发生拍底，而且波高越大，波的能量越大，拍底也越激烈。

减少拍底的措施：

a. 减速，保持航速在 $Fr = 0.1$ 左右，即 $0.6\sqrt{L}$ kn左右，对减轻拍底极为有效；

b. 保持首吃水大于1/2满载吃水；

c. 调整航向和航速，改变波浪遭遇周期，避免纵摇和垂荡的谐摇。

②甲板上浪

航行中甲板上浪，海水不易排出，打在甲板上的海水可看作自由液面对稳性的影响；严寒时还会结冰，将使 GM 减小。同时浪的冲击还会使甲板设备、上层建筑遭受破坏。特别是装有甲板货时，易造成货损和货物移动，将危及船舶安全。

甲板上浪（ship water on deck）与船首干舷高度、船速及波高等因素有关。船首干舷越低、波高越高、船速越快，上浪就越厉害，其中船速影响非常严重。因此，为了减少甲板上浪，首先要降低船速。

③尾淹

顺浪航行中，当船尾陷入波谷，而波速高于船速时，波浪打上船尾甲板，称为尾淹（pooping）。顺浪时，船舶与波浪的相对速度很小，波浪通过船舶所需的时间较长，船尾上浪的机会就多。当 $\lambda \approx L$ 及波速约等于船速时，尾淹最为激烈，且易打横。

④打横

顺浪航行时，当船尾处于追波的前倾斜面时，会出现航向不稳定状态，甚至突然产生首摇而横于波浪中，称为打横（broaching）。打横时船舶横摇激烈，将出现危险横倾，甚至倾覆。船速接近等于波速及航向稳定性较差的船舶容易出现打横。

顺浪航行时，如出现尾淹、打横现象，应果断采取变速措施，使船速与波速产生较大差异，同时，应尽可能采取措施，提高航向稳定性。

⑤打空车（螺旋桨空转）

剧烈的纵摇和垂荡会使螺旋桨部分或全部周期性地露出水面，发生螺旋桨空转现象，俗称打空车（racing）。空转时，螺旋桨效率下降显著，船速下降且螺旋桨、轴系和船体产生很大的振动，同时受到极大的冲击应力，随时有受损的可能。空载船较重载船更容易打空车。

为了减轻空转现象，螺旋桨应保持上桨叶的叶梢也没入水中，其在水下深度不低于螺旋桨直径的20% ~30%。操船时，应尽可能减低转速，以免主机、轴系产生过大的应力，并且调整航向和船速，以减轻船舶纵摇和垂荡，减轻空转现象。

3. 首摇

大风浪中船舶的首摇会造成航向偏摆，自动舵用舵频繁，严重时会造成舵机的损坏。其原因有：

（1）首尾两舷的水压力不同，首尾处交互出现的横向压力产生使船首转向顺浪或顶浪的回转力矩，当船首约以45°角迎浪时最甚。这是波浪中首摇的主要原因。

（2）海水质点在波浪中的轨圆运动如图6-4所示。

（3）横摇与纵摇的牵连运动。

（4）横摇。

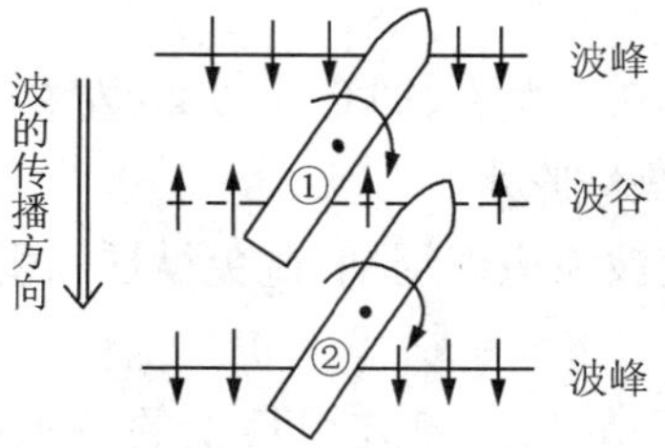

图6-4　海水质点在波浪中的轨圆运动

第三节　大风浪中的船舶操纵

一、大风浪来临前的一般准备工作

航行中的船舶根据预报在预计可能有大风浪来临前，除应使船舶处于适航状态外，还必须采取相应措施，检查并保证做好以下各项工作。

1. 确保水密

(1)检查甲板各开口处封闭设施的水密性,必要时进行加固,并于风浪来临前予以关闭。

(2)检查各水密门状况是否良好,暂不需使用的应一律关闭拴紧。

(3)关闭通风口,并加盖防水布。

(4)关闭舷窗和天窗,并旋紧铁盖。

(5)盖好锚链管,防止海水灌入锚链舱。

2. 确保排水畅通

(1)检查排水管系、抽水机、分路阀等,保证其处于良好工作状态。

(2)清洁污水沟(井),保证黄蜂巢畅通。

(3)甲板上的排水孔应保持畅通。

3. 固定活动物体,确保船舶稳性

(1)装卸设备、锚、舷梯、救生艇筏以及一切未固定或绑牢的甲板物件都要绑牢固定。

(2)散装货在离港前应平舱,并做必要处理。

(3)各水舱及燃油舱应尽可能注满或抽空,以减少自由液面。

(4)舱内或甲板装有重件货时,应仔细检查加固,必要时加绑。

4. 空船压载

空船在大风浪中航行有很多不利之处,如:风压增大了倾覆力矩,保向性能下降,拍底严重,横向漂移增大,空转加剧,失速严重,易产生大角度横摇、谐摇等。为确保航行安全,应进行适当的压载,调整吃水和吃水差以及合适的 *GM* 值。

空船压载量可参考下列数值:

夏季:为夏季满载排水量的50%;

冬季:为夏季满载排水量的53%。

在吃水差方面,既要防止打空车,又要减轻拍底,一般货船以尾倾1%船长左右为最理想。万吨级以上船舶以尾倾吃水差1.5～2.0 m为最理想。

5. 做好应急准备

(1)保证驾驶台和机舱、船首、舵机室在应急情况下通信联系畅通。

(2)检查应急电机、天线、舵设备等,并使它们处于良好状态。

(3)检查消防、堵漏设备,保证其随时可用。

(4)保证人身安全,如拉扶手绳、结冰时甲板铺沙等。

(5)加强全船巡视检查,勤测各液舱及污水沟的水位。

6. 气象预报

及时收听气象预报,接收气象传真图,分析沿途可能遇到的天气情况。

二、大风浪中的操船

船舶在大风浪中航行，不论以何种相对位置受风，都会给船舶操纵带来困难，并存在一定的危险。因此，必须采取有效的操船措施，减轻船舶的摇摆，缓和波浪的冲击；或等待海面恢复平静；或设法尽早驶离大风浪海区。下面介绍几种广大海员在长期的航海实践中总结出的大风浪中操船方法，以供读者参考。

1. 偏顶浪与 Z 字航行

在大风浪中航行时，为了避免船首受过大的冲击和减轻横摇与纵摇，而且又能使船舶回到计划航线上来，可依波浪遭遇周期公式求出合适的航向与船速，采用偏顶浪 Z 字航行的方法。即先以船左（右）侧前方对浪，与波浪成一交角（通常以 2 ~ 3 个罗经点斜向迎浪）航行一段时间后，再用另一侧前方对浪，如此反复进行 Z 字航行。但要注意此时风流压将显著增大，因此，偏顶浪航行的条件是：风浪不太大，且船舶有一定的前进速度并能保持舵效，以防船首被压向下风而造成横浪局面。

2. 滞航

所谓滞航，是指以保持舵效的较低航速将风浪放在船首左舷或右舷 2 ~ 3 个罗经点方位上斜迎浪进车的操船方法。此时，船舶实际上多处于慢进状态，个别船由于轻载或受风面积较大等原因而处于不进甚至微退的状态。

滞航有利于缓解船舶纵摇、横摇、拍底和甲板上浪等现象，滞航时容易保持船首对波浪的姿势，以等待海况好转。由于船首迎浪，不能完全避免拍底和甲板上浪。船长较长或船首干舷较高，且下风处海域不太充裕时，采用此法最为有利。滞航中采取的船速和航向应根据风浪的变化进行调整，保持最佳的风浪舷角，保证有足够的舵效，有效控制首向，以免被打成横浪局面。

3. 顺航

所谓顺航，就是船舶在大风浪中以船尾斜向受浪航行的方法。当满载大型船舶在滞航中仍经不起波浪冲击时，宜改用顺航的方法。

顺航时，降低了波对船的相对速度，大大缓解波浪对船舶的冲击。而且，由于可以保持较高的船速，有利于摆脱风浪区。但顺航时，艉部干舷较低的船舶常因波速大于船速，易产生尾淹。此外，顺航时航向不稳，保向性差，对于小型船舶或船长小于等于波长的船舶而言这种情况尤为严重，甚至会产生打横状态。因此，此法对于船尾干舷高、快速、保向性能好的大型船舶尤为合适，而小型船舶不宜采用，船尾较低、尾倾较大的船舶也应避免顺航。

4. 漂滞

船舶停止主机随风浪漂流，称为漂滞。主机或舵发生故障将被迫漂滞。滞航中不能顶浪、顺航中保向性差以及船体衰老的船可采取主动漂滞。

漂滞中，波浪的冲击力大为减小，甲板上浪不多。由于船体向下风有一定的漂移速度,所以下风侧必须有足够的水域,空载或压载时尤其应注意。船舶一旦漂航,极易陷入横浪或接近横浪的状态,横摇剧烈,会引起货物移动,丧失稳性。因此,只有当船舶具有良好的稳性且水密性能较好时,方可主动采取漂滞方法。漂滞时应采取措施避免横浪,可在船首送出锚链或大缆,尽可能保持船首顶浪。

5. 大风浪中掉头

大风浪中掉头,当船身转至横浪时,若回转中的横倾与波浪引起的横倾相位一致,则过大的横倾角会危及船舶的安全,并且横向受浪时,容易出现横摇谐摇。因此,大风浪中掉头时必须经过深思熟虑和做好充分准备,特别要注意本船的稳性(包括货物的积载及其移动的可能性,自由液面的影响等),谨慎操纵。掉头时必须做到:

(1)仔细观察波浪的规律,选择适当时机掉头。一般情况下几个大浪过后,随着就有几个较小的浪(三大八小)。当前面一组的最后一个大浪刚刚过去后就立即开始掉头,要抓紧海面相对比较平静的一段时间,度过横风横浪的危险阶段,并争取在下一组第一个大浪到来之前掉头完毕。

(2)若无法在两组大浪之间较平静的海面完成掉头,则从顶浪转向顺浪时,转向应在较平静海面到来之前开始,以求较平静海面来临时正好转至横向受浪。此后,可适时用短暂快车满舵,加速完成后半段掉转。

从顺浪转向顶浪比较困难且危险,主要是后半段掉转较困难。因此必须先降速,等待时机,以求后半段在较平静的海面进行,以便加速掉转。

(3)操舵时应力求使操舵引起的横倾角与波浪强迫横摇角相位错开,避免相位一致而引起过大的横倾而危及船舶安全。

(4)开始时慢车中舵,掉转中适时用短暂的快车满舵,可增加舵效,以缩短掉头时间,特别是船身横向受浪的时间。

(5)顺浪转顶浪时使用倒车掉头十分危险,会造成船尾受波浪的猛烈冲击,从而损伤舵和螺旋桨,且不利于掉头,应保持必要的船速才有利于掉转。双车船在顶浪转顺浪时,如为了减小掉头海域,可将回转侧的主机停车或倒车,但这样做只能减小回转半径,并不能缩短掉头时间,所以,有时为提高舵效,需短时间用双车快进来达到目的。

(6)若由于判断错误,在掉转中大浪来临且处于危急局面时,应注意不能强行掉头,不能急速回舵甚至操相反方向的满舵。正确的措施是减速并缓慢地回舵。

第四节 避台船舶操纵

避台的核心问题是尽可能远离台风(一般要求 300 n mile 以上,迫不得已时,至少保持 100 n mile 以外),而在采取正确的操纵方法之前,首先要正确判断船舶在台风中所处的位置。现将船舶避台操纵的有关问题介绍如下:

一、与台风相对位置的判断

在地球的北半球，台风的右半圆一般与副高相邻，使右半圆的风力大于左半圆，浪也比较高；同时，右半圆中的风向与台风移向接近一致，叠加作用的结果也有利于风浪的加大。另一方面，当船舶处于右半圆时，容易被吹进台风中心的移动路线上去，一旦被吹进中心，就不容易驶离。所以称右半圆为危险半圆(dangerous semicircle)，而称左半圆为可航半圆(navigable semicircle)。在南半球水域则恰好相反，右半圆为可航半圆，左半圆为危险半圆。船舶处在危险半圆的前部被卷入台风中心的危险性更大，所以危险半圆的前部象限又有危险象限之称。

如何判断船舶与台风的相对位置呢？从气象要素的变化来看，在北半球的操船者应该明确：经多次观测，若风向顺时针偏转，则本船处于右半圆，若风向逆时针偏转，则本船处于左半圆，若风向无明显变化，则本船处于台风进路附近；若大气压降低、风力增强，则本船处于台风的前面，若大气压升高、风力减弱，则本船处于台风的后面；无风而大气压显示最低值，甚至可见晴天而海面为相当高的三角浪的情况，则说明本船已处于台风眼内。

二、避台之际应考虑的事项

航行中收到有关台风的预报时，是按原航向继续航行还是迂回避台，或者驶向附近港口避台，应考虑以下各点并做出判断。

(1)台风的规模和进路，估计风浪的发展状况。

(2)台风中心与本船之间的距离，台风进路与本船航线是否交叉，距台风中心最近会遇距离如何，本船将处于其危险半圆还是可航半圆。

根据航行经验，由于低气压的接近，当气压下降每小时超过 1 hPa 时，即应引起高度重视；当气压下降量每小时超过 2 hPa 以上时，即应根据情况改向避开，改向后的方向应为台风所在一侧的反向。

(3)附近有无避风港口，本船与该港间的距离。

(4)有关船舶耐航性的考虑。

这里所说的耐航性(sea keeping quality)是指，在某种海况下使预定船速的降低达到最低程度，船体和船货不受任何损伤，能够安全而且相对舒适地航进的性能。

三、避台操纵的一般原则

1. 处于危险半圆时

自古以来，避台操纵就有“三右”原则。在北半球右半圆为危险半圆，在该半圆内船舶所受风向是逐渐右转的，此时的船舶为尽快远离台风中心，应采取与台风路径垂直的方向全速驶离，即以船首右舷斜顶风（15°～20°）全速避离，其相对于台风的航迹如图6-5中A船的虚线所示。

如风浪已十分猛烈或者由于前方有陆岸等障碍，不能全速驶离时，可以采取船首顶风浪滞航方法，使船舶处于不退或微进的状态。随着台风过去，船舶相对于台风的航迹如图6-5中虚线 $A_1A_2A_3A_4A_5$ 所示。这是一种随着台风的前移而避离台风中心的方法。

如果处于台风袭来的初期，尽管本船处在危险半圆内但却离台风进路较远时，根据本船的实际航向和船速，确有可以从前面横断台风进路的把握，则也可果断采取以船尾右后斜顺浪航行的方法驶入可航半圆再予以避离。

2. 处于可航半圆时

在北半球处于台风的可航半圆时，避台操纵应按"左左右"原则处理。该半圆内，船舶所受的风向是逐渐左转的，又属于台风的左半圆，船舶此时应尽快远离台风中心，采取右尾斜顺风避离，其相对于台风的航迹如图6-5中B船的虚线所示。

如果船舶前方无充分的避离余地，也可改为右舷船首受风采取顶风滞航的办法，船舶相对于台风的航迹如图6-5中的虚线 $B_1B_2B_3B_4$ 所示。

3. 处于台风进路附近时

处于台风进路附近的船舶，其周围环境的特点是风向不变、气压下降、风雨越来越大。此时，船舶若处于北半球，应使船尾右舷受风顺浪航行，迅速驶入可航半圆后，依照可航半圆内的操纵原则实施。

若由于操纵失误而进入台风眼，应随时注意不久即有反向的狂风重新袭来，要谨防出现正横方向突然受狂风袭击的不利情况发生，并尽可能顶风滞航。

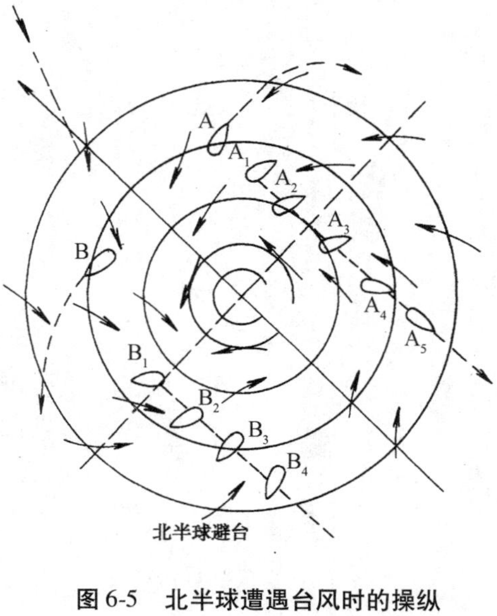

图6-5　北半球遭遇台风时的操纵

4. 南半球台风避离法

(1)北半球“三右原则”。南半球则正好相反,即“三左原则”,也就是说,在南半球,台风左半圆是危险半圆,风向逆时针方向变化,应以船首左舷15°~20°顶风全速驶离。

(2)台风右半圆是可航半球,风向顺时针变化,应以船尾左舷受风驶离。

(3)在台风进路上则应以船尾左舷受风顺航,驶入右半圆。

第七章

应急操船

【本章学习目标】

船舶在海上航行、锚泊和系泊作业过程中，由于内、外各种因素的影响，有时会遭遇到意外的灾难，使船舶、货物和船上人员处于危险的境地。这时，船长及驾驶员必须按船员职务的要求和有关公约的规定，采取应急的操船措施，及时组织船员进行抢救或请求救援，以求最大限度地减小受损程度。同样，航行中的船舶得知他船遭受海难时，也有救助他船的责任。

【本章要求】

(1)掌握碰撞前、后应采取的应急操船措施，碰撞后损害的评估和应变部署，碰撞后续航、抢滩或弃船时的注意事项；

(2)掌握搁浅前应采取的应急操船措施，危害及损害的评估和控制，了解搁浅后应采取的措施和脱浅方法及脱浅拉力的估算；

(3)了解抢滩程序和操作；

(4)了解救助遇险或遇难船上人员，包括救助时机、救助设备准备、救助艇或机动艇运用、救助方法、洒油镇浪等注意事项；

(5)了解协助遇险船舶措施，包括应急通信的建立，应急拖带前的准备工作，拖缆要求及布置，拖带过程中的船舶操纵及拖缆检查，解缆程序及注意事项；

(6)掌握火灾应急措施；

(7)了解搜救组织；

(8)掌握遇险和应急信号的判明；

(9)掌握搜寻基点和最可能区域的确定方法；

(10)掌握搜寻方式；

(11)掌握救助落水人员的程序和应急操作。

第一节　碰撞前后的应急处置和操船

由于现代船舶的大型化与高速化，一旦两船发生碰撞，往往会造成船毁人亡、海洋污染等灾难性后果。因此，海上航行的船舶，在任何情况下都应用视觉、听觉及适合当时环境和情况的一切有效手段保持正规的瞭望，以便对局面和碰撞危险做出充分的估计，即使对海上漂流物也不轻易放过，以避免发生碰撞。

船舶碰撞后的损害程度取决于：两船相对运动速度、碰撞角度、碰撞位置、破损的大小、碰撞船舶的吨位大小、当时的海况及离岸远近等因素。在两船发生碰撞的前后，应立即根据当地当时的情况，迅速做出正确的判断，果断地采取最妥善的处置措施。

一、碰撞前的紧急操船

碰撞前操纵

两船在碰撞不可避免而又尚未发生之前，应考虑的关键是根据当时的情况确定怎样操纵船舶才能尽可能地减小受损程度。而减小碰撞受损程度的决定性因素有二：其一是减小船舶运动速度以减小碰撞时的冲量（如全速倒车刹减船速、抛锚紧急制动船舶）；其二是减小碰角，以避开要害部位（如机舱、船中）。

在某些情况下，当船身由于倒车制动横于对方船舶运动轨迹前方，处于被动挨撞时，可用进车增加舵效，以减小碰角，避免船体重要部位受碰。而碰撞一经发生，则应立即依据当时情况，采取紧急措施，以保证人命安全和抢救船舶。

二、碰撞后的应急操船

（1）以船首撞入他船船体时，应尽力操纵船舶（必要时微进车）顶住他船破洞，以减小被撞船的进水量，让被撞船留有相对多的时间来判明情况，采取应急措施。盲目倒车脱出，会加速被撞船进水。在风浪较小且无沉没危险时，还可用缆相互系住以防脱出，起到“堵漏”的作用。如被撞船有沉没危险，则在不严重危及本船和船上人员安全的情况下，应全力施救该船人员和贵重物品，并立即脱离。

船舶发生碰撞的姿态很多，情况也千变万化，碰撞发生时双方的船速、碰角及船舶和外界因素的影响，对碰撞后的两船状态关系特别密切，所以很多情况下上述操船措施不能一概而论。

（2）作为被撞船则应尽量使船停住，以利两船保持撞击咬合状态，减小进水，并应立即进入堵漏应变部署。若两船无法保持撞击咬合状态，应尽力操纵船舶使破损处处于下风侧，以减少波浪的冲击和进水量，并有利于实施堵漏作业。

（3）如果碰撞发生处附近有浅滩，被撞船有沉没危险时，在不严重危及自身安全的情况下，应操纵本船顶其抢滩或顶到浅滩附近由被撞船自力抢滩。

三、碰撞后的损害评估和紧急处置

我国海商法第三十八条一款规定："船舶发生海上事故，危及在船人员和财产的安全时，船长应当组织船员和其他在船人员尽力施救，在船舶的沉没、毁灭不可避免的情况下，船长可以做出弃船决定；但是，除紧急情况外，应当报经船舶所有人同意。"

1. 碰撞后损害的评估

船舶发生碰撞后，应根据当时的情况，对碰撞损失做出正确的判断，从而采取相应的措施，尽量减少碰撞损失，避免次生灾害。

查核碰撞损失

船舶发生碰撞后，应立即布置全船检查人员受伤情况、船体受损情况、机器设备状况和海面污染情况，以便为后续的应急行动提供决策依据。

2. 应变部署

船舶发生碰撞造成船体破损后，全体船员应按应变部署(practice muster)进行排水堵漏的抢救工作。

(1)大副和水手长应检查全船，判明破损部位及受损程度。木匠应立即测量各污水沟、井和各水舱的水位，向总指挥和现场指挥报告，抢救过程中，还应定时测量，给进水量的估算和漏损部位的确定提供依据。其他船员应按应变部署携带好规定的器材迅速赶往指定位置，集合待命。

(2)机舱固定值班人员除检查主辅机情况外，还应及时测量油舱油位，并应将全部排水泵和备用发电机备妥，随时准备排水或送电。

(3)相关人员应立即呼叫附近岸台并发出船位报告或按船长批示发出电报，同时备妥应急电台或其他应急通信设备，坚守岗位。

3. 排水与堵漏

(1)排水

进水舱室确定后，应立即关闭邻近舱室的水密门窗，并立即通知机舱排水。因一般污水泵排水能力有限，而且污水井吸水口极易被货物散落颗粒堵住，所以一般排水量有限且维持的时间不会很长，如海水大量涌入，就非常危险。必要时可设法用压载泵抽水，以提高排水能力，避免船舶因过量进水而沉没。

(2)堵漏

船舶破损部位、漏洞大小和形状确定后，应立即采取堵漏措施。

对于较小的破口可用木栓、毛毯等堵住。对于较大的破洞可用堵漏毯(collision mat)紧贴洞口外的船壳，如图7-1所示，用两根过底索等缚紧堵漏毯。为提高堵漏毯的强度，可在毯中插入几根钢管。挂上堵漏毯后，进水得到限制，此时再根据破洞大小，在船内采用堵漏板或堵漏箱，并于箱内灌注水泥堵住破洞再予以牢固支撑，并将舱内积水排尽。对于具有相当大破口面积的破洞来说，仅凭堵漏毯往往难以奏效，因而还应加强浸水舱邻舱的防漏及补强工作，以抵抗过大的压力，防止舱壁破损而波及邻舱，如图7-2

所示。

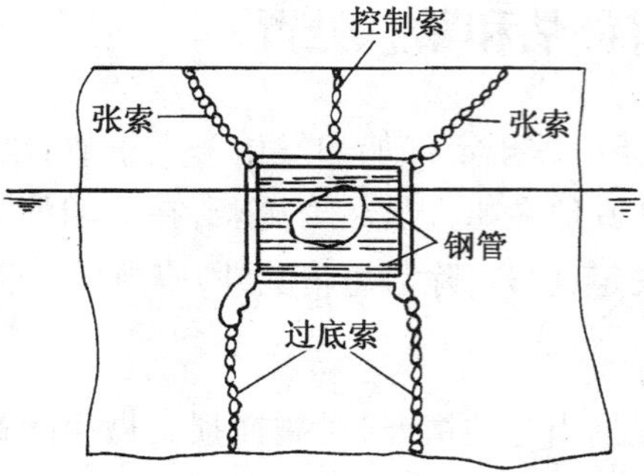

图 7-1　堵漏毯的运用

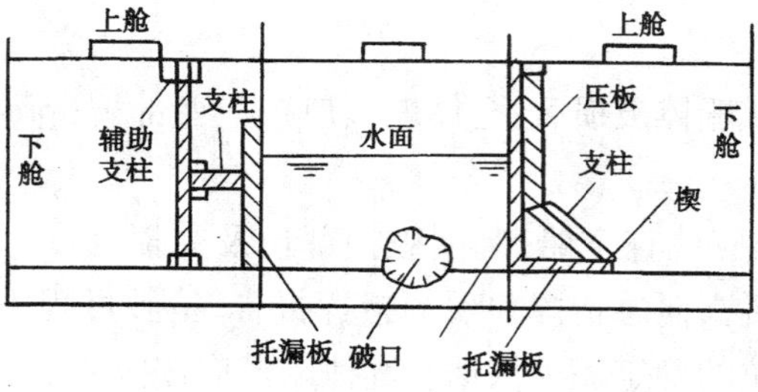

图 7-2　相邻舱室内对进水舱隔舱壁的补强

4. 调整纵横倾

船舶进水后，船体必然会发生纵横倾的变化及稳性高度的改变。为了保持比较合理的纵横倾和 GM 值，就必须利用排出或调驳油水来进行调整。对于向倾斜相反舷注水的方法，虽对有纵向隔舱壁的船舶可起一定作用，但这一方法会造成船舶储备浮力的进一步减小，形成新的自由液面，从而进一步减小 GM 值。因此，采用此法必须对 GM 值进行认真计算，在确保安全的前提下才可使用。向他船转驳货物或抛弃部分货物也是调整船体纵横倾的一种方法。对位于水线附近的破口，同时还可减小进水量。但抛弃货物必须满足下述条件：

(1)该货物浸水会发生火灾或爆炸等危险情况；

(2)该货物浸水后会急剧膨胀；

(3)抛弃货物是为了保持船舶具有足够的稳性；

(4)抛弃货物是为了保留储备浮力或减小进水量；

(5)所抛弃货物的数量是减少进水量所必需的最低数量。

四、碰撞后的航行

1. 自力续航

若碰撞船舶经全面检查后，确认续航中不会出现危及船舶安全的情况，且主辅机状况良好无损，船体破损部位经过堵漏、加强后进水得以有效控制，排水畅通，仍保留有一定的储备浮力，浮性符合航行要求，救生设备完整无损，则船舶可自力续航至最近港口进行检修。自力续航宜十分谨慎，并应：

(1)减速航行，密切注意进排水情况变化并详细记录。如情况恶化，应检查原因并重新采取堵漏、修复排水设备、清理排水吸入口等措施。

(2)尽量近岸航行，勤测船位。

(3)密切注意气象、海况变化，随时准备择地避风或采取其他应急操船措施。

(4)与附近岸台、公司或船舶所有人保持密切联系，及时报告航行情况和船位，根据指示结合实际情况采取相应措施。

(5)航行过程中密切注意破损部位，应根据风浪情况调整航向、船速减轻船舶的摇摆，尽量使破损处处于下风侧。

2. 拖航

对于不能自力续航的船舶，则必须请救助船或其他船舶拖航至附近港口检修。

有关内容详见本章第六节海上拖带。

五、抢滩

既不能自力续航又难以拖航或拖航难以为继时，应果断实施抢滩。抢滩(beaching)是指船舶面临沉没危险时利用附近浅滩主动搁浅，以争取时间实施自救或等待救援而避免沉没的自救性措施。

1. 选择抢滩地点时应全面考虑的因素

(1)抢滩处底质：泥、沙、沙砾底均可，但软泥底要注意防止船体下陷而难以脱浅。礁石区不可抢滩。

(2)抢滩处坡度：条件许可时应根据船舶大小进行确定。一般小型船为1∶15，中型船为1∶17，大型船为1∶19～1∶24。坡度可根据两等深线深度之差和两等深线间距之比来加以估算。

(3)水深：抢滩后甲板在高潮时应露出水面，而这与抢滩前船舶余速关系甚密。

(4)风和流：应选流较弱、风较小的地点。

(5)周围环境：应有利于固定船舶，且尽可能远离航道，便于救助作业。

2. 抢滩、出滩作业步骤

(1)抢滩前应利用压载水来调整船舶吃水差，使之与抢滩处坡度相适应。

(2)尽可能选择高潮后落潮时的适当时间进行抢滩作业。

(3)抢滩一般多取船首上滩方式。抢滩时应保持船身与等深线尽量垂直，适时停车、慢速接近，使船体和缓地擦滩而上。

(4)随着船首上滩，可抛双锚，以稳定船身和帮助脱浅。有时，为避免抢滩时抛锚影响抢滩效果，在抢滩后利用拖船或救生艇或起重机等运锚向后抛出。

(5)抢滩后应尽快把漏洞堵好或初步修复，排尽积水，待天气好转并于高潮来临前做好出滩准备。

(6)出滩时，打出压载水，待高潮到来时绞收双锚，配合倒车，船舶将徐徐出滩。若经计算，单凭绞锚和倒车拉力不能出滩，应请足够功率的拖船协助出滩。

第二节　搁浅前后的应急处置

搁浅(stranding)、触礁(strike on a rock)事故大多发生在航道受限和天气、海况较为恶劣的情况下。究其原因，如风暴袭击、主机或舵机失灵等客观因素的影响是次要的；而主要是人为因素，如误认导航标志，未及时改正海图和航海资料，不熟悉航道，对定位、测深仪器的误差估计不足，对风流、浅水效应估计不足，操纵失误等。

为了防止搁浅、触礁事故的发生，驾引人员应严格遵守各项安全操作规程；掌握航区最新资料；充分考虑外界因素的影响；注意检查助航仪器是否正常并充分考虑其误差；及时发现并纠正错误的操船指令；熟知船舶在各种载况、船速下的操纵性能；通过浅滩时，充分考虑浅水效应，保持足够的富余水深。在环境复杂、天气恶劣的条件下应特别谨慎地操纵船舶。

一、搁浅前的应急操船措施和危害及损害的控制

搁浅前措施

驾引人员一旦发现船舶搁浅事故不可避免时，切忌惊慌失措，应想方设法减轻搁浅程度和降低搁浅后的损失，如：

(1)利用倒车和抛锚，以减小船舶的冲力；

(2)尽量让船首搁浅，以避免螺旋桨和舵受损；

(3)尽量避开礁石。

船舶一旦搁浅后应立即采取应变措施。

二、搁浅后的应急措施

搁浅情况查核

1. 查明搁浅情况

船舶搁浅后，应立即查明下列情况：

(1)测定船位

船舶发生搁浅后，切忌盲目动车，应迅速查清情况。首先，测定船舶搁浅的船位并记下当时的船首向，要利用可靠定位手段测出搁浅船位，画在大比例尺海图上，以用于研究周围水深及底质情况。并且在间隔一定时间后，再进行复测，以判断船位的变化情况。

(2)船底破损及进水情况

连续测量双层底、污水沟及首尾尖舱的水位，以确定船体的损伤程度及位置，掌握

进水量的增大程度，同时注意是否有油污泄漏。找出破损位置，经堵漏后，再将水排出。如破损严重且已无法补好，应将进水量作为增加的排水量计算在脱浅力之内。船舱进水量可按下式计算：

$$P_i = \rho \cdot k \cdot \delta \cdot l \cdot b \cdot h \tag{7-1}$$

式中：P_i——第 i 舱进水量（t）；

ρ——水的密度（海水取 1.025 kg/m³，淡水取 1.000 kg/m³）；

k——船舱的渗透率，即充水部分的容积与全容积的比，如表 7-1 所示；

δ——船舶方形系数，首尾舱取 0.4 ~0.5，船中部的舱取 0.95 ~0.98；

l——船舱长度（m）；

b——船舱宽度（m）；

h——船舱内水深（m）。

表 7-1　各舱室的渗透率（充满时）

舱室名称	渗透率 k	舱室名称	渗透率 k
液体货舱	0.60	机舱	0.85
煤、粮舱	0.60	居住舱	0.95
物料间	0.70	油水柜及隔舱	0.97
锅炉舱	0.80	辅机机舱	0.97
蒸汽机机舱	0.80	空货舱	0.98

（3）船舶吃水

测出搁浅时船舶的六面水尺，记下时间、潮高以及高低潮时间，以便计算损失的排水量。

（4）周围水深及底质

保持对船舶周围水深情况进行连续测量，船边水深可自船首向两舷每隔 10 m 测一个点，如图 7-3 所示。测量周围水深应从船边开始以辐射方向进行，如图 7-4 所示，并应记下时间、潮高及高低潮时间，以便判断搁浅的部位，计算损失的排水量和决定脱浅的方向。

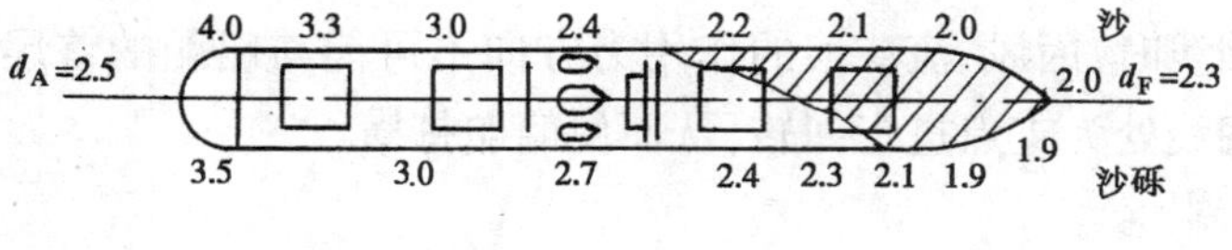

图 7-3　沿船舶两舷测深

在测量水深的同时，注意海面是否有油污发生，以便及时控制；还应勘查海底底质，因底质不同其摩擦力也不同，而底质及海底坡度又与锚的抓力有关。

（5）潮汐、潮流

根据当地的潮汐资料，编制出高潮潮时与潮高表。同时要设立临时潮标，以取得实际资料。对潮流的方向和大小亦应按时做出记录。

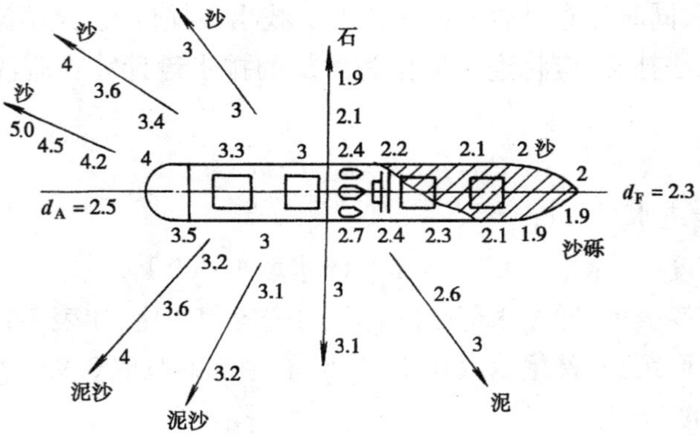

图 7-4　沿辐射方向测深

(6)推进器和舵的情况

要确切了解螺旋桨、舵以及主、辅机是否处于良好状态;机舱能否正常供电或供气。这对于固定船体、采用自力脱浅的施救方法以及脱浅后能否继续航行都有影响。

(7)未来天气情况

测量搁浅时的风向、风力及海浪状况,收听并分析近期天气预报,争取在天气变坏前设法脱浅。

(8)显示信号,及时报告和记录

船舶搁浅时,应按《避碰规则》规定,悬挂号灯、号型,以引起来往船舶的注意。船舶搁浅后,应立即电告船公司及代理人,如实详细地将情况记入航海日志。

2. 船体保护

搁浅后,应考虑情况是否会继续恶化。一般在搁浅后可能发生五种危险情况。

(1)墩底

如船舶搁浅后如果有浪,则浪涌在船边不断起伏,使船底与海底碰击墩底,将损坏船壳甚至使船身断裂。

(2)向岸漂移

受风、浪、流及潮位升降的影响,搁浅船舶易产生摆动及位移,向岸边更浅处搁浅。

(3)打横

船首一端搁浅时,因风、流或浪的作用力方向不可能与船舶的首尾线方向相一致,则将使船舶以搁浅处为支点进行回转,从而使船舶打横。

(4)船体倾斜

如果船舶搁在坡度大而当地潮差又大的滩上,落潮时将发生倾斜;或迎流舷受水流猛烈冲击,泥沙被淘挖而形成凹槽,也会造成船体倾斜。

(5)船体承受过大应力

由于艏、艉部较尖,受水流强烈冲刷作用,泥沙被淘空,形成中部坐浅的中拱现象,使船体承受过大的应力。严重时可能造成中部船体严重变形,甚至产生裂缝而折断。

由于搁浅后可能出现上述危险,所以若短时间内不能安全脱浅,就必须采取保护船体的措施：

(1)压载(灌水坐浅)

打满各压载水舱，使船稳固地坐于海底。如注满压载水舱的办法尚未能达到上述目的，则应将部分货舱注水，并加强相邻舱壁。当然，注入海水时，应根据船舶纵横倾和承受压力的情况适当调整纵横倾，减小船体所受到的过大的应力。

(2)锚缆固定

固定船体所用锚缆的配置应依据实际需要而定。当船身与岸线垂直时，船首、尾可在与搁浅船首尾线成45°的方向上用缆和锚固定，如图7-5所示。当船身与岸线平行时，应从首尾向海方向各45°抛锚，必要时还应在岸边用缆或锚系牢，如图7-6所示。

固定船体用的锚链和缆绳应尽可能长些，在先后顺序上应根据外力影响的大小和方向而定，一般先从上风上流和向海一面依次开始，在固定时应充分考虑脱浅时这些锚缆的运用。

锚和锚链的搬运，因其重量太大而不易处置。对中小型船舶可用救生艇进行搬运，但对大型船舶来说，无大功率救助船协助运锚是不行的。

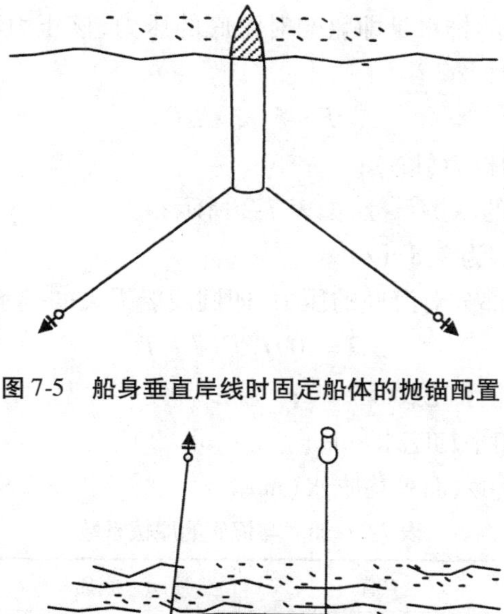

图7-5　船身垂直岸线时固定船体的抛锚配置

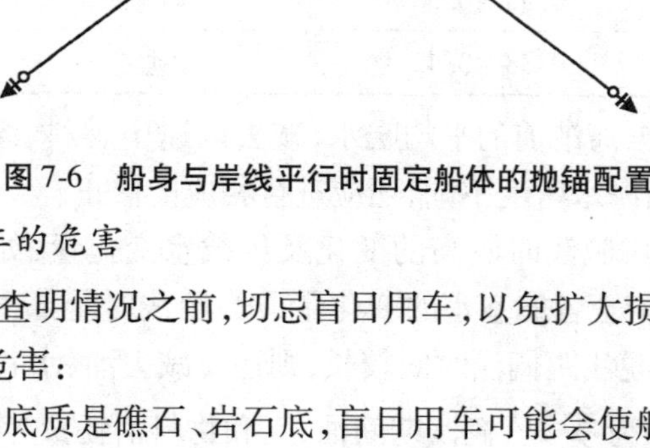

图7-6　船身与岸线平行时固定船体的抛锚配置

3. 搁浅后盲目用车的危害

船舶搁浅后，在未查明情况之前，切忌盲目用车，以免扩大损失。具体说来，搁浅后盲目用车可能有以下危害：

(1)如果搁浅处的底质是礁石、岩石底，盲目用车可能会使船体破裂或增大破口尺

寸,从而使船体进水或进水速度加快,甚至因过量进水而沉没;

(2)对搁浅后船体结构受损严重的船舶,盲目用车会加剧船体结构受损程度,严重时可能导致船体变形,甚至断裂;

(3)如果单凭船舶自力无法脱浅,则盲目用车可能会导致主机超负荷,影响主机轴封;

(4)如果搁浅部位在船尾,则盲目用车还可能会损伤螺旋桨、舵等设备。

三、脱浅拉力估算和脱浅方法

1. 脱浅拉力(refloating force)

脱浅拉力是指搁浅船舶脱离搁浅状态所需的拉力。要使船舶顺利脱浅,脱浅拉力必须超过船舶搁浅部分与海底的摩擦力。一般脱浅拉力由搁浅船主机倒车拉力、绞锚拉力和救助船拖力三者提供。

(1)脱浅所需拉力的估算

船舶因搁浅而损失的排水量即船舶对海底的压力,该压力与摩擦系数的乘积即为脱浅时所需的拉力,即:

$$F = f \cdot g \cdot \Delta D \tag{7-2}$$

式中:F——脱浅所需的拉力(kN);

f——船底与海底的摩擦系数,如表 7-2 所示;

g——重力加速度,为 9.8 m/s^2;

ΔD——船底搁浅部分对海底的压力,即搁浅船损失的排水量(t),可用下式计算。

$$\Delta D = 100TPC(T - T_1) \tag{7-3}$$

式中:TPC——每厘米吃水吨数(t/cm);

T——搁浅前船舶平均吃水(m);

T_1——搁浅后船舶六面平均吃水(m)。

表 7-2　船底与海底的摩擦系数

底质	f值	底质	f值
泥	0.20～0.32	卵石	0.42～0.45
细沙	0.35～0.38	珊瑚礁	0.50～1.00
砾石	0.38～0.42	礁石	0.80～2.00

在计算 T 时,应根据离港前的平均吃水,减去因途中燃料、淡水和物料的消耗而产生的吃水变化。如两处海水密度不同,还应进行相应的修正。

在计算 T_1 时,应考虑脱浅时潮高的变化及压载水变化量,如货舱内灌水或损漏进水,则还应考虑其增加量。各舱室水的变化量应为脱浅时全部浸水减去搁浅时已有浸水(主要为压载水),如脱浅距搁浅时间较长,则还应减去油、水和物料的消耗量。

设各舱进水量总和为 $\sum P_i$,搁浅期间油、水和物料消耗量为 $P(t)$,则 ΔD 为:

$$\Delta D = 100TPC(T - T_1) + \sum P_i - P \tag{7-4}$$

（2）脱浅拉力的估算

①主机的推力与拉力

$$T = 0.133N \tag{7-5}$$

式中：T——主机的推力与拉力（kN）；

N——主机功率（kW）；倒车时内燃机按60%计算。

②拖船的拖力

$$F_t = (0.18 \sim 0.2)N_t \tag{7-6}$$

式中：F_t——拖船的拖力（kN）；

N_t——拖船的功率（kW），工型拖船取0.2，CPP型拖船取0.18。

③拖绞锚的拉力

锚的抓力与锚的类型及底质有关。目前船上一般采用霍尔锚，它的抓力为：

$$H_a = (3 \sim 5)W_a \cdot g \tag{7-7}$$

式中：H_a——锚的抓力（kN）；

W_a——锚重（t）。

【例7-1】某船的船首搁在细沙滩上，经检查船体无破损，搁浅后吃水 $T_{1F} = 7.8$ m，$T_{1A} = 8.0$ m，船离港时吃水 $T_F = 8.5$ m，$T_A = 8.9$ m，航行中消耗油、水及物料共1 000 t，该吃水处的 *TPC* 为20 t/cm，测量搁浅后吃水时距高潮尚有1 h，该地潮差2.4 m，为半日潮，该船为内燃机船，主机功率 *MHP* 为7 500 kW，主锚重3.5 t。该船在高潮时能否自力脱浅？

解：

（1）高潮时脱浅所需拉力

①搁浅前吃水

$$T = \frac{8.5 + 8.9}{2} - \frac{1\,000}{20 \times 100} = 8.2 \text{ m}$$

②搁浅后吃水

$$T_1 = \frac{7.8 + 8.0}{2} = 7.9 \text{ m}$$

③高潮时所增加的吃水

根据半日潮1，2，3，3，2，1的涨落规律，离高潮1 h能增加潮高1/12的潮差，为2.4/12 = 0.2 m，则高潮时 T_1 应为7.9 + 0.2 = 8.1 m

④实际损失的排水量

$$\Delta D = 100\text{TPC}(T - T_1) = 100 \times 20 \times (8.2 - 8.1) = 200 \text{ t}$$

⑤高潮时脱浅所需拉力

$$F = f \cdot g \cdot \Delta D = 0.38 \times 9.8 \times 200 = 744.8 \text{ kN}$$

（2）脱浅拉力

①主机倒车的拉力

$$T=0.133N\times60\%=0.133\times7\ 500\times60\%=600\ \text{kN}$$

②锚的拉力

$$H_a=\lambda_a\cdot W_a\cdot g=4\times3.5\times9.8=137.2\ \text{kN}$$

双锚拉力为:274.4 kN

则脱浅拉力共有:600 + 274.4 = 874.4 kN

根据上面的计算,在高潮时脱浅拉力为 874.4 kN 大于脱浅所需拉力 744.8 kN,故可自力脱浅。

2. 脱浅方法

脱浅方案制定

如确信船舶脱浅后不致沉没,脱浅操作时不致进一步损坏船体、车及舵,经计算脱浅拉力大于所需脱浅拉力,可进行脱浅操作。脱浅方法随船舶的大小、搁浅情况的不同而不同,总的来说可分为自力脱浅和外援脱浅两大类。

(1)自力脱浅

①等候高潮利用主机脱浅

如不是在高潮时搁浅,船体只有轻微的损坏,艉部又有足够的水深,则可等待下一个高潮时用本船主机倒车出浅。

一般做法是高潮前 1 h 动车,当快倒车无效时,可改用半进车配合左右满舵来扭动船体,然后再快倒车。

如底质是泥沙,倒车时应注意泥沙可能在船体周围堆积妨碍出浅。

②移动重物调整船舶的纵横倾出浅

船舶的一端或一舷搁浅,而另一端或另一舷有足够的水深,就可以用移动船用燃料、淡水、压舱水或货物的方法以减少搁浅一端(或一舷)的压力,再配合主机或绞锚使船脱浅。

移载脱浅必须经过计算,以免脱浅后产生过度的纵倾或横倾,使船舶发生危险。在一舷搁浅而海底又甚陡峭的情况下,则不宜使用移载法。

③绞锚脱浅

锚能产生持续而强大的拉力,且拖力方向准确。当有浪涌时,每来一个浪涌就能增加一点浮力,如锚有足够的拉力,这时就能将船拉动一点,对船舶脱浅十分有利;而拖船就不能在风浪中充分发挥它的拉力。

绞锚时产生的拉力先是依靠锚的抓力通过重型的复合绞辘传到船上,再由绞车或起锚机绞收而产生。如果一个锚抓力按 4 倍锚重计算,则 3.5 t 的锚其抓力约为 137.2 kN 。用一副 3 - 3 或 3 - 2 的绞辘,则一般船用起货机均可拖动,如同时使用几套锚具就能增加脱浅的拉力。

锚具的缆最好用一节锚链再加钢丝组合而成,这样能使锚充分发挥其抓力。绞辘在船上的着力点必须是可靠的舱口或甲板室的围壁,单个缆桩是不能承受这么大的拉力的。

④卸载脱浅

卸载的方法是在上述几种方法均不能使船舶脱浅时才采用的。卸出的重量应是主机拉力、拖船拉力、拖绞锚具拉力或移载等不足的数量。如果所卸货物不在漂心，还应进行船首、尾吃水差变化的计算，同时应对卸载后的 GM 值进行核算。卸载脱浅时，所需卸载货物数量(P)为：

$$P = 100TPC\Delta T = \frac{F' - F_p - F_t - P_a}{fg}(\mathrm{t})$$

式中：ΔT 为希望通过卸载而达到的平均吃水减少值(m)。

卸载时要考虑迅速、方便和损失最小的原则，一般先卸出多余的淡水和燃油，然后再卸货物。为防止卸载时船舶越搁浅越高，应向压载舱注水，待准备出浅时再将水排出。

(2)外援脱浅

船舶搁浅后，如船体破损严重，已失去漂浮能力；或主机、螺旋桨、舵损坏，无法操纵时；或经过计算船舶本身无法自行脱浅时；或船舶搁浅后水位急退，要求尽快脱浅时，应请求救助船协助脱浅。

救助船到来后，搁浅船应提供下列资料：

①船舶资料，如主要尺度、总布置图、原来载重吨数、静水力曲线图等；

②货种、载重数量及分舱图，油、水的数量及部位，如装有危险货物应详列其舱位及吨数以及注意事项，并应事先在电报中注明；

实施脱浅

③搁浅前的航向、船速及搁浅的时间，现在的船首向；

④搁浅前及搁浅后的吃水，以及搁浅后吃水是否出现过变化；

⑤主机、甲板机械的功率及现在的技术状况；

⑥搁浅后曾采取的措施和收到的效果，以及对救助工作的建议；

⑦船位、船边水深、当地潮汐情况等。

第三节 火灾后的应急处置

一、船舶火灾的特点

(1)船舶结构较陆地建筑物远为复杂，火源发现困难，火灾一旦产生往往发现较晚，灭火的作业也较为特殊和困难。

(2)船舶内部所用材料多具有可燃性，加之钢板导热性较好，多涂布油漆、衬板，家具采用木料者居多，容易燃烧且灾情蔓延迅速。

船舶火灾现场

(3)载货发生火灾时，由于货量较大，移出燃烧物较为困难，而且所载货物中可燃性物质也比较多。

(4)使用灌水灭火时，将使浮力和稳性降低，并可能引发沉没、倾覆危险；而且，为防止火灾扩大所采取的阻断通风等间接灭火措施，多数情况下将妨碍直接性灭火工作。

(5)灭火作业中，常出现的情况是船员灭火作业的熟练程度较陆上消防队员水平为低；而且在航行中如发生火灾，很难得到他船的快速救援。

二、海上航行中发生火灾后的应急措施

船舶火灾应急程序

(1)发出消防应变信号，全船人员按应变部署迅速到指定地点集合待命，按具体分工投入灭火工作。

(2)查明火源、火灾性质、燃烧面积及火势，确定灭火方案。

(3)根据火灾发生的位置，按相对风向适当地操纵船舶，使火源处于下风。即火源在船尾，迎风行驶；火源在船首，顺风行驶，且保持船速略低于风速；火源在船中，傍风行驶，可能的话，还应尽量降低船速，避免急剧转向，以免火势加剧。

(4)采取合理的灭火措施。切断通往火场的电源和油路；确定无人后关闭火灾舱室的所有门窗、通风口，以阻止空气流通；根据火灾性质选用适当的灭火器材和设备。利用大量的水灭火时，应注意船舶的浮力、稳性和横倾情况。

(5)如采用封闭窒息法灭火，不能急于开舱或通风，以防止复燃。

(6)在自行灭火无效后或察觉无法有效控制火势时，应请求外援。若无外援，应决策抢滩或弃船。

(7)迅速将火灾事故报告附近的主管机关和船舶所有人，并将详情记入航海日志。

第四节　弃　船

弃船(abandon ship)是指船舶遇难，以最大努力进行抢救后，沉没、毁灭仍不可避免时，为保存旅客和船员的生命所采取的最后措施。如当船舶因碰撞、触礁大量进水而失去动力将立即会沉没时；或者当船舶发生火灾，火势蔓延至整个上层建筑，机舱着火烧毁消防动力和管系，无法进行灭火，随时有爆炸危险时；或者当船舶搁浅在礁石上，随时有折断、倾覆和沉没的危险时等，船长可做出弃船决定。

在船长尚未下达弃船命令之前，船员应坚守职责，不得擅自离开岗位。决定弃船后，全体船员应按照应变部署表中的弃船救生安排，做好如下准备工作及应急措施。

一、弃船准备

(1)检查自动求救无线电信号的派发情况；

(2)备好国旗、船舶证书、重要文件、航海日志、轮机日志、电台日志、有关海图、现金、账册和自卫枪支弹药等物品；

(3)关闭水密门、舱口、孔道及甲板开口，封闭船舱在甲板上的呼吸口；

(4)不论纬度高低均要多穿衣服并带上雨具，因为衣服在水中会起到保暖作用，减缓散热速度，避免快速散热而导致死亡；

(5)多吃些食物增加身体热量,但不要吃含酒精的食物,以免引起表皮血管扩张而加快热量散失。

二、弃船应急措施

(1)发出弃船警报信号,并发出遇难求救信号,打开无线电应急示位标。

(2)穿好救生衣,以确保穿着者在水中呈仰浮状态。

(3)离船时应携带国旗、船舶证书、重要文件、航海日志、轮机日志、电台日志和执照、有关海图、现金、账册、手持 VHF、雷达应答器(若艇筏上设有)、望远镜、救生圈、船员名册、货运单证等物品离船。

(4)关闭有关机器、操作遥控阀门及电钮。

(5)组织人员有秩序地登上艇筏,防止发生混乱现象造成损伤。

(6)人员若需跳入水中后再登上艇筏,则应在上风舷选择高度不超 5 m 的地方往下跳,或在靠近首尾近水面处顺着索梯或绳索攀下水,并且应远离船体破损处。

(7)全体人员从遇难船下至救生艇筏后,艇长应迅速下令解脱或砍断艇缆,用钩篙撑开,并用桨划离,或开动艇机,驶离难船约 200 m 处集合,情况许可时应将艇首系在一起,等待救援。

弃船时,客船应在旅客全部离船完毕后,船员才可按预定部署搭乘救生设备离船;船长应最后离船。船员上艇前,船长应将本船遇难地点、发出的遇难信号是否得到回答、可能获救的时间和地点、驶往最近陆地或主要航线的航向和距离、各艇筏间的通信约定及其他有关指示等事项告诉各艇艇长。

第五节 海上搜寻与救助

《1974 年国际海上人命安全公约》第五章(航行安全)第十条(遇险通信——义务和程序)规定:

“船长在海上当由任何方面接到遇险中的船舶或飞机或救生艇筏的信号时,应以全速前往援助遇险人员,如有可能并应通知他们正在前往援助中。如果该船长不能前往援助,或因情况特殊认为前往援助为不合理或不必要时,他必须将未能前往援助遇险人员的理由载入航海日志。”

“遇险船的船长在尽可能与应召援助的各船船长协商后,有权召请其中被认为最能给予援助的一船或数船;被召请的一船或数船的船长有义务履行应召,继续全速前进以援助遇险人员。”

为促进各缔约国履行 SOLAS 公约、《1979 年国际海上搜寻救助公约》及国际民用航空公约,1998 年 2 月,IMO 与国际民航组织联合推出《国际航空和海上搜寻救助手册》(IAMSAR Manual)。该手册分为三卷,其中海上部分取代了 1971 年的《商船搜寻和救助手册》和1978年的《IMO搜救手册》。

根据IMO的决议，所有船舶必须配备《国际航空和海上搜寻救助手册》第三卷，完成海上搜寻与救助(search and rescue at sea)任务须依据该手册实施。现将有关参加搜寻救助活动时的操船方法与处置措施做如下介绍：

一、海上搜寻

国际海事组织航行安全小组委员会的全球计划将全世界海洋划分为13个海区，并要求区内的一个沿岸国政府负责搜寻海上紧急信息、建立信息联络、提供搜救服务，并协调同一海区内各国政府之间和相邻海区之间的搜救服务。

海区内的各沿岸国应设立自己的救助协调中心(RCC)，并在本国沿海各分管水域设立救助分中心(RSC)。

1. 救助船应采取的行动

(1)收到遇险信号后应采取的行动

①确认已收到的遇险信号，并酌情转发遇险信号；

②将下列内容通报被救助船：本船的识别号、呼号、船名、船位、航速、预计到达现场时间；

③继续在国际遇险通信频率(道)上保持不间断地守听；

④用视觉、听觉以及适合当时环境和条件的一切有效手段保持瞭望(包括雷达等)；如在遇险船附近，应指派额外的瞭望人员。

(2)船上应做好以下接受遇难人员的准备

①船舷两侧自首至尾接近水面处各系好一条缆绳，以供艇筏来靠；

②两舷各准备一根吊杆，吊货索端连好一个吊货盘或网兜，以便从水中救起遇难者；

③最低开敞甲板的两舷各准备好撇缆、绳梯、爬网，可能时指定几名船员准备下水救助遇难者；

④准备一救生艇或救生筏，放在船边作临时登船站使用；

⑤准备好对遇难者的医药援助，包括担架；

⑥抛绳设备连上一根细绳和一根粗绳，以便和难船或艇筏建立联系；

⑦当使用本船救生艇时应规定联系信号。

(3)接近现场的行动

①开启9 GHz雷达，并保持守望，注意是否有SART回波出现；

②夜间使用探照灯和其他照明设备搜寻海面；

③发现任何情况应向海面搜寻协调船(CSS)报告，或直接向救助协调中心(RCC)、救助分中心(RSC)报告。

2. 现场搜寻

到达现场仍未发现遇难者时，应按照救助协调中心(RCC)、救助分中心(RSC)或现场指挥者(OSC)、海面搜索协调船(CSS)的命令,采取搜寻行动。

(1)确定搜寻区域

进行现场搜寻时要先确定搜寻基点(datum)和搜寻区,搜寻基点就是开始搜寻时被搜寻目标最可能的位置。确定搜寻基点时需考虑下列因素:

①通报遇险的时间和船位;

②救助船到达遇险船船位的时间;

③估计难船或艇筏在上述时间内的漂移距离,可用图 7-7 所示曲线进行估算;

④任何补充信息。

确定搜寻基点后,以它为圆心,取 10 n mile 为半径作圆,再画出该圆的外切正方形,即为开始阶段的最可能区域,如图 7-8 所示。

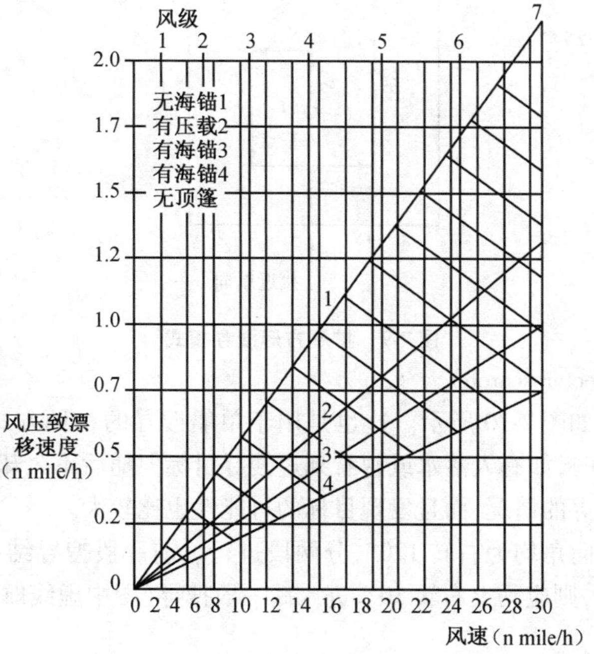

图 7-7 救生艇风压致漂移速度估计曲线

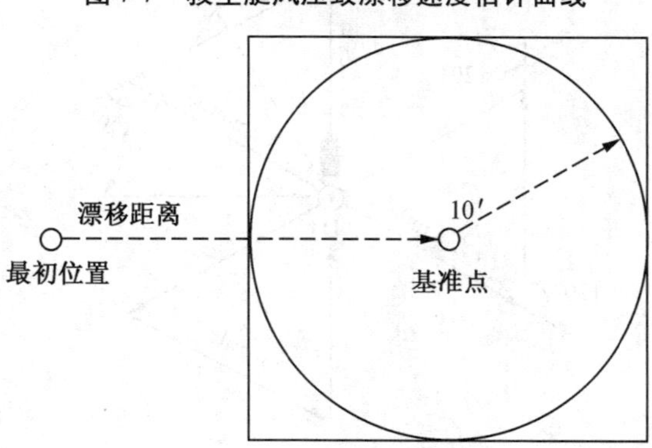

图 7-8 初始搜寻阶段搜寻区的确定

(2)选择搜寻方式

为了统一船与船或船与飞机之间的行动,国际海事组织(IMO)拟定了一些搜索方案,以便共同执行。联络船有责任根据现场情况选定搜索方案,当情况发生变化时调整搜索方案,并通知各船执行。《国际航空和海上搜寻救助手册》对可使用的搜寻方式做了如下规定:

①扩展方形搜寻(expanding square search)

扩展方形搜寻模式如图 7-9 所示。这是用于单船搜寻的一种方式。从基点开始,逐步扩展正方形边长进行搜寻。如果有可能,最好在基点处投下一艘救生筏或其他漂浮标志以观测漂移速度。此后,它可作为整个搜寻过程中的基点标志。

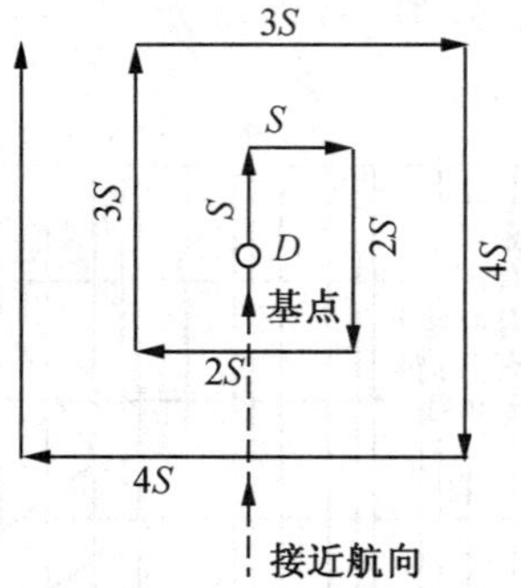

图 7-9　扩展方形搜寻模式

②扇形搜寻(sector search)

扇形搜寻模式如图 7-10 所示。这也是用于单船搜寻的一种方式。当搜寻目标可能存在的区域较小时,如有人落水或曾看到过搜寻目标但随后不久却又丢失等情况,就适宜于实施扇形搜寻的情况,而且发现目标的可能性也比较大。

搜寻中船舶改向角均为右转 120°,分两段进行。前一段搜寻结束时(图中实线航迹),若未发现目标,则应马上右转 30°,进入后一段搜寻(图中虚线航迹)。

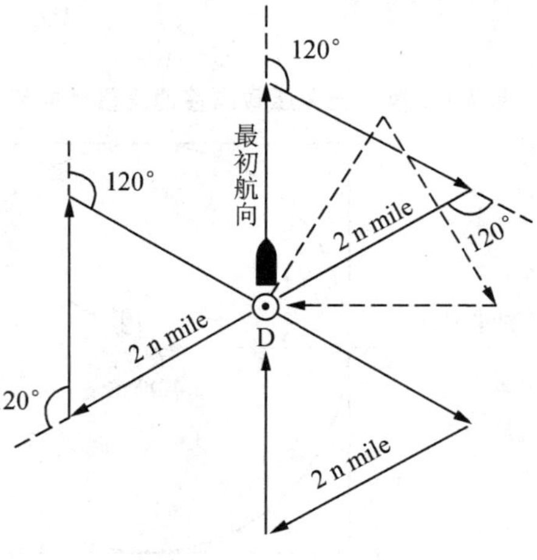

图 7-10　扇形搜寻模式

③平行航线搜寻(parallel track)

平行航线搜寻模式如图 7-11 所示。有两艘或两艘以上的船舶参与救助时,可采用平行航线搜寻模式。平行航线搜寻速度以参加搜寻的最慢船的最高速度或搜救协调中心的指示为准。

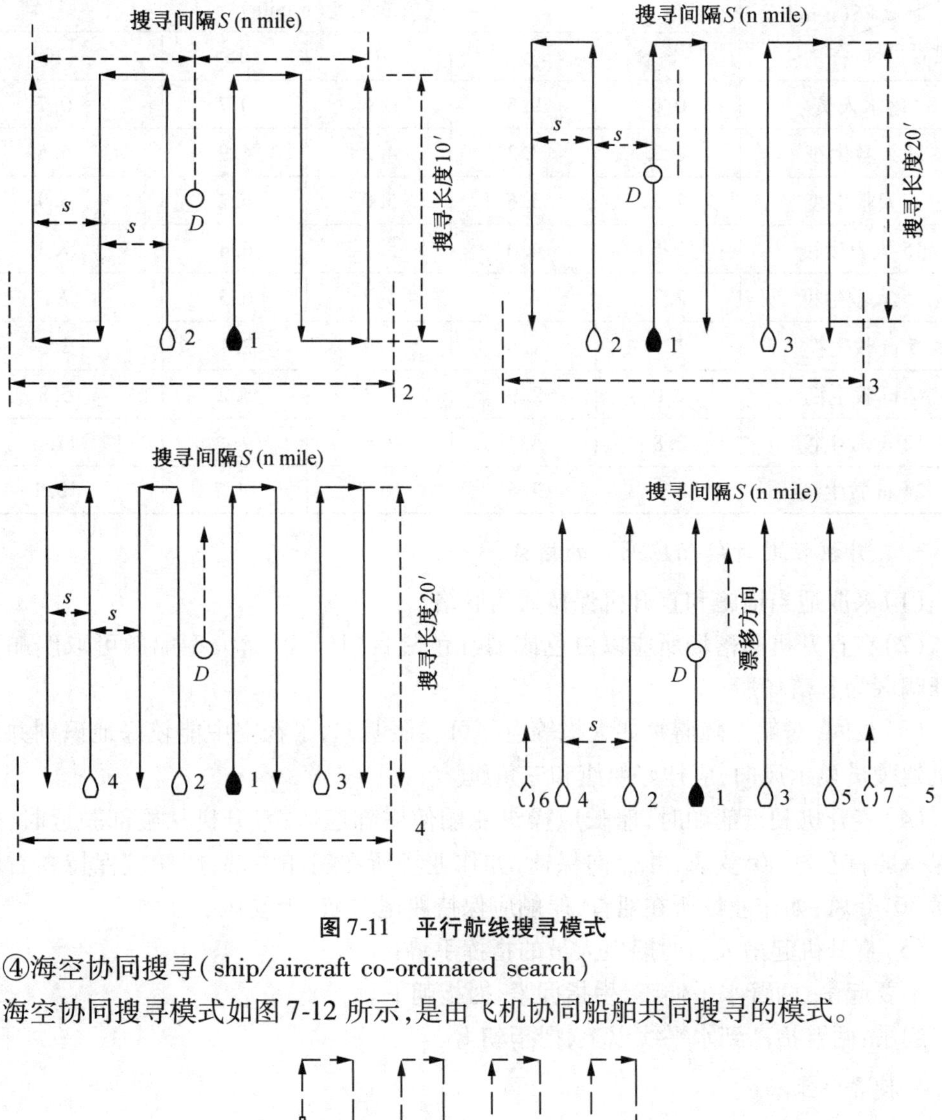

图 7-11 平行航线搜寻模式

④海空协同搜寻(ship/aircraft co-ordinated search)

海空协同搜寻模式如图 7-12 所示,是由飞机协同船舶共同搜寻的模式。

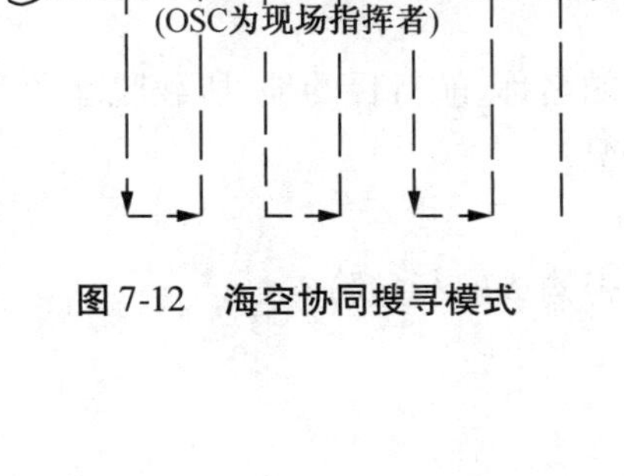

图 7-12 海空协同搜寻模式

根据IMO海上安全委员会第五十八次会议对MERSAR的修正案(1991年1月1日开始生效),以上搜寻方式除扇形搜寻方式外,航线与航线间的搜寻间距全部改为*S*(n mile)。*S*依据被搜寻目标的大小和当时的气象能见度确定,见表7-3。

表7-3　商船搜寻间距*S*

S(n mile) / 搜寻目标	气象能见度(n mile)				
	3	5	10	15	20
落水人员	0.4	0.5	0.6	0.7	0.7
4人救生筏	2.3	3.2	4.2	4.9	5.5
6人救生筏	2.5	3.6	5.0	6.2	6.9
15人救生筏	2.6	4.0	5.1	6.4	7.3
25人救生筏	2.7	4.2	5.2	6.5	7.5
5 m救生筏	1.1	1.4	1.9	2.1	2.3
7 m救生筏	2.0	2.9	4.3	5.2	5.8
12 m救生筏	2.8	4.5	7.6	9.4	11.6
24 m救生筏	3.2	5.6	10.7	14.7	18.1

3. 直升机救助时船舶应采取的措施

直升机救人

施救落水人员

直升机救助遇险船员现场

(1)采取适当措施和直升机保持通信联络。

(2)在直升机起落场所应以白色或橘红色醒目“H”标示,大型船舶可取船舶下风侧开阔区为起落场所。

(3)夜间,对船上障碍物如大桅等应尽可能照明,为了在空中能较好地识别并向直升机驾驶员显示风向,应挂好船旗和三角旗。

(4)直升机驶近船舶时,船长应操纵船舶使艏部迎风;直升机从艉部驶近时,船舶应保持船首左舷30°受风,并保向保速;如作业场所在船舶中部,船舶应保持左右两舷正横30°受风;如作业场所在船首,船舶应保持船尾右舷30°受风。

(5)直升机起吊人员时船上人员的指挥手势:

不要起吊:两臂水平伸直,手指握紧,拇指朝下。

起吊:两臂抬高到水平线以上,拇指朝上。

4. 搜寻结束

(1)救助行动完成

海面搜寻协调船(CSS)应立即通知所有救援船搜寻业已结束,并向就近岸台报告下列情况:

①载有脱险人员的船舶名称、航行目的地、所载脱险者人数;

②脱险人员的身体状况;

③是否需要医疗;

④遇难物的情况及是否构成航行危险。

(2)对航空器脱险者的询问

船长应对航空器脱险者询问有助于营救其遇险者的情况,并将询问结果、本船位置和脱险者获救的时间、获救人数通知岸台。

(3)搜寻无效

当援救遇险人员的一切希望已不存在时,协调船必须做出终止无效搜寻的决定,但应考虑下述各项因素:

①搜寻区内存在生存者的可能性;

②如果搜寻目标在搜寻区内,搜寻到该目标的可能性;

③搜寻单位能留在现场的时间;

④在当时的海水温度、风力和海浪的情况下,遇险人员继续活着的可能性。

不同水温中人员生存时间参考表7-4:

表7-4 水温与落水者预计生存时间的关系

水温(℃)	预计生存时间(h)
2~4	少于3/4
4~10	少于3
10~15	少于6
15~20	少于12
20以上	不定(视疲劳程度而定)

二、人员落水救助操船

1.人员落水时的紧急措施

发现本船人员落水后,应立即采取下列各项措施:

(1)立即大声呼叫“左(右)舷有人落水”,抛下就近的救生圈。夜间应抛下带有自亮浮灯的救生圈,白天应尽可能抛下带有自发烟雾信号的救生圈,以便落水者发现,也能指示落水者位置,便于寻找。

(2)停车,向落水者一舷操满舵,以免落水者被船尾螺旋桨所伤。

(3)发出人落水警报,进入人落水救助应变部署,有关人员做好放艇准备。

(4)派专人登高瞭望,不断报告其方位。

(5)紧急备车,用合适的操船方法迅速掉头驶向落水者。

(6)接近时尽快放下救生艇,从落水者下风靠拢并将其救起。

航道人员落水操作

2.驶近落水者的操船方法

根据发现落水者时间的早晚不同,我们可以把人员落水的救助行动分为以下三种:

(1)立即行动:驾驶台发现人员落水即采取的行动。

(2)延迟行动:人员落水由目击者报告驾驶台,经过一定延迟后开始行动。

(3)人员失踪:发现人员失踪后再报告驾驶台采取行动。

由于落水者情况和船舶所受外界环境的影响不同，驶近落水者应采用不同的操纵方法，下面推荐几种实践中被证明是有效的方法：

（1）单旋回（single turn）

①停车，向落水者一舷操满舵，落水者过船尾加速。

②若落水者可视认，距落水者方位尚差 20°舷角时操正舵，船舶凭借惯性继续回转，至船首对准落水者后把定，适时停车，接近落水者。

③若落水者难以视认，则待船首转过 250°时正舵，边减速停车边努力寻找落水者，如图 7-13 所示。

单旋回操作

本法最适合于“立即行动”，是救助刚落水人员的最快、最有效的操船方法，但不适用于“延迟行动”和“人员失踪”的情况。

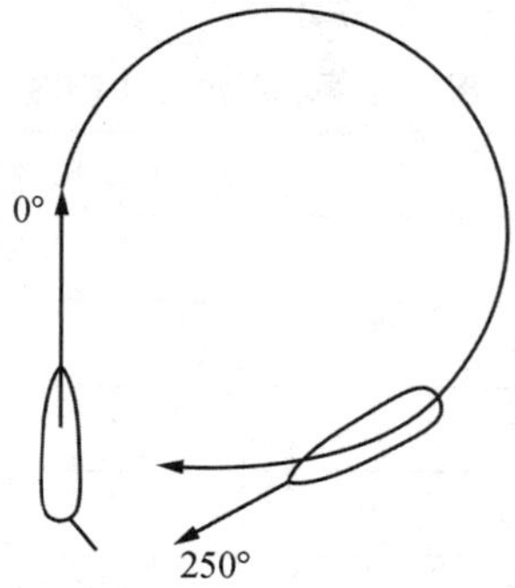

图 7-13　单旋回

（2）双旋回（double turn）

①停车，向落水者一舷操满舵。

②落水者过船尾后加速，待船首旋回 180°时保向航行。

③当落水者至正横后约 30°时，重新向落水者一舷操满舵旋回 180°，适时减速停船沿原航向去接近落水者，如图 7-14 所示。

此法操作方便，适于“立即行动”的情况，较适用于“延迟行动”的情况，不适用于“人员失踪”的情况。

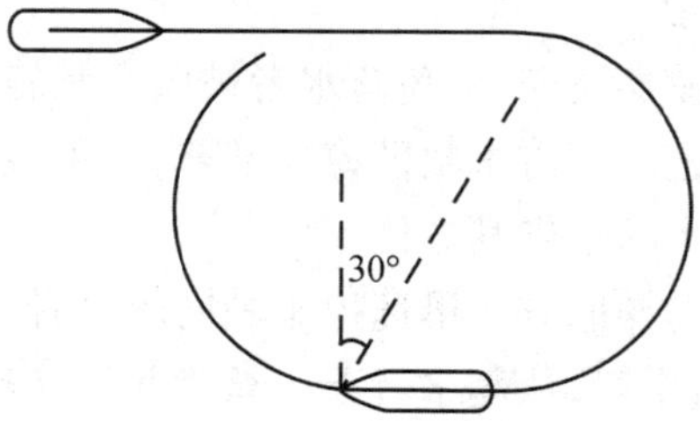

图 7-14　双旋回

（3）威廉逊旋回（Williamsan turn）

①停车，向落水者一舷操满舵。

②落水者过船尾后加速，当船首偏离原航向 60°时，向另一舷操满舵。

③当船首与原航向的反航向相差 20°时操正舵，船舶凭惯性继续回转，直至驶到原

航向的相反航向，然后把定，如图 7-15 所示。

此方法能准确地使船舶驶至落水者位置，是夜间或能见度不良时的有效方法，最适用于“延迟行动”的情况。

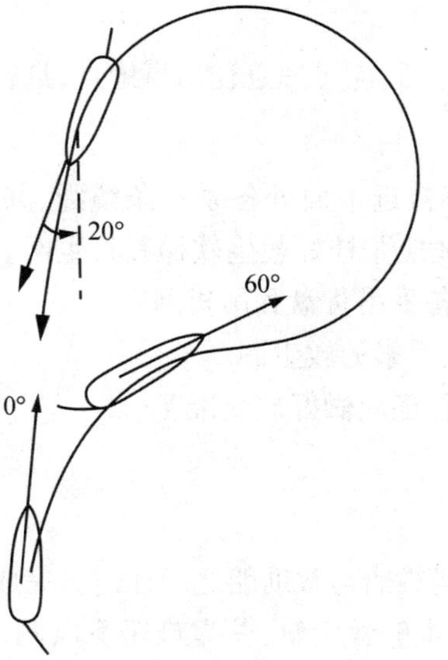

图 7-15　威廉逊旋回

(4)史乔那(斯恰诺)旋回(Scharnow turn)

①向任一舷操满舵。

②当船首改向达 240°时改操另一舷满舵。

③当船首向与原航向的反航向相差 20°时操正舵，船舶随回转惯性驶上反航向，然后把定，边航进边搜索，如图 7-16 所示。

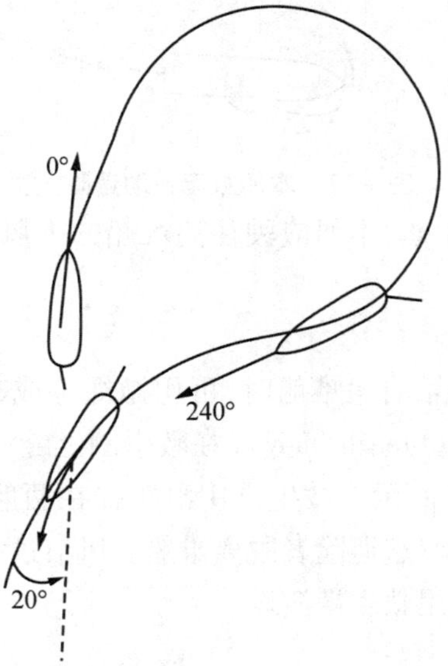

图 7-16　史乔那旋回

此方法的优点是回转距离短，可省时，最适用于“人员失踪”的情况。与威廉逊旋回相比,史乔那旋回可以节省 1 ~2 n mile 的航程。

三、从遇难船上救人的操船

船舶在收听到遇险信号后,应迅速赶往出事地点,进行救援。

1. 准备工作

(1)船舷两侧自首至尾接近水面处各系一条缆绳,并在其上系缚若干可以绑系救生艇或筏的小绳。在两舷还应张挂好救生软梯和救生网。

(2)两舷各准备吊杆、备妥吊货盘和吊货网兜。

(3)准备若干系好救生浮索的救生圈。

(4)需本船放救生艇时,还应做好放艇准备。

2. 救助方法

(1)利用救生艇

此方法利用救生艇在遇难船与救助船之间往返去完成救人任务。本船应停驶在遇难船的上风侧,从下风舷放本船救生艇,驶靠难船下风侧,救助难船人员;收艇时,本船应绕至难船下风侧,艇驶于本船下风舷收起,如图 7-17 所示。

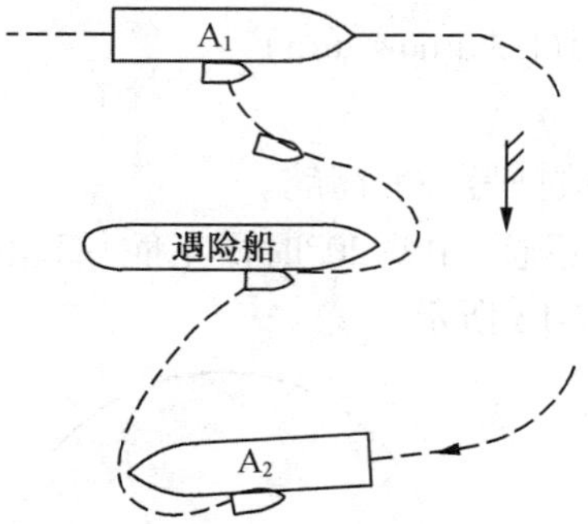

图 7-17　本船放艇救助遇险人员

如果遇难船能放出救生艇,本船应驶往遇难船的下风侧,待对方救生艇靠上后,直接用起重设备吊起。

(2)利用救生裤

当风浪大,救生艇无法靠泊遇难船时,可用抛绳枪或其他方法(如传递缆绳法)在两船间带好缆绳,用救生裤(breech buoy)(在救生圈上缝一帆布短裤)使人员骑在上面转移到救助船上,如图 7-18 所示。救生裤用滑车挂在两船间的大缆上,拉动另一条在滑车上的回收索,就能往返渡送遇险者脱离难船。风浪过大时,在两船间进行绷紧大缆有困难时,可直接从水面上用救生裤渡送。

(3)浮游索法

船舶遇难时,船员和旅客有时来不及或无法进入救生艇以致漂浮于海上,救援船到达后可采用浮游索法(buoyed line method)进行救援。

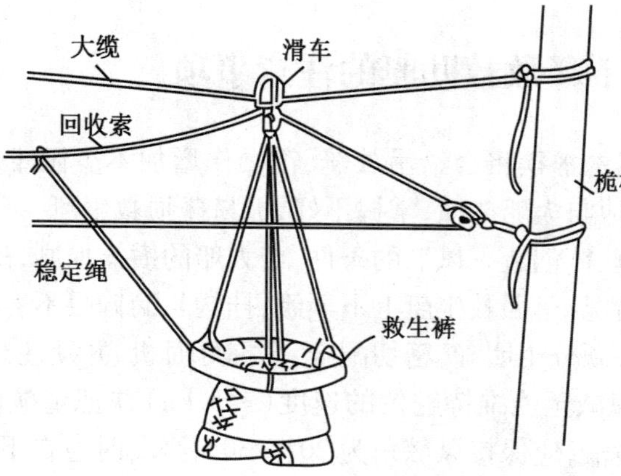

图 7-18 利用救生裤救助遇险人员

如图 7-19 所示，在船下风舷旁拖一结有救生圈、救生衣、救生索所组成的曳索。在待救援者的上风侧低速回转，逐渐接近，先使待救援者抓住曳索后再设法将其救助上船。

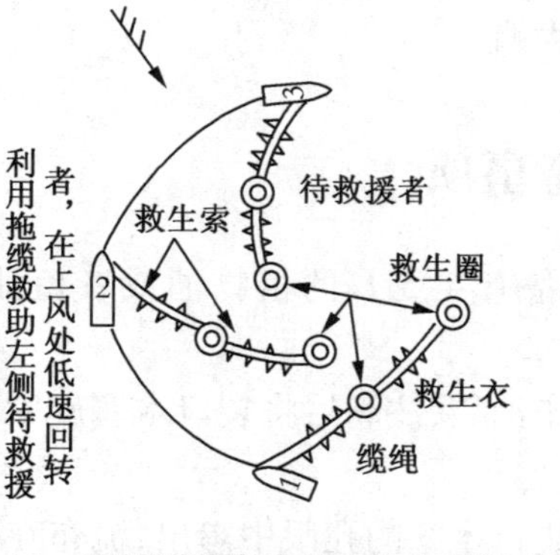

图 7-19 运用浮游索法救助海上漂浮者

（4）漂流法

救援船先在下风舷放出附有救生索的网，然后将船舶转至待援者的上风侧，借助风力使船舶逐渐接近待救援者，使待救援者抓着救生索或网，然后救上船，如图 7-20 所示。

待救援者可能在海上漂浮时间过长，体力消耗大，无法自力攀登。此时应在船旁放出气胀式平台或救生网等，然后用船上机械吊上船。

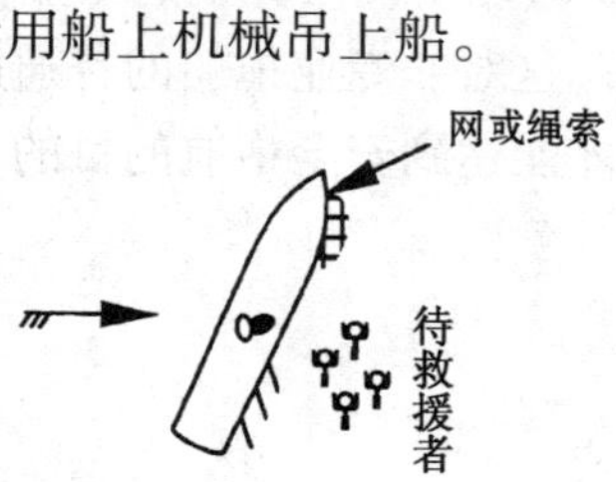

图 7-20 运用漂流法救助海上待救援者

四、恶劣天气下释放救助艇的注意事项

在大风浪中，大船的摇摆将会给吊放艇、筏操作增加不少困难。横摇会使救生艇、筏在吊放过程中不断地与大船碰撞，掌握不好，极易碰损救生艇、筏。而且在吊放艇、筏时，大船必须给救生艇、筏创造下风舷的条件，若大船的横摇加剧，吊放操作就更加困难了。此外，在有风浪情况下，因救生艇上下颠簸，挂钩与摘钩很不容易。因此，在大风浪中吊放救生艇、筏时必须分工明确，密切配合，掌握好时机，并须注意下列事项：

(1)大船应将航速减至能维持舵效的速度($\leqslant 5$ kn)并把定航向，使放艇舷侧处于下风舷，为避免遭受横浪，应保持风舷角为 $20°\sim30°$，必要时应在下风舷洒油镇浪；

(2)艇舷挂好碰垫，调整好止荡索，使救生艇紧靠舷侧；

(3)放艇时机应在大浪后海面较平稳时，迅速松开止荡索，放下艇筏，艇着水后，在波峰将艇抬起时，前后同时脱钩，若不能同时脱钩，应先脱后吊钩，后脱前吊钩；

(4)大船及艇上要有专人照料首尾缆，做到及时松解；

(5)若救生艇无法脱钩，要当机立断，用斧头砍断吊艇索；

(6)脱钩后迅速离开大船。

五、洒油镇浪注意事项

(1)救生艇上规定配备有 4.5 L 的植物油或者鱼油用于镇浪，存放在专用的油箱内；

(2)用时将油灌注入布油袋，注满后将袋口木塞旋紧系好，然后再用细绳将袋系接在海锚上；

(3)袋中的油不断从袋口木塞的孔眼中渗出，流布在艇周围的海面上，当袋内的油流完后，则需重新灌注。

第六节　海上拖带

通常海上拖带(towing at sea)均由设备齐全的专业性海上拖船承担，但有时海上船舶也可能遇到遇险船请求拖带，这对非专业拖船的普通船舶来说不是一件寻常的事，驾驶人员必须运用良好的船艺，才能达到安全拖航的目的。

一、拖带准备

1. 被拖船在拖航中状态的确定

(1)被拖船拖带端的确定

一般情况下，应尽量拖带分波能力强、防甲板上浪性能好、保向性较优的被拖船船

首,即拖首方式。如果被拖船因船尾严重破损,拖航中不得不具备较大首倾,则应采取拖船尾方式。

(2)减小拖航阻力的准备

采用拖首方式时,为了减小拖带阻力,通常使被拖船推进器与主机脱开,让其自由转动,但若为了减小偏荡,则应固定尾轴不让其自由转动,以增强尾部阻力,提高航向稳定性。

2. 拖缆的选择

海上拖带大多采用柔软而且强度大的钢丝缆作为拖缆。但钢丝缆伸缩性较差,难以承受风浪的突然作用力,所以一般用钢缆与锚链相连接来加重拖缆,使其产生一定的垂曲度,这样才能吸收突然增加的外力。

(1)拖缆强度的确定

在其他性能指标均完好的情况下,拖缆的安全强度主要决定于其粗细。钢丝缆的安全强度 T 与直径 d 之间的关系如下:

$$T = \eta d^2 / N \tag{7-8}$$

式中:T——安全强度(t);

η——强度系数,钢丝缆取 0.045;

d——钢丝缆直径(mm);

N——安全系数,海面平稳且短程拖带,N 取 4;远距离或有风浪时 N 取 6~8。

拖带过程中,应保证拖缆的安全强度大于拖带时船舶总阻力。

(2)拖缆长度的确定

拖缆的长度通常应根据拖船和被拖船的大小、拖带速度、海况、水深及拖缆的种类等来决定。通常,拖缆长度 S 可按下列经验公式计算:

$$S = k(L_1 + L_2) \tag{7-9}$$

式中:k——系数,为 1.5~2.0,拖带速度高时取大值;

L_1——拖船长度(m);

L_2——被拖船长度(m)。

(3)拖缆的悬垂量

长度、重量足够的拖缆,在拖船与被拖船之间形成悬垂线,悬垂线最低处距海面的高度和拖缆系接处至水面的高度之和即为悬垂量(dip)。具有适当的悬垂量,可防止拖缆在风浪中受到急顿(jerk),起到缓冲作用。

悬垂线长即为拖缆长度,拖缆及组合拖缆如图 7-21 所示。拖缆长度除按上述经验公式计算外,还可按下式估算:

$$S = 2\sqrt{d\left(d + \frac{2R}{W'}\right)} \tag{7-10}$$

式中:S——拖缆长度(m);

d——悬垂量(m);

R——被拖船阻力(9.8 kN);

W'——每米拖缆在水中的重量(t/m)。

而悬垂量 d 则可按下式估算:

$$d = \frac{R}{W'}(\sec\theta - 1) \tag{7-11}$$

式中:d、R、W'同式(7-10);

θ—出口处拖缆与水平面的夹角。

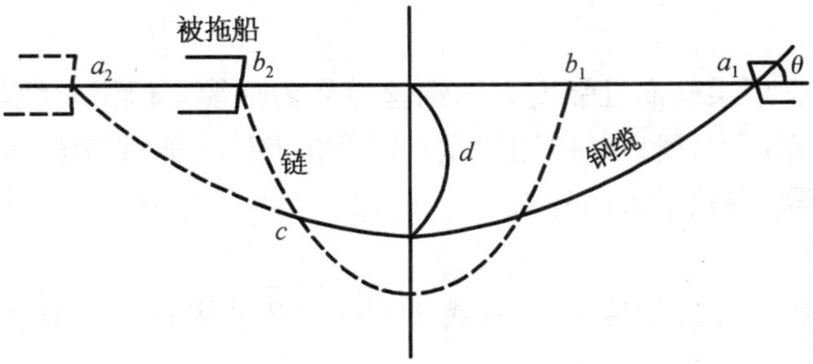

图 7-21 拖缆及组合拖缆

根据经验,当海面平静时悬垂量应不少于 8 m,风浪大时应不少于 13 m。一般在深水海面上拖带时,悬垂量宜保持在拖缆长的 6% 左右。

(4)组合拖缆

在采用锚链和钢丝缆相连接的组合拖缆时,所需锚链长度可用下式估算:

$$\Delta L = K\frac{c}{d}(L - L_1) \tag{7-12}$$

式中:ΔL——应配链长(m),图 7-21 中弧 b_2c;

K——系数,软钢丝缆取 0.11,硬钢丝缆取 0.13;

C——钢丝缆的周径(cm);

d——锚链的直径(cm);

L——所需钢丝缆的长度(m),图 7-21 中弧 a_1a_2;

L_1——现有钢丝缆或准备松出的钢丝缆长度(m),图 7-21 中弧 b_1c。

值得注意的是在采用组合拖缆时,式(7-11)中的 θ 应取拖船拖缆出口处的 θ 作为计算悬垂量的参数。

3. 拖船速度的确定

确定海上拖航速度时,应考虑拖船主机功率、被拖船排水量和所用拖缆安全使用强度等因素。

拖航时作用于拖缆的负荷不能大于拖缆的安全强度 T。静水中拖速较小($Fr < 0.15$)时,被拖船总阻力 R(约为基本阻力的 1.1 倍)可用下式估算:

$$R = D^{2/3}v^2/K \tag{7-13}$$

$$\Rightarrow v = \sqrt{RK/D^{2/3}} \tag{7-14}$$

式中:R——被拖船的总阻力(9.8 kN);

D——被拖船的排水量(t);

v——拖航速度(kn);

K——系数,可取 3 000 ~ 4 000,风力大时取小值。

由于 T 已由拖缆的尺寸所决定,而 R 必须小于 T,即 $R < T$。因此,已知拖缆的强度,即可按上式(7-14)估算出拖航时允许的最大拖航速度来。

二、拖船作业

1. 接近被拖船的方法

(1)横风接近

当拖船横向漂移速度高于被拖船横移速度时,拖船应从被拖船上风侧接近,如图 7-22 中A_1位置。相反,当拖船横移速度低于被拖船横移速度时,则拖船应从被拖船下风侧接近,如图 7-22 中 A_2位置。

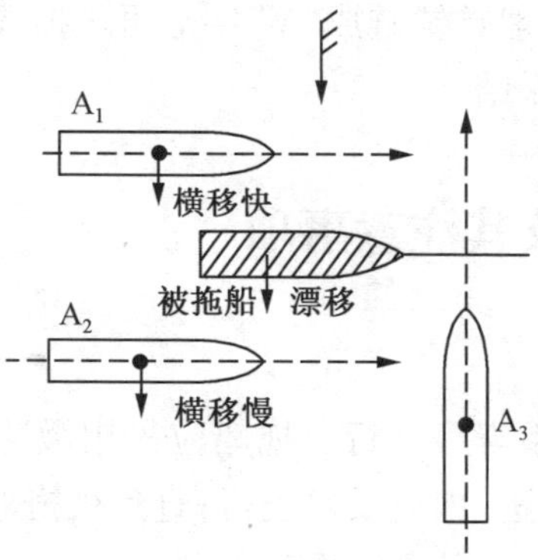

图 7-22　驶近被拖船的方法

(2)顶风接近

当横风接近有困难时,可按被拖船待拖一端顶风驶近,如图 7-22 中 A_3位置。此法易控制拖船,也较为主动。

2. 拖缆的传递

拖船和被拖船接近后,可按下述方法传递拖缆:

(1)用抛绳枪传递

若两船很近,可直接抛投撇缆,利用撇缆传递。若因风浪较大不易靠近,则可用抛绳枪抛出撇缆。

(2)用救生艇传递

拖船驶近被拖船上风侧,放拖船下风侧救生艇,在艇上盘好足够的引缆,引缆一头连接拖缆,另一头连接撇缆,救生艇边驶近被拖船边松出引缆,接近后用撇缆送上被拖船。

(3)用浮具传递

风浪较大时,可利用浮具传递引缆及拖缆。拖船驶到被拖船上风侧,抛出系带引缆的浮具,浮具漂移到被拖船后,由被拖船钩取。

3. 拖缆的系结

拖缆的系结应满足牢靠、调节方便、应力分散和减小或防止磨损等要求。

(1)拖船拖缆系结

①系缆桩系结:若拖船船尾缆桩有足够的强度,可将拖缆在第一对缆桩上先绕一圈,再挽"∞"形三道后,引至第二对缆桩再按"∞"形挽牢。为了便于松绞,应备好制索器。

②为了防止甲板承受过大的拉力,可将拖缆绕过甲板室、舱口、桅柱等处,再在两对缆桩上挽牢,这样可将拉力分散而避免出现损坏及事故。

不管使用怎样的系结方法,在拖缆通过的导缆孔或锚链筒及其他转角处都要用帆布或麻袋等包扎并涂上牛油,在拖航中还要定时加油。

(2)被拖船系结

拖被拖船船首时,可利用船首锚链成"V"字形再与拖缆相连接。如仅用拖缆,则也可用拖船拖缆系结方法进行系结。

三、拖船操纵方法及其注意事项

1. 起拖

起拖应在两船拖缆都已系牢后进行。拖船应先用微速前进,待拖缆刚受力时马上停车,在拖缆下垂后再微速前进,如此反复进行,直到被拖船有前进速度(2 kn)时,再以每次 0.5 kn 的速度分段增速,直到达到预定拖速。

2. 改向

大角度改向应分几次完成,应避免一次转向达 20°及 20°以上,最好每次转 5°~10°。一次转向后,要待被拖船改到新航向,再进行下一次改向。

3. 偏荡及抑制

海上拖带时,由于风浪大、拖速不当、拖缆过长等种种原因的影响,被拖船也会发生偏荡。偏荡的出现增大了拖缆所受的张力,加剧拖缆的磨损和应力集中,增加了拖带操纵的难度,降低了拖带速度,严重时甚至造成断缆等事故。所以,应针对具体原因采用不同的方法来抑制偏荡。

(1)调整被拖船前后吃水,使之达到尾倾状态,以增加其航向稳定性。但不宜用注入压舱水的办法,以免减少保留浮力,尤其是船体受损船更应注意。

(2)降低拖航速度以减小偏荡力。

(3)适当缩短拖缆长度。

(4)在被拖船船尾拖曳漂浮物,以增加被拖船的航向稳定性。

(5)在拖缆两端增加抑制索,如图 7-23 所示,以减小偏荡作用。

(6)舵损坏或丢失舵的被拖船,应安装应急舵。

(7)将被拖船的舵固定在一定的舵角上($\delta<20°$),使被拖船稳定在航迹的一侧,但这样做会增加被拖船的阻力而使拖缆受力增大。

(8)固定尾轴不让其自由转动,以增加艉部阻力,提高被拖船航向稳定性。

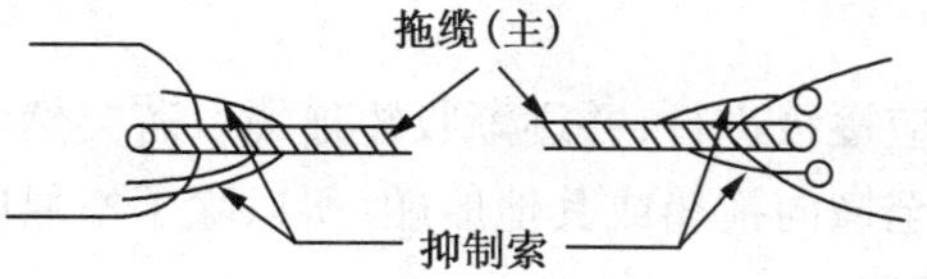

图 7-23 抑制索示意图

需要说明的是:在采取上述某些措施时,往往会增加拖带阻力或产生其他不良影响,因此在决定所采取的抑荡措施时应充分权衡利弊。

4. 拖缆长度的调整

图 7-24 和 7-25 所示的方法适当缩短了拖缆,是为了减小被拖船的偏荡。而调整拖缆长度还有另一目的是使拖船与被拖船在波浪中的位置同步,以免拖缆因受过大的冲击拉力而绷断。此外,当在狭水道和浅水区航行时都应适当缩短拖缆,以便于操纵和防止拖缆擦底。

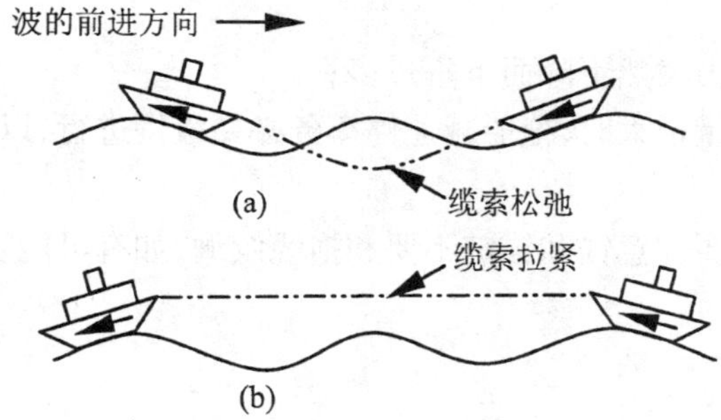

图 7-24 风浪中两船不同步

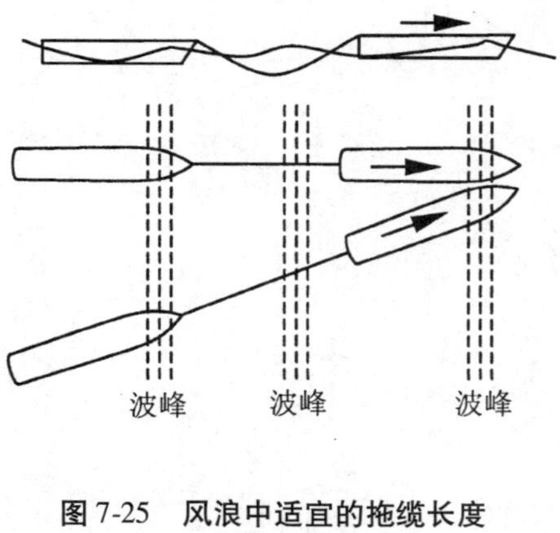

图 7-25 风浪中适宜的拖缆长度

5. 大风浪中拖航

船舶驾驶人员在设计航线时,应根据气象、海况资料,避开大风浪海区。一旦天气

突变进入大风浪区,在采取调整拖缆长度等措施仍难以拖航时,应采用滞航的办法;若风浪进一步增大,则应解拖漂滞。为了便于在大风浪过后继续系缆拖航,解拖时应在拖缆端部系挂较大的漂浮物。

6. 减速与停车

海上拖带时的减速应逐级进行,并逐渐收短拖缆。若突然停车,由于被拖船还有很大惯性,会很难控制,甚至撞向拖船或其他船舶,所以除了拖船应逐级减速外,被拖船还应做好抛锚准备,以防不测。

7. 拖缆的检查

海上拖航时应每日定期检查拖缆受力、各转折点及导缆孔处的磨损情况,按时加油润滑,并每日放出几个链环或稍松拖缆,使接触磨损部位转移。

8. 解缆程序和注意事项

(1)解缆程序

①拖船逐渐减速;

②拖船微速前进,待张力减小后再停车;

③在两船均已静止后,并都抛锚后或都系泊后,再解拖船。

(2)注意事项

①防止拖缆因张力突然下降而下垂过多;

②当被拖船排水量很大时,拖船减速停车务必要缓慢进行,以防止被拖船突然冲向拖船而造成碰撞;

③被拖船抛锚时要注意锚和锚链不要和拖缆绞缠,如有可能发生绞缠,应先将拖缆缩短或收起。

第八章

轮机知识

【本章学习目标】

为了更好地操控船舶，作为船舶驾驶员，除了掌握驾驶台的设备操纵要领之外，还应该了解与船舶操纵相关的轮机知识。

【本章要求】

(1)了解船舶动力装置的工作原理，包括柴油机、汽轮机和燃气机、传动装置、主机遥控系统；

(2)了解船舶辅机，包括辅机组成：造水机、泵系统、舵机、发电机与配电系统、制冷与空调系统、减摇装置等；

(3)了解船舶柴油机动力装置的运行管理。

第一节　船舶动力装置概述

为了满足船舶航行、各种作业、人员生活、财产和人员安全需要所设置的全部机械、设备和系统称为船舶动力装置。它的任务主要是向船舶提供机械能、电能和热能，并转换和使用这些能量。通常把产生推进力的发动机称主机，提供电能的装置称为发电机组，提供热能的装置称为锅炉，甲板机械和其他辅助机械设备称为辅机。

一、船舶动力装置组成

船舶动力装置主要由推进装置、辅助动力装置、管路系统、甲板机械、防污染设备、应急设备和自动化设备等七部分组成。

(1)推进装置即为推动船舶航行的装置，包括主机、传动设备、轴系和推进器。主机发出动力通过传动设备及轴系驱动推进器产生推力，通过推力轴承传给船体，使船舶克服阻力以某一航速航行。

（2）辅助动力装置是指除推进装置以外的其他产生能量的装置，包括船舶电站、辅锅炉、液压泵站和空气压缩机。它们分别产生电能、热能、液压能和压缩空气用于船舶生产和人员生活。

（3）管路系统由各种阀件、管路、泵、滤器和热交换器等组成，用于输送各种流体工质，以维持船舶的各种机械正常运转。管路系统按用途不同，可分为动力系统和辅助系统两大类。动力系统，即为推进装置和辅助动力装置服务的管路系统。它包括燃油系统、滑油系统、海淡水冷却系统、蒸汽系统和压缩空气系统等。辅助系统，即为船舶平衡、稳性、人员生活和安全服务的管路系统，也称为船舶系统。它包括压载系统，舱底水系统，日用海、淡水系统，通风系统，空调系统，冷藏系统和消防系统等。

为便于识别，按国标规定主要管路的颜色分别是：燃油系统为紫红色，滑油系统为黄色，海水系统为绿色，淡水为灰色，蒸汽系统为银灰色，压缩空气系统为蓝色，舱底水为黑色，消防水为红色等。在船上一般用相关色带标识。

（4）甲板机械是为保持或改变船舶航向、锚泊靠泊、装卸货物以及起落自身设备所设置的机械。它包括舵机、锚机、绞缆机、起货机、尾门尾跳收放系统、吊艇机及舷梯升降机等。

（5）防污染设备是用来处理船上的含油污水、生活污水、油泥、压载水、烟气及各种垃圾的设备。它包括油水分离装置（附设有排油监控设备）、生活污水处理装置、压载水处理装置、脱硫塔、焚烧炉等。

（6）应急设备包括为弃船求生或救助生命设置的设备、为机舱失去电力时设置的设备、为避免“瘫船”设置的设备等。这些设备有救生艇、救助艇、应急发电机、应急消防泵、应急舵机和应急空压机等。

（7）自动化设备能够改善船员的工作条件，降低船员劳动强度和减少人为的操作错误，还可以帮助船员在海上航行过程中对机械场所的设备、航行设备进行检测和控制，也可对船舶实施装卸过程中的检测、管理和控制。船舶自动化设备还可使船舶实现节能、降低成本、提高工作效率和保障船舶安全航行。另外，自动化程度高，可确保主要机电设备处于最佳运行状态。在异常情况下能及时预警并排除险情，而且可根据险情的严重程度控制船舶降速或停车，确保船舶航行安全。

自动化设备主要包括船舶自动电站，机舱集中报警检测装置，主、副机遥控（如驾驶台、集控室对主、副机的控制等），船体应力检测，液货装卸自动控制、通导系统的控制（雷达、电子海图、自动舵、电罗经、航行记录仪、自动识别系统等），通信系统（卫通、VHF 电话、桥楼值班报警），冷藏集装箱报警，等等。

随着船舶的大小、种类、用途、航线等情况不同，自动化设备将会有所变化，甚至会是很大的变化。例如滚装客船，不设起货机械，但必须设有尾门、尾跳装置；客船、短途集装箱船等频繁靠离码头的船舶往往设有侧推器；挖泥船、打桩船、海底布线船等工程船舶，根据其任务的不同，装设的机械设备也各具特色。

二、船舶动力装置的类型

根据主机产生推进力的能源转换方式不同,现今的民用船主要有蒸汽轮机推进装置、燃气动力推进装置、综合电力推进装置、可变螺距螺旋桨推进装置以及喷水推进装置。

1. 蒸汽轮机推进装置

蒸汽轮机推进装置的主机是以蒸汽为工质的汽轮机,燃料燃烧在锅炉中进行,因此热效率低。其特点是运转平稳,摩擦、磨损较小,振动、噪声较轻,但需配置重量、尺寸较大的锅炉、冷凝器、减速装置以及其他辅助机械,因此装置的总重量和尺寸均较大。现今技术的改进,虽大幅提高了装置的效率,但也只是在一些特殊船上用作主机,例如部分 LNG 运输船,在其他船型上大多用作废热利用中辅汽轮机。

2. 燃气动力推进装置

燃气动力推进装置的特点是燃料在气缸内直接燃烧产生动力,燃气即是工质,因此又称为内燃机。热效率高是它最突出的优点。根据运动方式不同,它又分为往复运动的柴油机动力装置和回转运动的燃气轮机动力装置两种。

(1)柴油机动力装置

柴油机不仅是热效率最高的一种热机,而且还有起动迅速、安全可靠、装置的重量较轻、功率范围大(从几千瓦至数万千瓦)等一系列优点。因此,船舶的主机、发电副机及其他原动机多采用这种发动机。随着智能柴油机(也称电喷柴油机)的诞生,柴油机动力装置的船舶仍然占绝对优势。继双燃料发动机的出现,新造船也在大量地选择双燃料发动机作为主机和副机。

(2)燃气轮机动力装置

其优点为单位重量轻、尺寸小、单机组功率大、机动性好、操纵管理方便且易实现自动化,但缺点是低速性能差,只用于一些特殊用途的船舶。

3. 综合电力推进装置

与传统的机械推进系统相比,电动机驱动螺旋桨就是电力推进装置。而吊舱式电力推进系统(如图 8-1 所示),以及柴 - 电推进系统为代表的混合动力系统在节能减排方面更具优势。由于双燃料四冲程发动机的成熟和应用,电力推进在 LNG 船上的应用取得巨大进展。

4. 可变螺距螺旋桨推进装置

通过改变螺距达到改变航速、航向的称为可变螺距螺旋桨推进装置,如图 8-2 所示。可变螺距螺旋桨适用于二冲程、四冲程各种类型柴油机,符合推进要求,各种船型均可选用。

图 8-1　吊舱式电力推进系统

图 8-2　可变螺距螺旋桨推进装置

5. 喷水推进装置

该装置通过水泵喷出水流的反作用来获得推力，再通过操纵舵和倒航设备分别改变喷流的方向来实现转向。其特点是快捷的加速性、高航速、浅吃水航行、使用变工况能力强、无可比拟的操纵性和舒适安静的航行状态等。

三、船舶动力装置的发展趋势

随着高新技术产业的发展，现代船舶动力装置不断革新，使得 VLCC 超大型油船、大型集装箱船、大型豪华邮轮以及 LNG 船舶成为造船市场的新热点。因此，受造船市场变化、船型发展变化、IMO 国际防污染公约及各国对环境保护要求趋严的影响，船舶动力装置新的发展动向主要体现在以下几个方面：

(1)近年来，现代柴油机继续向强化、低耗、可靠及低排放的方向发展。尤其是电子技术在柴油机上的应用，使更低排放的智能柴油机在船上也得以迅速发展，研发了超超长冲程二冲程电控柴油机、双燃料发动机、尾气脱硫装置、氮氧化物处理装置、废热回收技术(WHR)、废气再循环(EGR)技术等，使得发动机的排放达到 IMO TierⅢ 标准。

(2)大型豪华邮轮、滚装客船、滚装船的航速趋高，不但促进了大功率中速机发展，而且航速为 40 ~ 45 kn 的高速渡船的发展促进了柴油机 - 燃气轮机联合动力装置的研发。在高速时以燃气轮机作为推进动力，在低速时以柴油机作为推进动力。

(3)智能技术使得柴油机出现了适应节能、低排放的双燃料发动机。双燃料四冲程发动机和低速二冲程发动机的发明,为 LNG 船舶提供了经济且更低排放的发电原动机和推进装置,目前大型豪华邮轮、集装箱船舶也选择双燃料发动机作为主推进装置和发电原动机。

(4)电子变频技术发展为电力推进的发展开拓了舞台,柴 - 电联合电力推进装置得以广泛应用。目前有很多 LNG 运输船舶采用四冲程双燃料发动机作为发电原动机,推进装置选用电动机驱动螺旋桨。

(5)环境保护呼吁更安全的船舶动力装置:船舶配置了辅助推进装置,在主推进装置故障时,其能以 6 kn 的航速维持船舶航行,目前应用最多的是轴带发电机。

(6)利用风能和太阳能。

风能被认为是最有前景的海船替代能源之一。目前,已经有船舶应用风能的技术。

图 8-3 所示为应用 6 个旋筒风帆的新型客滚船。图 8-4 所示是固定式翼帆系统辅助风帆推进系统(ASPS),该系统用于改装项目,可降低约 30% 的油耗,新建船应用该系统则效果更佳。

图 8-3 6 个旋筒风帆的新型客滚船

图 8-4 固定式翼帆系统辅助风帆推进系统

四、船舶的节能环保措施

1. 改进船上操作

采用 IMO 推荐的船舶最佳纵倾(Optimal Trim Assistant, OTA)的节能减排操纵手段。这是一个自适应纵倾优化系统,可以给出在任意工况下的船舶纵倾 - 吃水 - 航速 - 功率的关系,通过相应的优化计算得到任意吃水下的最佳纵倾点。长期使用 OTA 系统,可有效改变船员操作习惯,提前配载达到最优纵倾,有效降低对主机功率的需求,达到节省燃油、减少碳排放的目的。

2. 改进船体设计,提高节能效果

现代船舶从减少船舶阻力和提高推进效率两个方面着手,在节能方面取得了显著效果。

(1)为减少船舶阻力而改进船体设计

针对集装箱船舶对低速航行的要求,改造船体后段设计,以便于采用新型高动力超长冲程柴油机,适应更大直径、更低转速的螺旋桨,可明显提高其效率,降低能效设计指数。

①采用破浪板(STEP),在规则波中可降低18%的船舶阻力,燃料效率在BF6级风力条件下可提高约2%,图8-5所示。

图8-5　破浪板(STEP)

②空气润滑系统,从船底吹出空气,在海水和船底之间形成细密气泡,减少摩擦阻力。这种技术不光能够节省能耗,还能有效减少二氧化碳排放量,见图8-6。空气润滑系统目前有鼓风机送气模式和利用主机助燃风送气模式两种类型。

图8-6　5万吨级"双洋"号煤炭运输船空气润滑系统

(2)提高推进效率型

超级导流管(SSD)和半圆形导流管等补偿导管一直是VLCC、散货船之类大型船舶船尾常用的节能装置,它能回收船尾伴流并转化为动力。如果在螺旋桨后方加设名为"SURF-BULB"的装置(如图8-7所示),可以减少3%～5%的燃料费用消耗。如它在VLCC、散货船等肥大型船舶中,与安装在螺旋桨前端的节能导管一起使用,则节能效果更佳。

另一种是对转螺旋桨+半圆形导流管+舵球,如图8-8所示。这种螺旋桨是在同一轴的前后安装了一对反向旋转的螺旋桨,前一个螺旋桨产生的回流损失可以被后一个螺旋桨所吸收,转化为推进力,提高推进性能。现在该装置多用于VLCC、散货船和电力推进船中,除了降低燃料费用外,还有降低CO_2、NO_x、SO_x等废气排放,减轻环境负荷的效果。另外,在螺旋桨后的中心部位水流紊乱并伴有漩涡,为了减少这部分的能量损失,在舵的前端螺旋桨桨帽相对位置处设置舵球,则可改善螺旋桨后的尾流,减少桨后旋转尾流损失。

图 8-7 SSD(超级导流管)+SURF-BULB

图 8-8 对转螺旋桨+半圆形导流管+舵球

(3)消涡鳍(PBCF)

消涡鳍(PBCF)是另一种新型船舶推进器水动力节能装置,如图 8-9 所示。它在螺旋桨毂帽上增设与螺旋桨叶数相同的小叶片,以消除螺旋桨“毂涡能量”为目的。它可以减少螺旋桨的尾部气泡,降低空泡效应,从而改善水动力性能,提高推进效率,而且投入较小,回报较快。

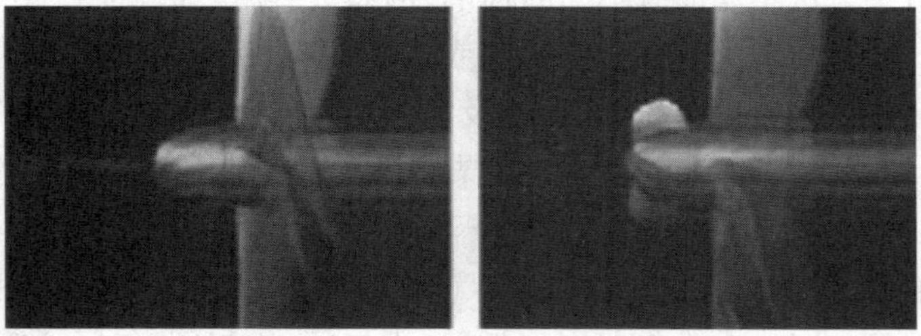

图 8-9 消涡鳍(PBCF)

通过近 2 000 艘的实船安装和近 100 艘的实船检测效果,得知 PBCF 可提高 3% 的轴扭矩、1% 的轴推力、5% 的节能效果,等于增加了 2% 的航速,同时还有效降低了船尾振动和水下噪声,改善了舵的损耗。

(4)改良船舶球鼻艏

改良船舶球鼻艏也是降低船舶燃油消耗的有效方法。

上述节能减排设备广泛用于各类船舶中,它们各自优良的节能效果已为航运界有效减少了可观的燃料消耗。当然节能手段不仅限于此,其他诸如船底超光滑涂料、燃料添加剂及节能航运管理系统等技术的开发和应用,都从各个角度为节能减排贡献力量。随着船舶能效设计指数(EEDI)在 2013 年 1 月 1 日正式生效,提高船舶能效指标、研发低碳型船舶成为当前船舶界的当务之急。只有综合利用多种节能技术、不断研究改进新的节能技术,才能大幅度节省船舶燃料费用,有效地降低船舶对环境造成的污染。

第二节　柴油机基本工作原理

一、柴油机一般介绍

柴油机是一种往复式内燃机，以柴油（或重油）为燃料。柴油机吸入的空气经压缩达到足够高的温度时，燃油以雾化的形式喷入气缸，在气缸内空气与燃油混合形成可燃混合气自行发火燃烧，生成高温高压燃气，随后进行膨胀，推动活塞做往复运动。柴油机是将燃料的化学能转变为热能，再将热能转变为活塞运动的机械能的一种热机。因其采用压燃式发火、燃烧，又称为压燃式内燃机。

柴油机因分类方法不同而有不同的称谓，例如：四冲程和二冲程柴油机；增压和非增压柴油机；筒状活塞式（又称无十字头式或箱式）和十字头式柴油机；低速、中速和高速柴油机等。一般认为转速在300 r/min及以下者为低速柴油机，300～1 000 r/min者为中速柴油机，超过1 000 r/min者为高速柴油机。因其结构关系，中、高速柴油机都是四冲程的，低速机都是带十字头的二冲程柴油机。

四冲程柴油机的主要部件有：气缸盖、气缸套、气缸体、机架（机身）、机座、主轴承、活塞、活塞销、连杆、曲轴、凸轮轴、顶杆、摇臂、进气阀、排气阀、气阀弹簧、高压油泵、高压油管、喷油器、进气管、排气管等。

二冲程柴油机主要部件有：气缸盖、气缸（包括气缸体和气缸套）、导板、扫气箱、机架、机座、主轴承、活塞、活塞杆、十字头、滑块、连轩、曲轴、凸轮轴、凸轮轴链、高压油泵、喷油器、增压器、空气冷却器等。

曲轴由若干个单位曲柄组成，单位曲柄由一个曲柄销、两个曲柄臂和两个主轴颈组成。机架和机座所包空间称为曲柄箱（曲轴箱）。

柴油机除上述部件外，还必须设有燃油系统、滑油系统、冷却系统、压缩气系统和操纵系统等，才能保证柴油机正常工作。

活塞在气缸内做往复运动时到达的最上端位置称为“上止点”，到达的最下端位置称为“下止点”，活塞从上止点到下止点（或相反）的行程称为“冲程”。柴油机飞轮端输出的功率为有效功率，也是柴油机铭牌功率或标定功率或额定功率。

二、柴油机的工作原理

柴油机基本工作原理：首先是压缩空气给予初始驱动；往复运动过程中，以压缩发火方式使喷入的燃料在气缸内燃烧，高温、高压的燃气在气缸中膨胀推动活塞运动；再通过活塞—连杆—曲柄机构将往复运动转变为曲轴的回转运动，从而带动工作机械。

燃油在气缸中燃烧做功必须通过进气、压缩、燃烧、膨胀和排气五个过程，这一过程周而复始的循环叫工作循环。柴油机的工作全过程包括进气、压缩、混合气形成、着火、燃烧与放热、膨胀做功和排气等在内的全部热力循环过程。

进气、压缩、燃烧、膨胀和排气在柴油机中可用活塞的两个行程或四个行程来完成柴油机的一个工作循环,相应称为二冲程或四冲程柴油机。

1. 四冲程柴油机工作原理

四冲程柴油机工作原理如图 8-10 所示,柴油机的五个工作过程在四个行程中完成,即一个循环对外做一次功。

第一行程:进气行程,空气进入气缸时相应的活塞行程。

活塞从上止点下行,进气阀 a 打开。由于气缸容积不断增大,缸内压力下降,依靠气缸内外的压力差和活塞下行时的抽吸作用,新鲜空气通过进气阀被吸入气缸,直至进气阀关闭,进气行程结束。

燃料燃烧以相应数量的助燃空气为前提,为了使柴油机发出较大的功率,要求在一定气缸容积的条件下,每个进气行程吸入的空气量越多越好。为此,实际柴油机的进气阀提前于活塞抵达上止点前、曲柄位于点 1 时打开,延迟于活塞越过下止点后、曲柄位于点 2 时关闭。

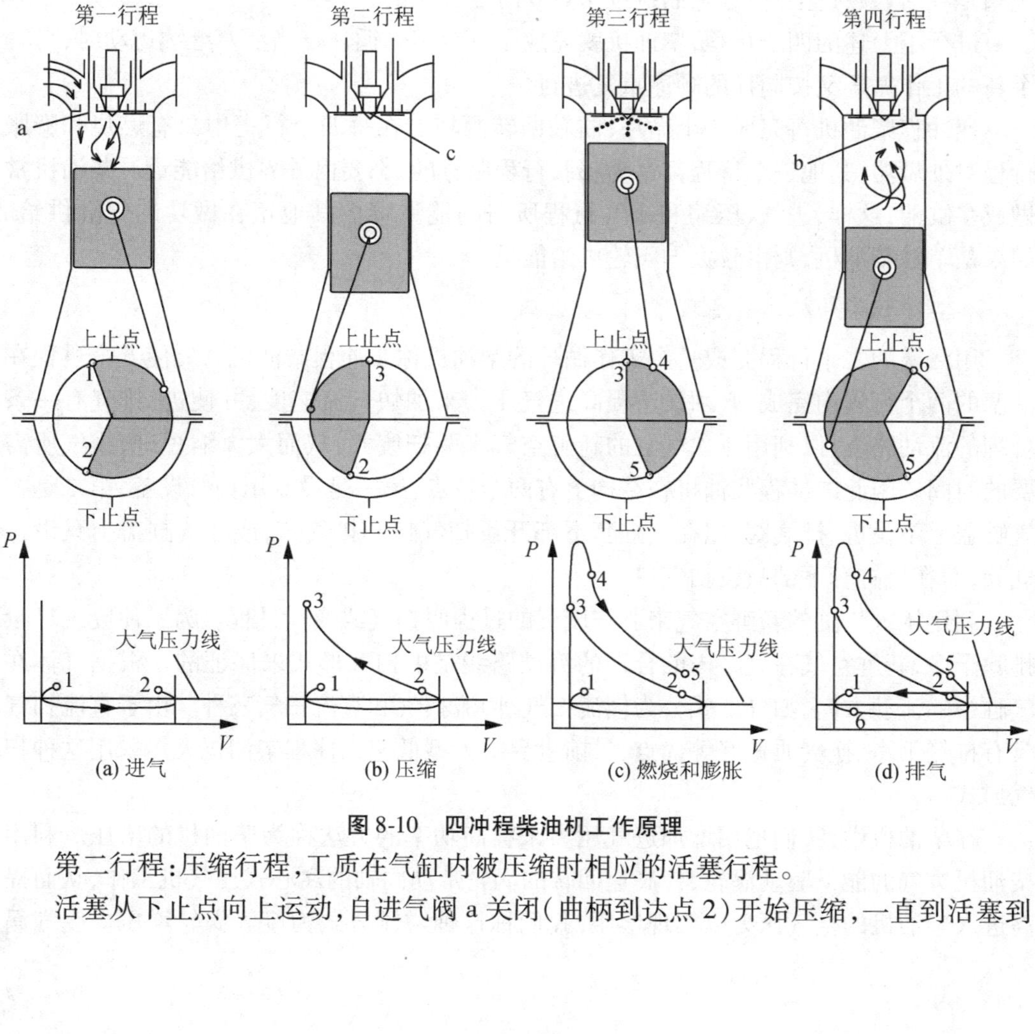

图 8-10 四冲程柴油机工作原理

第二行程:压缩行程,工质在气缸内被压缩时相应的活塞行程。

活塞从下止点向上运动,自进气阀 a 关闭(曲柄到达点 2)开始压缩,一直到活塞到达上止点（曲柄到点 3）为止。第一行程吸入的新鲜空气经压缩后，压力增高到 3～6 MPa，温度升至 600～700 ℃，超过了燃油的自燃点（燃油自燃温度为 210～270 ℃）。因此，在压缩行程的后期，活塞抵达上止点前，燃油经喷油器 c 喷入气缸，就能与空气混合，并在高温下自行发火燃烧。

第三行程：燃烧和膨胀行程，工质在气缸内燃烧膨胀时相应的活塞行程。

活塞在上止点附近，由于燃油剧烈燃烧，气缸内的压力和温度急剧升高，压力约达 5～8 MPa，甚至 15 MPa 以上，温度为 1 400～1 800 ℃或更高些。燃烧过程一直延续到活塞越过上止点后、曲柄位于点 4 时结束。燃烧产生的高温高压燃气在活塞越过上止点后即开始膨胀，推动活塞下行做功，再通过连杆推动曲轴做回转运动。随着燃气的膨胀，气缸容积不断增大，气缸内压力和温度逐渐下降，直至活塞抵达下止点前、曲柄位于点 5 时，排气阀 b 被打开，膨胀过程结束。

第四行程：排气行程，废气从气缸内排除时相应的活塞行程。

在上一行程末，排气阀已打开，此时活塞尚在下行，气缸内做功后的废气由于压力仍高于大气压力而通过排气阀排出气缸。当活塞越过下止点向上回行时，剩余废气继续被活塞推出气缸，直至排气阀关闭，排气过程结束。为了尽可能排净废气，实际上，排气阀是在活塞越过上止点后、曲柄位于点 6 时才关闭的。

四冲程柴油机工作原理

进行了上述的四个行程，柴油机就完成了一个工作循环。当活塞继续运动时，另一个新的工作循环又按同样的顺序重复进行。

四冲程柴油机运动部件工作顺序

四冲程柴油机每完成一个循环，曲轴回转两转。在每四个行程中只有燃烧和膨胀行程对外做功，其他三个行程都是为膨胀行程服务的，都要由外界供给能量。柴油机常做成多缸的，这样，进气、压缩和排气行程所需的能量可由其他正在做功的气缸供给。如果是单缸柴油机，则由较大的飞轮供给能量。

2. 二冲程柴油机工作原理

用活塞的二个行程完成一个工作循环的柴油机称二冲程柴油机。要使五个过程在活塞的两个行程内完成，必须设法提高进气压力来加快气流速度，并使进、排气有一条合理的流动路线，以利用压入气缸的新鲜空气来驱扫废气，从而大大缩短进、排气所需要的时间。因此二冲程柴油机在结构上有两个特点：第一是设专用扫气设备；第二是在气缸盖上不设进、排气阀，但在气缸套下部开设扫气口和排气口，或在气缸盖上只设排气阀，而在气缸套下部只设扫气口。

利用压入气缸的新鲜空气来驱扫废气的过程叫扫气或换气过程。为了使废气尽量排除干净，新鲜空气在气缸内的合理的流动路线是由扫气形式来保证的。根据气体在气缸中的流动方向，扫气形式分为横流扫气、回流扫气和直流扫气三种。由于直流扫气具有排气干净、换气质量好等优点，目前世界上大型低速二冲程柴油机大多采用这种扫气形式。

在柴油机中，我们把用增加进气压力来提高功率的方法称为柴油机的增压。利用柴油机废气的能量驱动涡轮，使高速回转的涡轮带动同轴的离心式压气机工作，从而提高进入柴油机的空气压力以实现增压，我们称这种增压方式为废气涡轮增压。废气涡轮增压适用于四冲程和二冲程柴油机，是提高柴油机功率最有效的措施，对提高经济性有显著的作用。

增压直流扫气二冲程柴油机的扫气过程，如图8-11所示。

（1）新气通过气缸下部的进气口进入气缸，而废气则通过气缸盖上的排气阀排出气缸。

（2）在进、排气管道上分别安装了离心式压气机和废气涡轮机，两者组合成废气涡轮增压器。

（3）废气涡轮从排气中获得能量而带动压气机一起转动。新鲜空气则从大气通过吸入口吸入压气机，经压缩后压力和温度升高，然后由管经冷却器冷却后导入进气管和扫气箱等待，准备进入气缸。

（4）在换气过程，当活塞下行还没有打开进气口之前，排气阀首先被气阀机构打开（曲柄在点1），废气大量排出气缸，并经排气阀和排气管进入废气涡轮中。当活塞继续下行使气缸内的压力降低到接近于增压压力时，活塞将扫气口打开（曲柄在点2），等待在扫气口外边的增压空气即进入气缸，并把废气扫出。当活塞运动到下止点并转向上行时，扫气口被关闭（曲柄在点3），接着排气阀关闭（曲柄在点4），换气过程结束，压缩过程开始。

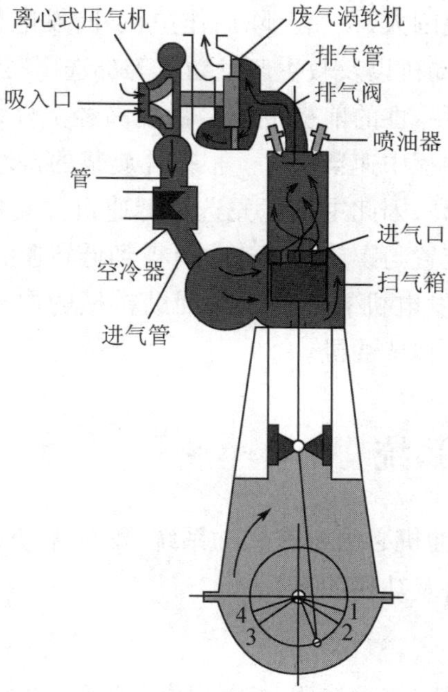

图8-11　增压直流扫气二冲程柴油机的扫气过程

由此可看出二冲程柴油机工作原理：

第一行程为扫气及压缩。活塞由下止点上行，在活塞遮住扫气口之前，扫气箱内的新鲜空气进入气缸，同时驱扫气缸中残存的废气，直至活塞上行遮住扫气口；当排气阀关闭时，扫气过程结束。活塞继续上行，开始压缩气缸中的空气。当活塞接近上止点附近时，燃油通过喷油器喷入气缸，接着开始点火燃烧。

第二行程为燃烧、膨胀及排气。燃烧产生的高温高压燃气推动活塞向下运动，对外膨胀做功，直至排气阀打开，燃烧膨胀过程结束，排气过程开始。活塞继续下行打开扫气口，新鲜空气进入气缸，并将废气经排气阀驱扫出去。扫气过程一直持续到下一行程排气阀关闭为止。

二冲程柴油机工作原理

与四冲程柴油机相比，二冲程柴油机具有如下优点：

(1)两个行程即曲轴一转完成一个循环，不但热效率高，也提高了柴油机的功率。在气缸尺寸和转速相同的条件下，二冲程柴油机的功率为四冲程柴油机的1.6~1.8倍。

二冲程发火过程

(2)二冲程柴油机的运转平稳性要优于四冲程柴油机，起动要比四冲程柴油机容易。

(3)二冲程柴油机的结构比四冲程柴油机简单，维护、保养更方便。

二冲程柴油机的主要缺点是进排气时间短，换气质量不如四冲程柴油机好，且转速越高，换气质量越差。

二冲程柴油机直流和回流扫气

三、柴油机在海船上的应用

柴油机因其功率覆盖范围大，在船上除用作主机外，发电机的原动机、应急发电机的原动机、应急救火泵的原动机以及救生艇发动机等都选用柴油机。

作为商船的主机要在可靠性的前提下应尽量提高经济性，因此一般选用低速二冲程增压柴油机和大功率四冲程中速柴油机。根据螺旋桨的特性可知，螺旋桨直径越大、转速越低，螺旋桨的效率越高，因此主机优先选用低速机并直接带动螺旋桨，大功率四冲程中速柴油机通过减速装置与螺旋桨相连也可得到低转速。

发电机的原动机、应急发电机的原动机及辅助机械的原动机因要求重量轻、尺寸小，一般都选用中、高速四冲程柴油机。

四、柴油机的工作系统

为了保证正常运行，柴油机必须要有燃油系统、滑油系统、冷却系统和压缩空气系统等。这些系统的主要设备及功用如下：

1. 燃油系统

燃油系统的主要任务是将燃油按质、按量、按时地送入气缸。

我国对柴油机所用的燃油分类除轻柴油是国家标准外，其他均采用ISO国际标准。从节能出发，目前，很多单一燃料船舶，其主机、辅机及锅炉已都使用燃料油，但在机动操作时，有些船舶的主机需要换用柴油。应急发电机的原动机和救生艇的发动机均燃用轻柴油。

燃油系统可分为燃料油系统和柴油系统。燃油系统工作过程由注入、贮存、驳运、净化和供给五个基本环节组成。加油时通过甲板两舷的国际标准加油法兰将油加入油舱。

在燃油系统的维护管理中，轮机长与船长协商后向公司提出加油申请；加油舱和加油量由轮机长与大副商定，以满足吃水要求；在进、出港时如需要更换燃油品种，应与驾驶台取得联系。

特别值得注意的是，2020 年 1 月 1 日起，新的全球硫含量上限最高为燃料含硫量 0.5%，硫排放管制区（Sulphur ECA）的硫排放限值为 0.1%，因此必须掌握目前低硫油生产和应用情况。低硫燃油按生产供应方式可分为低硫重质燃油、直炼低硫油、低硫调和油。但因低硫油目前在全球各港口的可获得和质量还具有不确定性，缺乏相关的燃油标准等因素（市场还需要一段时间的适应），一旦操作不当极易导致安全事故。所以，必须研究对策、掌握低硫燃油的特性，严格按照低硫燃油使用的操作规程实施相关操作。

2. 滑油系统

滑油系统的任务主要是向主、副机运动部件提供足量而洁净的润滑介质，并具有散热和洗涤摩擦面等作用。二冲程柴油机活塞与气缸间润滑须选用含一定碱性的气缸油；增压器转速高、负荷稳定，常用透平油润滑和冷却；柴油机本身各运动件的润滑和冷却则选用柴油机油。因此，柴油机的滑油系统基本上分为三个部分：

（1）气缸注油系统，分为有机带气缸油注油器系统和电子气缸油喷射系统。按规定时刻通过分布在气缸四周的注油器将滑油注入气缸内壁四周，使活塞与气缸之间保持润滑，然后随气缸中燃油的燃烧而一起烧掉，所以注入的油量应适当，否则将导致结炭或干摩擦。目前气缸油系统大多采用电子精准控制系统。

（2）透平油用于增压器的润滑和冷却。根据轴承种类有两种系统：滚动轴承采用内置式润滑系统和滑动轴承采用外置压力润滑系统。

（3）柴油机系统油，主要用于柴油机轴承等运动件的润滑和冷却。该系统主要设备由滑油循环柜、滑油泵、净化设备、滑油冷却器、温度调节器等组成。滑油泵从循环柜中吸入滑油，经过滤、冷却后供给柴油机各运动部位和活塞。该系统油是循环使用的。

3. 冷却系统

目前，柴油机冷却系统都采用中央冷却系统，由高温水、低温水（又称中央冷却水）和海水三个系统组成。高温水、低温水均是淡水，高温水用于主、副机气缸盖、缸套等高温受热部件的冷却，低温水冷却高温水，海水冷却低温水。这样大大减少了海水管系，也就减少了因海水管路腐蚀、损坏而导致的维修，确保系统安全运行。冷却系统的主要设备有泵、膨胀水柜、冷却器、温度自动调节器等。

4. 压缩空气系统

压缩空气系统主要由空压机、空气瓶、各种阀件及管路组成。其主要用于主、副柴油机的起动，自动控制设备的控制空气，汽笛，以及用于吹洗某些设备等。

五、柴油机主要性能指标

反映柴油机动力性和经济性的指标主要有指示指标和有效指标。指示指标是以气缸内示功图所表示的工作循环指示功为基础的,而有效指标是以柴油机输出轴上所得到的有效功为基础的。指示指标主要包括平均指示压力、指示功率、指示效率、指示耗油率等。有效指标主要包括平均有效压力、有效功率、机械效率、有效耗油率等。除了上述性能参数外,还有表征机械负荷、热负荷、基本结构和强化程度等的性能参数,主要有最高爆发压力、排气温度、活塞平均速度、行程与缸径比、压缩比和强化系数。

1. 最高爆发压力(最高燃烧压力)

燃烧过程中气缸内工质的最高压力称最高爆发压力,它反映了柴油机的机械负荷,它的大小是周期性变化的,它引起各受力部件的应力和变形,造成疲劳破坏、磨损和振动。

2. 排气温度

对同一台柴油机而言,排气温度的高低反映了缸内负荷的大小与燃烧质量的好坏,因而在船舶上通常用排气温度衡量热负荷的大小。柴油机排气温度过高,不但标志热负荷过高,而且还会引起经济性和可靠性下降。因而,排气温度是柴油机运转管理中重要的监测参数。

3. 活塞平均速度

在曲轴一转两个行程中活塞运动速度的平均值称活塞平均速度。活塞平均速度是影响柴油机机械负荷、热负荷和寿命的重要参数之一,也是评定柴油机运转速度的指标。提高活塞平均速度可以提高柴油机的功率,零件的机械负荷、热负荷也会同时增加,机件的磨损也相应增加,因而靠提高活塞平均速度来提高功率是有限度的。

近代船用大型二冲程柴油机多采用长行程或超长行程。为了维持较长的寿命和适当的活塞平均速度,均选用较低转速,如标定转速低于 100 r/min,甚至仅为 60 ~ 70 r/min。这对提高螺旋桨的推进效率也是有利的。

4. 行程缸径比(S/D)

行程缸径比是柴油机的主要结构参数之一,它明显影响柴油机的工作性能。在活塞平均速度及缸径为定值的条件下,增大行程缸径比一方面可增大燃气的膨胀功,提高功率;另一方面在保持活塞平均速度不变的情况下大幅度降低柴油机转速,可明显提高螺旋桨效率。所以最经济的柴油机当属低速超长冲程柴油机。但增大行程缸径比使柴油机结构复杂、造价增加,因而行程缸径比的增加是有限度的。

六、燃油的燃烧

自压缩行程末期燃油喷入气缸,直到在膨胀中燃烧结束的整个燃烧过程中,缸内燃油经历了内部混合形成可燃混合气、以压缩发火方式形成自燃发火,以及火焰扩散形成燃烧的全部过程。根据柴油机燃烧过程的进展特点,一般可把燃烧过程分为滞燃阶段、速燃阶段、缓燃阶段和后燃阶段四个阶段。

1. 滞燃阶段

燃油从喷入气缸到发火这段时期称为滞燃阶段，滞燃阶段内形成的可燃混合气的数量决定了后续速燃阶段燃烧的急剧程度。

2. 速燃阶段

从气缸内燃油发火燃烧到出现最高压力为止的这段时期称为速燃阶段。这一燃烧时期的特点是气缸中的压力迅速上升至最高爆发压力。评价速燃阶段的重要参数是平均压力增长率，此值决定了柴油机燃烧过程的柔和性。平均压力增长率小的柴油机工作柔和，燃烧平稳，无敲击声。平均压力增长率大的柴油机工作粗暴，常伴有敲击声。

3. 缓燃阶段

从气缸内工质出现最高压力到出现最高温度这段燃烧期称为缓燃阶段。速燃阶段和缓燃阶段构成了燃油明显燃烧阶段，故统称为主燃阶段。

4. 后燃阶段

后燃是燃烧过程在膨胀行程中的继续。后燃阶段的存在使排气温度提高并由此使柴油机机件的热负荷增加。因此，后燃阶段愈短愈好。

七、柴油机的起动

柴油机本身没有自行起动能力。要使静止的柴油机转动起来必须借助于外力，即在外力作用下进行进气、压缩、喷油，直至燃油燃烧膨胀做功，才能推动活塞自行运转。这一过程称为柴油机起动。

为了保证柴油机起动，带动柴油机的外力（矩）还必须使柴油机达到一定的转速，通常称柴油机起动所要求的最低转速为起动转速。起动转速的大小与柴油机的类型、环境条件、柴油机的技术状态、燃油品质等有关。起动转速的一般范围是：高速柴油机为 80 ~ 150 r/min；中速柴油机为 60 ~ 70 r/min；低速柴油机为 25 ~ 30 r/min。

根据所采用的外来能源形式，柴油机的起动方式可分为：

（1）借助于加在曲轴上的外力矩使曲轴转动起来，如人力手摇起动、电机起动等；

（2）借助于加在活塞上的外力推动活塞运动使曲轴旋转起来，如压缩空气起动。

起动方式的选择与起动阻力矩的大小有关。一般小型柴油机和救生艇柴油机采用电力或手摇起动，船舶主机和发电柴油机几乎全部采用压缩空气起动。

按船舶规范规定，用于柴油机起动的压缩空气应满足下列要求：用于主机起动的空气瓶至少应有两个，其总容量在不补充空气的情况下，对每台可换向的主机在冷机条件下能连续交替起动不少于 12 次，对每台不能换向的主机在冷机条件下能连续起动不少于 6 次。换向时间：在最低稳定转速下，从换向操纵开始到主机反向开始运转为止所需时间不得超过 15 s。

八、双燃料发动机的工作原理

在对传统柴油机升级换代的同时，双燃料船用发动机得到了长足的发展。全球范围内以 LNG（液化天然气）为燃料的船舶大幅度增加。除了柴油/天然气双燃料发动机，还诞生了可燃烧液化石油气（LPG）的双燃料二冲程低速船用发动机，而且该机还加装了 SCR（催化剂反应还原）装置和 EGR（废气循环）系统，直接可满足 IMO TierⅢ排放标准。

与使用常规燃油的发动机相比，双燃料发动机的 CO_2 排放量可减少 20% ~25%，氮氧化物的排放量可减少 85% ~90%，硫氧化物和颗粒物的排放量接近为零；此外，与单位质量的 LNG 相比燃油具有更高的热值，且当前 LNG 的价格比柴油低，使用 LNG 作为船舶燃料也可为船东带来可观的经济效益。

1. 双燃料 LNG 四冲程发动机工作原理（如图 8-12 所示）

气缸头上的喷油器有大小两个喷油孔，大孔用于燃油模式的 HFO 喷射，小孔则用于气体模式的先导燃油喷射；先导燃油的喷射是由电磁阀控制的。在活塞下行进气行程，天然气和空气同时进入气缸（a），活塞上行压缩（c），接近上止点前喷油器的小孔先导燃油喷射点燃高温高压的混合气，并燃烧膨胀做功（c）。双燃料 LNG 四冲程发动机有两种工作模式：气体模式运行和燃油模式运行。气体模式运行时，通过电磁阀实现对每个缸先导燃油喷射的最佳定时和最佳持续时间控制，因此可以获得非常低的 NO_X 排放；燃油模式运行时，小孔和大孔分别先后喷射先导燃油和 HFO，二次喷射同样可以降低燃烧峰值温度，减少 NO_X 的排放。

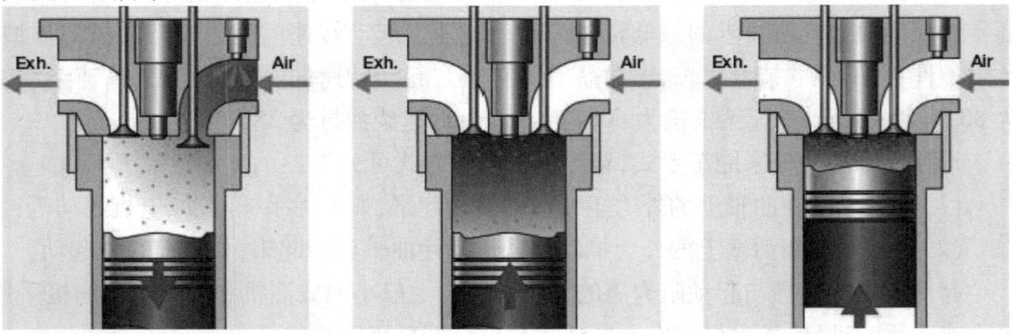

（a）进气和天然气喷射　（b）天然气和空气混合气压缩　（c）先导燃油喷射和燃烧

图 8-12　双燃料 LNG 四冲程发动机工作原理

2. 双燃料 LNG 二冲程发动机工作原理

双燃料 LNG 二冲程发动机有低压进气技术（Otto 循环）和高压进气技术（Diesel 循环）两种形式。

低压进气技术（≤13.3 bar）见图 8-13，活塞在扫气口打开时吸进新鲜空气，上行至在缸套中部的天然气进气口时喷入天然气，压缩冲程末端接近上止点前先导油喷射，点燃高温高压的天然气和空气的混合气，燃烧、膨胀、做功，可以直接满足 IMO Tier Ⅲ排放规范要求。

高压进气技术见图 8-14，活塞在扫气口打开时吸进新鲜空气，压缩冲程末端接近上止点前先导油喷入气缸（5%），以压燃方式点燃高温高压空气后，再喷入 200 ~ 300 bar 的高压气态 LNG，高温高压燃气引燃后期喷入的 LNG 高压气体，燃烧、膨胀、做功。

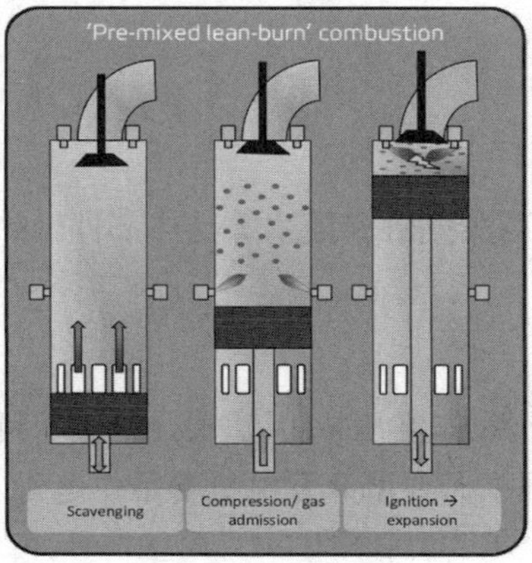

图 8-13　Otto 循环（低压进气技术）

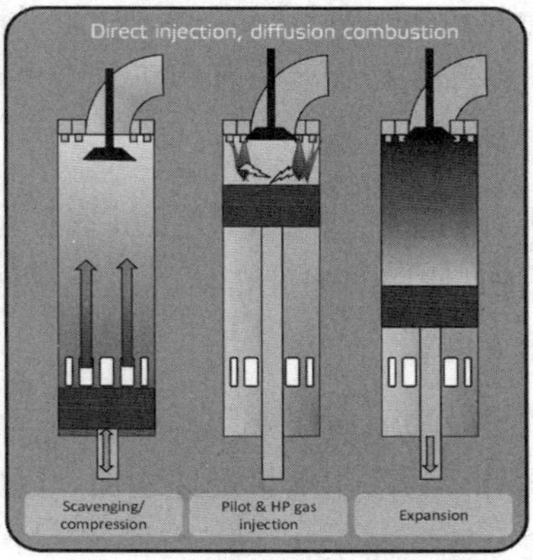

图 8-14　Diesel 循环（高压进气技术）

九、废气清洗系统（EGCS）

为满足限硫令规定，除了使用低硫燃油和清洁能源外，还有一个途径，就是安装废气清洗系统，即船用脱硫塔。脱硫塔可去除废气中的硫，船舶可继续使用常规高硫燃油。目前脱硫塔形式如下：

按工作原理可分为：（1）开环式系统；（2）闭环式系统；（3）混合型系统。

按脱硫剂可分为：（1）使用干式脱硫剂［固体 $Ca(OH)_2$］的干式脱硫系统；（2）使用海水作为脱硫剂的湿式脱硫系统，一般用于开环式系统；（3）使用碱液（如 NaOH 溶液）作为脱硫剂的湿式脱硫系统；（4）使用浆液［如 $Mg(OH)_2$ 或 MgO 溶液］作为脱硫剂的湿式脱硫系统。

第三节　柴油机动力装置运行管理

船舶在航行中，必须保证动力装置中各设备可靠、经济地运行，最大限度地延长其使用寿命。这不仅需要轮机人员正确使用各种设备并进行定期维修，同时也要求船舶驾驶人员能很好地互相配合。

一、开航前的准备

开航前除了与值班驾驶员核对时钟、车钟外，为确保船舶航行安全，还应校对舵机等。

轮机部开航前备车是为了使主机处于随时都能起动和运转的状态。在正常营运期间停港时间较短，提前 1 h 备车即可。

轮机备车工作大致包括以下几个方面：

1. 暖机

暖机有利于燃油发火，使主机容易起动；可减少气缸和活塞等受热部件因热应力而引起的损伤；使润滑油分布均匀，减少磨损等。

2. 供电准备

在备车及启航时需要起动的大功率设备较多，如空压机、应急鼓风机、舵机、锚机、绞缆机、侧推器等，用电量迅速增加。因此，应根据需要增开发电机备足供电量。

3. 起动相关的工作系统

开启滑油泵调压至规定值，柴油机在转车前通过注油器向气缸内注油，起动冷却水系统、燃油系统、压缩空气系统等。

4. 转车、冲车、试车

在上述工作准备完毕后，可对主机进行转车、冲车和试车。在征得驾驶台同意后，将盘车机接入，在示功阀开启的情况下进行盘车，对于大型低速柴油机，要求正车与倒车转车约 10 min，其目的是检查机器各运动部件和轴系的回转情况。盘车完毕，将盘车机脱开，进行冲车。冲车是在不进油情况下用压缩空气使柴油机转动。冲车的目的是检查机器的起动机构是否正常，同时将气缸中的杂质、残水或积油等从示功阀处冲出。在确认一切正常后关闭示功阀，然后起动主机并供油，使柴油机正、倒车各转几转，其目的是检查机器的工作和换向机构是否正常。试车完毕后，将车钟放回停车位置，表示随时可以动车，此后，值班轮机员不应远离操纵台。

二、航行中的工作

主机起动运转后，轮机人员应加强巡视，随主机转速的变化调整主机各运行参数，并密切注意可能出现的故障和问题。主机“定速”后，轮机员还要定时进行巡回检查。

(1)在机舱外巡视时应注意观察主、副机的排烟颜色。正常烟色应是隐约可见的淡灰色。排烟若为黑色，则说明燃油在气缸内燃烧不良；排烟若为蓝色，则说明有大量滑油在气缸内燃烧；排烟若为白色，则说明有冷却水漏入气缸或增压器冷却腔或废气锅炉。同时还应观察舷外冷却水的出水情况、海面情况、舵机运转情况。

(2)船舶轴系及舱底水情况。检查推力轴承、中间轴承和尾轴承的润滑和冷却情况以及有无渗漏现象。检查机舱舱底水水位及污水舱存量。

(3)检查主机操纵台仪表读数和主、副机报警系统;定期测量主、辅机示功图,分析主机各缸负荷分配情况。

(4)如需更换发电机、清洗主机增压器等必须通知驾驶台。

三、到港后的工作

船舶抵港后,当驾驶台通知"完车"时,打开示功阀,合上盘车机,向气缸内注入气缸油,盘车;主机暖机;关闭气瓶和主启动阀;主机使用燃料油的船舶将燃油系统处于循环状态保温;滑油泵继续工作半小时再停,以保证机器的温度能较为均匀地逐步冷却。

拆检主机、清洗锅炉等应在征得船长同意后才能进行,主机如需转车应先与值班驾驶员联系,以便采取措施。

第四节 推进装置的特性及各种工况下主机的操纵

船舶在各种条件下运行时,用船、机、桨的工作参数来表示三者的相互影响和变化规律,称推进装置的配合特性。

一、船、机、桨的特性

1. 船舶的阻力特性

船舶航行所受到的总阻力在正常航行时主要由水下部分的摩擦阻力、兴波阻力、形状阻力组成。在恶劣海况下,其他阻力如空气阻力、附体阻力、汹涛阻力影响也很大。

船舶所受的水阻力与船速的 m 次方成正比,商船 m 一般取 2,即阻力 R 与船速二次方成正比;所需功率约与船速的三次方成正比。各种船型的阻力随船速变化规律虽有很大的差异,但船速越大,阻力则越大,阻力变化率也越大。

2. 螺旋桨推进特性

螺旋桨在水中转一圈前进的距离称进程,用 h_p 表示。螺旋桨的进程 h_p 与其直径 D 的比值称进程比 J,即

$$J = \frac{h_p}{D} = \frac{v_j}{n_s D} \tag{8-1}$$

式中:v_j——螺旋桨进速;

D——螺旋桨直径(m);

n_S——螺旋桨转速(r/s)。

进程比直接反映了航行状态的变化。

螺旋桨推力 T、转矩 Q、桨的敞水效率 η_0 随船速(或转速)和航行状态(即进程比 J)变化的关系称螺旋桨推进特性。

如图 8-15 所示,在给定的船舶中,螺旋桨直径为定值,J 仅随 v_j/n_S 的变化而变化。当 n 一定时,随 J 的减小,螺旋桨推力 T_e、转矩 Q、螺旋桨吸收的功率 P_P 均要相应增大;在 J 保持一定时,T_e、Q 均与 n 的平方成正比,而 P_P 与 n 的立方成正比。

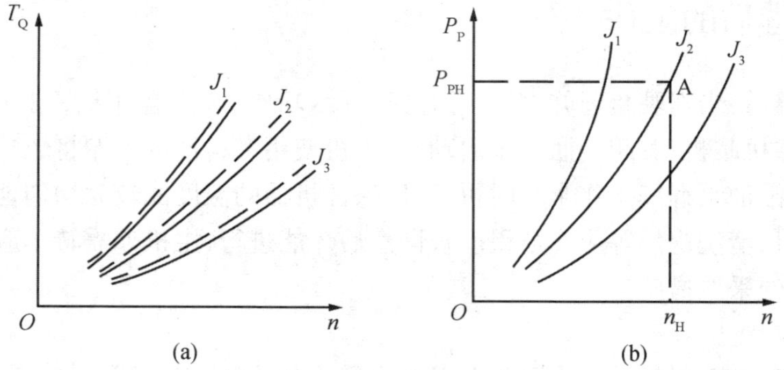

图 8-15 不同 J 时的推进特性

影响螺旋桨特性的因素如图 8-16 所示,图中:

K_Q——推力系数(代表推力 T_e);

K_T——扭矩系数(代表扭矩 Q)。

当 J 增加,推力和扭矩减小;当推力为零,螺旋桨的效率也为零。

J 减小,推力和扭矩增加。

J 为零,推力和扭矩最大。

J 为设计值,螺旋桨效率最高;越过设计值,J 无论增大或减小,螺旋桨的效率都会下降。

当 J 值不同时,同一转速下螺旋桨的转矩和吸收功率也有不同的值。由此看出,随着航行阻力的增加(或减小),螺旋桨特性线变陡(或变平坦)。

影响螺旋桨推进特性的因素除了航行状态外,还有螺旋桨的结构参数,如螺旋桨直径 D 大,推力大;盘面比大,推力大;螺距比大,螺旋桨推进曲线陡。

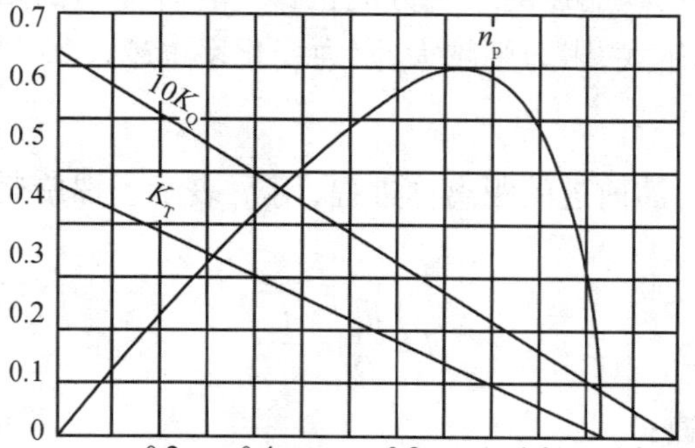

图 8-16 螺旋桨特性曲线

3. 柴油机的速度特性

柴油机的工作指标和参数随转速变化的规律叫作柴油机特性。它是柴油机的固有特性。当柴油机喷油泵油量调节机构固定,其主要性能指标和工作参数随转速变化的关系称为速度特性,又称外特性。根据喷油泵油量调节机构固定的位置不同,速度特性分为:

(1)全负荷速度特性,又称额定外特性。其是将喷油泵油量调节机构固定在标定功率的供油位置上时测得的各特性参数随转速变化的关系。它表示柴油机在标定供油量的条件下,在各种稳定转速下所能发出的最大功率。

(2)超负荷速度特性。我国 CCS 船舶建造规范规定,船用柴油机超负荷功率为标定功率的 110%,在 12 h 的运转时间内,允许超负荷运转 1 h,且不冒黑烟。因此,在测定超负荷速度特性时是使柴油机在标定转速下稳定运转,通过测功器来增加柴油机外负荷,使之达到 110% 标定功率和相应的转速(103% 标定转速),此时将喷油泵调油机构固定,测取各特性参数随转速变化的关系。

由于柴油机是在最大供油量位置上,气缸内的温度和压力都很高,致使机件各部分受到很大的热应力和机械应力,工作时间不能太长。

(3)部分负荷速度特性。把油量调节机构固定在比标定供油量小的不同位置上,测出各特性参数随转速变化的关系,即部分负荷速度特性,也称部分外特性。

4. 柴油机推进特性

柴油机带动螺旋桨工作时,若不计传动损失,柴油机发出的功率应等于螺旋桨所需的功率。螺旋桨转动时所需要的功率与转速的三次方成正比,因此柴油机带动螺旋桨工作时,其功率和转速关系也应按螺旋桨特性的规律变化,即柴油机的功率与转速的三次方成正比。这就是柴油机的推进特性,它也是一种速度特性。

二、船、机、桨的相互作用

船、机、桨在许多方面都存在着相互作用。第一,它们之间存在着机械连接,也存在着运动方面的相互作用。第二,船、机、桨之间存在着液力间的相互作用。第三,从能量观点看,船、机、桨三者共同组成了一个统一的能量转换系统。因为它们之间存在着上述相互作用,所以它们之间的运动状态也会相互制约。当船舶要求在某一装载量、某一航速下航行时,则机、桨两者运行点就已确定了。如果要求主机在某一工作参数状态下运行,同样也决定了另外两者的运行工况点。由此看来,船舶推进装置的性能是由船、机、桨三者的性能共同决定的,研究推进装置特性时需要将三者联系起来进行分析。

三、螺旋桨的选配

在选配螺旋桨时,可以根据船体的有效功率和船速的要求,选配高效节能的螺旋桨,再根据螺旋桨的推进特性,在主机选型中取得功率适宜的主机型号。当已选定较合理的主机时，也可根据机型、船型、船速等去选配螺旋桨。

机桨选配的原则如图 8-17 所示，a 点符合下列原则：除满足船舶所要求的船速与较高的螺旋桨效率外，既能使柴油机的功率得到充分利用，又要使柴油机功率在全部运转范围内不超出允许的范围。

为保证在任何航行状态下均能满足配桨原则，必须留有功率储备。柴油机最大持续功率和配桨时所选用的功率之差称推进装置的功率储备，其有发动机工作储备和船体工作储备之分。影响功率储备的因素有机型、船型、船舶用途、船舶的航区等。考虑到主机在海上工作环境与陆地不同，为了确保主机安全可靠地工作，延长维修间隔期，发动机在船上使用的服务功率比标定功率 *MCR* 要低，两者之间的差称发动机工作储备，一般要保留 10% *MCR*。因为船体产生污底，船舶遇到恶劣气象、复杂海况，以及在不同水域时船舶阻力会增加，为了使船舶在各种航行条件下发动机都不超负荷，在船上的服务功率需比标定功率进一步降低。也就是说，为了考虑船体阻力增加而留有的功率储备称船体工作储备。机型和船型不同，功率储备也不相同，一般要留（10% ~15%）*MCR*。其中发动机基本都小于 10% *MCR*，船体工作储备有些船要达到（18% ~20%）*MCR*。

1. 螺旋桨结构参数 H/D 对配合特性的影响

螺旋桨结构参数不同，其特性也不同。在图 8-18 中，曲线 1、2、3 代表速度特性，曲线Ⅰ、Ⅱ、Ⅲ代表螺旋桨推进特性，且 $(H/D)_1 > (H/D)_2 > (H/D)_3$。

推进特性曲线Ⅰ与全负荷速度特线 1 相交于 a 点，此点对应的是标定功率 P_b 和标定转速 n_b。当 H/D 增大时，其推进特性曲线为Ⅱ，与全负荷速度特性曲线 1 交于 b 点，b 点对应的转速和功率下降，柴油机做功能力未充分发挥，若要达到标定转速，则需进一步增大供油量；速度特性曲线 3 与推进特性曲线Ⅱ交于 e 点，使柴油机处在超负荷状态工作，通常称重桨。H/D 减小时，其推进特性曲线为Ⅲ，与全负荷速度特性曲线 1 交于 d 点，d 点对应的转速和功率超过标定值，要使柴油机转速降到标定值，不得不调小油门，使柴油机在部分负荷速度特性线 2 上工作，对应工作点为 c 点，此时，柴油机虽然按标定转速运转，但功率不足，经济性下降，通常称轻桨。

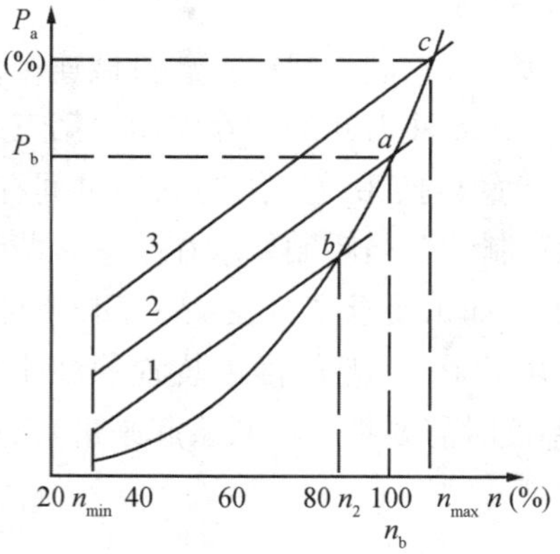

图 8-17　柴油机和螺旋桨配合特性

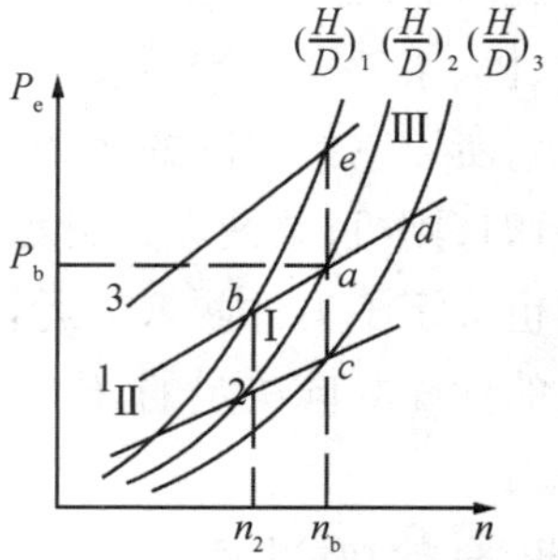

图 8-18　不同螺距比的配合特性

2. 航行状态 J 对配合特性的影响

船舶在重载、污底、逆风、顶流、浅水、窄航道等航行工况下，船舶阻力增大，J 减小，螺旋桨的特性曲线变陡；在系泊、起航、转弯、倒航等变化的运动状态下，船舶阻力也增大，J 也减小，螺旋桨的特性曲线也变陡，如图 8-19 所示，$J_{\mathrm{I}} < J_{\mathrm{II}} < J_{\mathrm{III}}$。

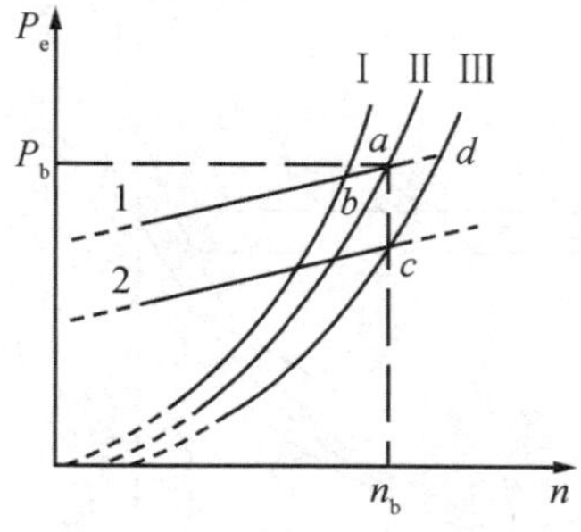

图 8-19 不同 J 的配合特性

螺旋桨特性线Ⅱ与柴油机速度特性线 1 交点 a 代表标准工况。当阻力增大，进程比 J 减小，螺旋桨特性线由线Ⅱ变为线Ⅰ，与全负荷速度特性线的交点为 b 点，此时，柴油机转速、功率均下降。柴油机工作在大转矩、低转速工况下，其热负荷高于标定工况，对柴油机的可靠性影响很大。当船舶阻力减小，进程比 J 增大，螺旋桨特性线变得平坦，如果柴油机仍按原速度特性工作，则工作点由 a 点变到 d 点。此时，柴油机的功率、转速均大于标定功率和转速，柴油机的机械效率下降，由于运动部件惯性力增加而引起机械负荷过大。为了使柴油机转速不致太高，则要减少循环供油量，使其工作在 c 点，这样柴油机工作在部分负荷速度特性下，就不能发出全部功率。

四、在各种航行条件下推进装置工况配合特性

船舶推进装置工作的可靠性、经济性和使用寿命，不仅取决于它们的设计制造质量，而且也取决于技术管理的正确性。由于船舶要在各种航行要求下（如低速、半速、全速、正车或倒车、起航和加速）和各种外界自然条件下（如风向、风力、深水、浅水）航行，只有正确地进行操纵和管理，才能防止发生各种故障和设备损坏，延长其使用寿命。下面以在海船上应用最广泛的直接传动方式的推进装置为例进行讨论。

研究推进装置工况配合特性就是分析驱动－负荷平衡图中曲线交点变化情况。

1. 船舶污底和装载量改变时的工况配合特性

在正常情况下，主机与螺旋桨配合的工作点应在图 8-20 所示的 a 点。当船舶污底后将使船体阻力增加，假定螺旋桨转速不变，由于螺旋桨进程减小，船速将相应减慢，螺旋桨进程比 J 减小，螺旋桨所需转矩增加，螺旋桨特性曲线变陡（曲线Ⅱ）。若要保持螺旋桨转速不变，则必须增加主机喷油量，机桨工作由点 a 变为点 e，显然主机已超负荷。若要保持主机油门格数不变，由于螺旋桨的阻转矩增加，迫使主机降速，船速也降低，最后机桨在点 b 得到平衡。由此可见，当船舶污底时，虽然主机油门格数不变，但主机发出的功率由 P_a 降为 P_b，主机转速由点 a 对应的转速降为点 b 对应的转速，船速由 v_a 降为 v_b。由于喷油量没变，但转速降低了，所以容易出现大负荷低转速的情况，有可能使主机工作恶化。如果要保持原来转速，则必须加大油门格数，这样就会导致柴油机

超负荷运转，这是不允许的。

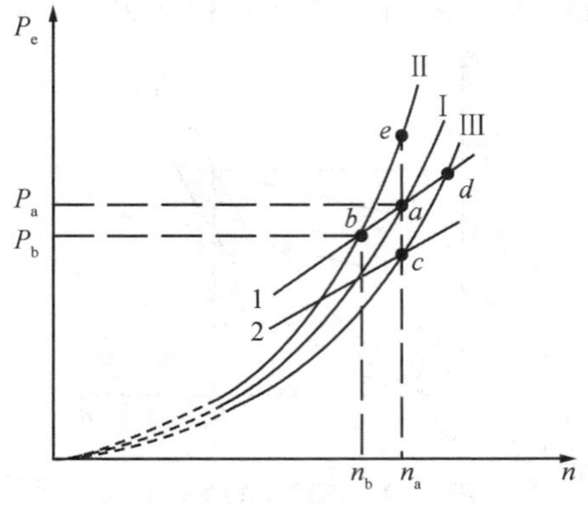

图 8-20 船舶污底和装载变化时的工况配合特性

Ⅰ—船体干净、满载情况下螺旋桨特性线；Ⅱ—船舶污底、满载情况下螺旋桨特性线；Ⅲ—船体干净、轻载情况下螺旋桨特性线；1—主机全负荷速度特性线；2—主机部分负荷速度特性线

载重量增加的情况与船舶污底相同。而载重量减少的情况与船舶污底正相反，螺旋桨的特性曲线变得平坦（曲线Ⅲ），柴油机按全负荷速度特性工作时就在 d 点达到平衡。这时虽然柴油机仍在全负荷速度特性线上工作，气缸的热负荷并没有超负荷，但主机的转速却超过了标定转速，致使机械效率下降，运动部件的惯性力增大，部件磨损加剧。此时，为了使转速不致过高，主机只能在部分负荷速度特性下工作（曲线Ⅱ），它与曲线Ⅲ交于 c 点。因此，对于装载量变化较大的油船或矿砂船，在一个往返航行中经常是一个航次满载、一个航次空载。在空载航行时，定速的油门格数应比满载时小。

2. 船舶在不同气象条件下和不同航区中航行时的工况配合特性

（1）船舶在不同风力情况下航行时的工况配合特性

船舶在逆风中航行时，风力会使船舶的空气阻力增加，而顺风航行时则相反。空气阻力的大小取决于风力、风向、船体水上部分以及上层建筑的受风面积和船速。空气阻力越大，螺旋桨特性曲线越陡，在主机油门格数不变的情况下，主机转速必然下降，船速也将变慢。

在图 8-21 中，a、b 和 c 三条曲线分别代表船舶在顺风、无风和逆风航行时的螺旋桨推进特性线，曲线Ⅰ是主机全负荷速度特性线。从图中可以看出，若保持相同的螺旋桨转速 n_3，逆风航行所需的功率 P_3，比顺风航行所需的功率 P_3'要大。若无风航行机桨配合工作点为 2，则在逆风航行时，为了防止主机超负荷必须在转速 n_3 以下运转，而在顺风航行时为了防止主机超转速，必须减小主机的油门格数，使其按某一部分负荷速度特性工作（即在点 4 上工作）。

在大风浪中航行的船舶，其他阻力影响加剧，不但空气阻力剧增，而且船体在汹涛中的摇摆和起伏也引起了汹涛阻力。此外，船舶的摇摆起伏，使螺旋桨在随摇摆周期而变化的斜水流中工作，斜水流增加了螺旋桨的扭矩和推力，其增加值的大小随斜水流的角度和摇摆周期而变。在风浪中航行的船舶，为了使其不致因侧面受风力影响而偏离原定航线，要随时用操舵来补偿，因此增加了舵的制动作用，使船舶附体阻力增加，船速降低。

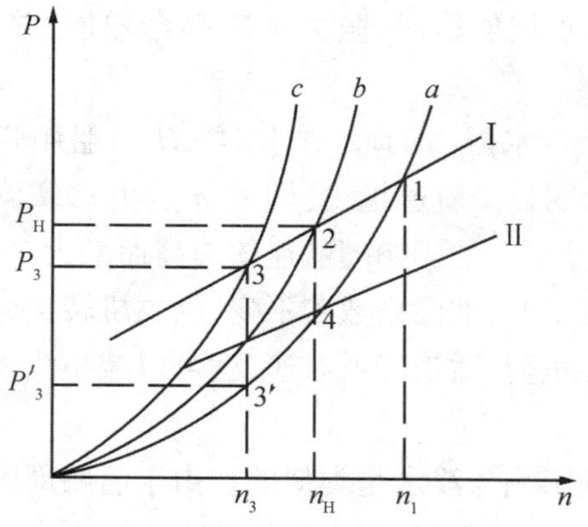

图 8-21　风力对机桨配合特性影响

除顶风、汹涛、摇摆、用舵等因素使船舶航行阻力增加外,风浪中航行引起船尾的摆动使螺旋桨所处水区产生附加扰动也使螺旋桨推进效率降低。

需要特别指出的是,在大风浪中航行的船舶,由于船舶的纵向摇摆,螺旋桨有可能露出水面,使其阻力矩大大降低,桨的特性曲线变得极为平坦。这时如果油门操纵杆位置不变,柴油机的功率将大大超过螺旋桨所吸收的功率,柴油机的扭矩也大大超过螺旋桨的阻转矩,迫使转速急剧上升。当转速超过标定转速的 15% 时,即产生所谓飞车现象,对推进装置的危害很大,所以主机要设极限调速器或全制调速器,并在风浪中航行时应将调速器的设定转速调低,并适当增加船舶艉部的压载水量,以避免造成飞车现象。

(2)船舶在不同航区中航行时的工况配合特性

①浅水区航行

船舶在深水和浅水中航行时所遇到的阻力随航速变化如图 8-22 所示,曲线 1 和曲线 2 分别代表船在深水和浅水中航行时所遇到的阻力随航速变化的关系。

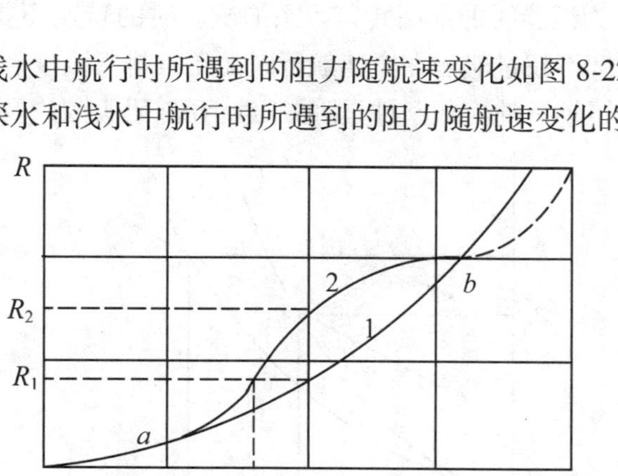

图 8-22　航速对浅水阻力的影响

船舶在深水中航行时的阻力与航速的二次方成正比,而在浅水中航行时阻力的变化规律为:当航速在 $0.3\sqrt{gH} < v < \sqrt{gH}$ 范围内时,浅水阻力明显大于深水阻力;当船速 $v \approx \sqrt{gH}$ 时(图 8-22 中 b 点),此时浅水阻力又与深水阻力相同;而当 $v > \sqrt{gH}$ 时,浅水阻力甚至小于深水阻力,一般运输船很少能达到这样的航速。商船的航速一般小于

$\sqrt{gH}$,因此由深水进入浅水域航行时,阻力一般都会增加,并会产生船体下沉和后倾现象。

浅水影响是相对的。浅水阻力的增加同水深 H 与船舶吃水 d 的比值 H/d 有关。若 $H/d>4$,浅水影响不太明显。航道越浅(即 H/d 越小),摩擦阻力增加越显著。在同样水深条件下,浅水对摩擦阻力的影响随航速的提高而增大。

当船舶由深水进入浅水时,油门格数若不变,则主机转速会自动下降。为了不使船舶艉部搁浅和避免主机超负荷,适当降低航速,就可以减小浅水的影响。

②窄水道航行

窄水道对船舶阻力的影响与浅水是类似的。由于船舶周围水流状态不但受到水深的限制,同时还受到航道宽度的限制,阻力增加的程度会更大。窄水道的影响也是相对的,它与航速和航道相对宽度有关。如果 $v<0.5\sqrt{gH}$,且 $b/B>20$(b 为航道宽度,B 为船宽),则船舶不受窄水道的影响。

3. 船舶在各种运动状态下的工况配合特性

(1)系泊工况

系泊工况的特点是航速为零,进程比 $J=0$,螺旋桨的推力系数和扭矩系数都达到最大值,螺旋桨特性曲线最陡,如图 8-23 所示。图中 1 和 2 分别为正常航行和系泊试验时的螺旋桨特性线,3 为主机的全负荷速度特性线。正常航行时机桨在 a 点工作,相应的转速和功率分别为 n_H 和 P_H。但在系泊试验时机桨配合工作点为 b 点,相应的转速 n_b 和功率 P_b 均比 n_H 和 P_H 小。若此时主机的转速大于 n_b,就会使主机超负荷。因此为了保证主机不超负荷,应使主机的转速不大于 n_b。若无法确定 n_b 值,则可取 $n_b=(0.80\sim0.85)n_H$,作为试验时的最高转速。系泊试验时的转速还要受主机最高排气温度的限制,应使该温度不超过船舶在全速航行时的正常排气温度。另外,要注意推力轴承承载能力、水润滑尾轴承的冷却条件、船舶压载情况、码头潮汐及水深情况等。

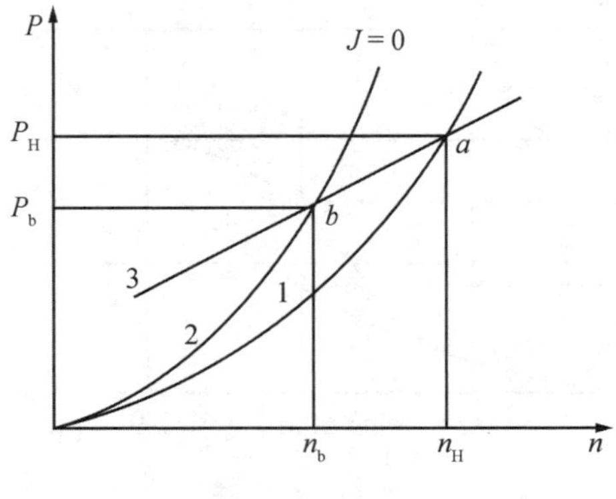

图 8-23 系泊试验时的螺旋桨特性

(2)船舶起航和加速工况

船舶由航速为零逐渐加速到某一稳定航速过程中机桨的运行情况称为起航工况。船舶在由一较低稳定航速变为较高稳定航速过程中机桨的运行情况称加速工况。

船舶起航和加速时螺旋桨转速变化的过程可分为两个阶段,即螺旋桨转速迅速提高阶段和螺旋桨转速缓慢提高阶段。螺旋桨转速迅速提高阶段是由于起航加速的需要增加了喷油量使转速增加，此时船速基本未变，或接近于零（起航时），或接近于恒速（加速时），桨的特性曲线很陡。而在螺旋桨转速缓慢提高阶段，由于船速的逐渐提高，J 变大，其特性曲线逐渐变平坦。

起航工况如图 8-24 所示，在起航时，如驾驶室要求主机在 n_1 转速下运转，轮机员根据车令起动主机，将极限调速器或全制式调速器暂时作为极限调速器的主机，将燃油手柄放在与 n_1 相对应的部分负荷曲线 4 的油门刻度上。这时主机发出的功率带动螺旋桨加速运转，螺旋桨工作点沿系泊工况推进特性曲线 O 迅速上升，至 a 点时暂时稳定，这就是起航过程的第一阶段即螺旋桨转速迅速提高阶段。如果保持上述油门不变，船舶在螺旋桨推力的作用下，由静止状态开始逐渐加速，由于船舶惯性大，其加速过程非常缓慢。随后，船速的增加导致 J 增加，使机桨配合点沿曲线 4 向右移动，最后逐渐过渡到推进曲线Ⅰ上，稳定在 a_3 点，a 点至 a_3 点的过程是起航过程的第二阶段，即螺旋桨转速缓慢提高阶段。由于在起动主机时加的油门较大，在第二阶段中主机转速增大，逐渐偏离 n_1 值。为了严格执行车令，就应随船速增加及时、断续地减小油门刻度，尽量减小转速 n_1 的偏移量。

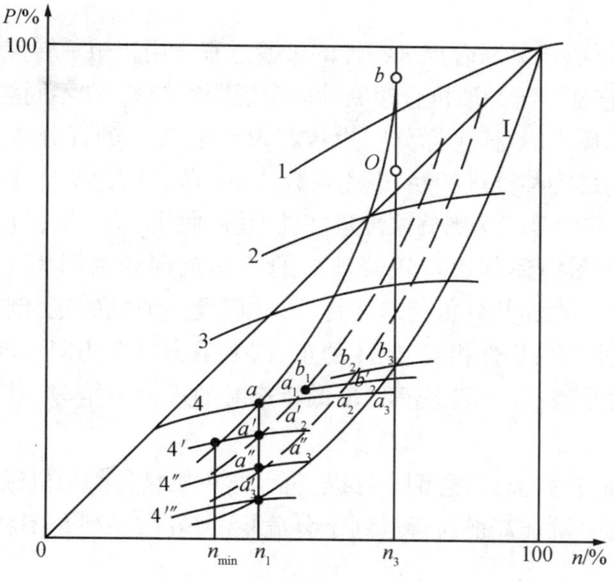

图 8-24　**起航工况**

如驾驶室一开始就要求较高的主机转速 n_3，而在起动过程的第一阶段就使主机达到所要求的转速 n_3 的话，则机桨暂时稳定在 b 点，此时主机将在超扭矩下工作，容易使主机发生故障。在这种情况下，应逐级增加油门，使转速逐渐接近 n_3，避免在过渡过程中主机超负荷运转，控制主机转速不要上升过快，特别是在暖机不充分的情况下更应如此。

加速工况与起航工况基本相似，其区别仅在于加速工况不是从船速为零开始，而是从船舶已有一定航行速度时开始的。驾驶台要求定速航行时的操作就是常见的一种加速工况。

(3)船舶转向时的工况配合特性

船舶转向时,舵要偏转一个角度,使船舶在斜水流中前进,因此,此时船舶阻力要比直线航行时有所增加,船速降低,进程比 J 减小,螺旋桨特性曲线变陡。在这种情况下,当主机油门格数固定不变时,主机转速自动降低,而当转向过程结束后,转速又恢复至原来的数值。所以船舶在转向时,主机转速降低是必然的。

当船舶采用双机双桨推进转向时,由于船舶横移和偏转,两个桨都处在斜水流中。但是,由于两个桨所处的位置及回转方向不同,两个桨和水流之间的相互作用状况发生了不同的变化,改变了它们的水动力特性,从而使两桨之间的负荷分配产生了差异。内桨负荷比外桨负荷增加得多,内桨的转速因此下降得也多,而外桨在转向开始时负荷变小,很快又逐渐增加,所以外桨转速开始时升高,而后又下降。而且,船速越快、舵角越大,桨的负荷(尤其是内桨)增加得越厉害,使带动内桨的主机容易超负荷。

为了保护主机,对于双桨船舶在转向时应将双桨油门都适当减小,如只降内桨油门,负荷会立即转移到外桨,使其也超负荷。若非紧急情况,应避免在高船速时用大舵角转向。

(4)船舶倒航工况

在倒航过渡期间,机桨联合推进特性的过渡过程常用扭矩-转速的罗宾逊图表示,如图 8-25 所示。它是增压柴油机直接驱动固定螺距螺旋桨,在不同船速下扭矩 M 随转速 n 变化的规律。图中纵、横坐标分别为转矩 M 和转速 n 的百分数,曲线 0 为船速等于 0 的系泊工况的螺旋桨推进特性,进速系数 $J=0$,曲线通过坐标原点;曲线 100 为船速为 100% 标定船速的等船速螺旋桨推进特性;其他曲线 -25、25、50、75 分别为相应船速下的推进特性。图中还画出增压柴油机的工作范围和油门为 100%、75%、50%、25% 的全负荷速度特性和部分负荷速度特性,并假设柴油机的正、倒车工作范围相同;螺旋桨的正、倒车水动力特性相同;船体的正、倒航阻力特性相同。低速时柴油机发出的扭矩大小与增压度有关。根据经验,最低转速时的最大扭矩等于标定转速下标定扭矩乘以增压度。

在船舶全速前进时施行紧急倒车操纵,将引起主机热负荷和机械负荷剧烈变化,还会产生增压器喘振。除非船舶航行遇到十分危险的情况,一般是不会轻易施行紧急倒车操纵的。

罗宾逊图中,主机和螺旋桨在标定配合工况点工作时船速为 100%,当接到紧急倒车车令后,首先停止主机供油,主机扭矩迅速降为零,转速也迅速下降,而螺旋桨的转矩沿等船速线下降,故进速系数 J 逐渐增大,螺旋桨的敞水效率 η_0、推力和扭矩等逐渐减小,在第一象限内首先出现零推,继之出现零矩(转速为 60% ~70%),负推力开始阻止船舶前进,此为紧急倒车过程的第一阶段。在第一阶段,由于柴油机油门突然为零,就要求柴油机的调速特性有足够好的动态稳定性,而且对增压柴油机来说,在急减速时还会产生增压器的喘振,因此通常不宜采用这种方法,而应采取分段减速法。

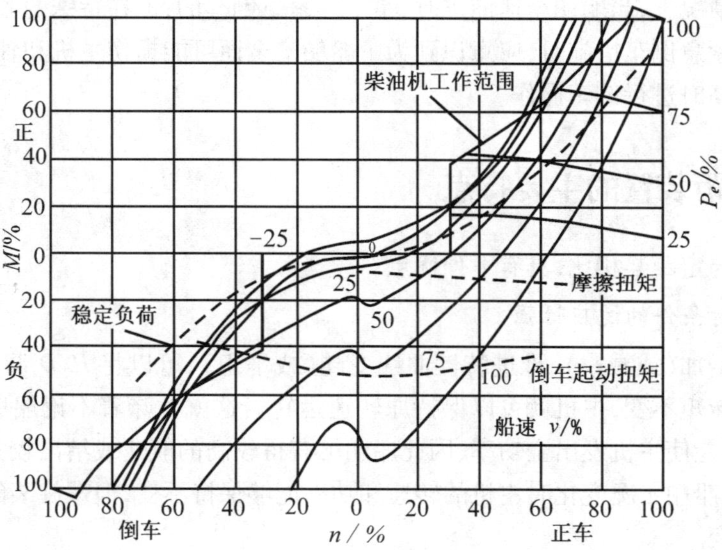

图 8-25 不同船速下扭矩 M 随转速 n 变化的罗宾逊图

在第二象限内是倒车工况的第二阶段,也称为“水涡轮”工作阶段。此阶段螺旋桨转速降至低于60%,但由于船舶仍在全速前进,使 J 继续增加,螺旋桨被船舶前进时的水流冲击产生负转矩,像“水涡轮”一样带动主机曲轴使柴油机仍按正车方向运转。螺旋桨的“水涡轮”作用使轴系转速下降变慢。螺旋桨的转矩仍按等船速线变化,当螺旋桨转速下降到接近10%时,负转矩达到最大值,该点称临界点。过该点后转速再继续下降,由于作用在螺旋桨上的水流离开了产生最大负转矩的最佳方向,螺旋桨的负转矩逐渐减小。当螺旋桨的负转矩下降到与主机运动部件和摩擦阻力矩相平衡时,轴系转速下降为零。但这段滑行时间(距离)很长,为了提高机动性能,增压柴油机都设置倒车起动制动功能,当螺旋桨的负转矩小于制动转矩与柴油机摩擦转矩之和时,螺旋桨也就停止运转。

在第三阶段,轴系停转后,如立即反向起动成功,在第三象限螺旋桨就开始倒车。但如果船速还很高,螺旋桨负转矩过大,则不能反向起动,也就是说虽然轴系转速 $n=0$,还不能立即进行倒车起动,而是应等待一段时间(这段时间的长短由柴油机起动性能、发火转速和机桨配合特性决定),使船速在螺旋桨负推力和船舶阻力作用下有明显降低之后,即沿等转速线 $n=0$ 向坐标原点移动一段距离后,再进行倒车起动。由于水流冲击在螺旋桨叶背上产生负转矩和负推力,倒车工况曲线较陡,应防止超负荷。

其他船速下的倒车工况推进特性与上述100%船速的变化规律基本相同,只是船速越低,其特性曲线越向坐标原点靠近,而且因为船速下降,在“水涡轮”阶段作用于桨叶上的水流速度下降,负转矩的最大值也越小。

倒车工况特性不仅与船速有关,而且推进装置的过渡动作还依赖于机桨联合特性。如应急避碰需马上停船时,就要求螺旋桨反转产生负推力。这个负推力不仅取决于螺旋桨本身的特性,还取决于主机的停车制动能力、螺旋桨反向再起动能力,以及加速到适当转速的能力。

在一般情况下，当船舶全速前进时，是不准紧急倒车的，但在特殊的紧急情况下，船长决定采取紧急倒车措施时，应意识到为了船舶安全而可能损伤主机和轴系，并尽量避免在船速较高时进行倒车操作。

五、调距装置的主要特点

调距桨与定距桨相比，具有下列优点：

1. 对航行条件的适应性强

当阻力增加（或减小）、推进特性曲线变陡（或平坦），可以将 H/D 调小（或调大），使螺旋桨的转矩不变，主机就可以保持原转速运转。这就意味着不论船舶在任何工况下，调距桨均能使主机发出全功率，因此船舶可获得较高的航速或给出较大的推力。要注意，虽然在船舶工况变化时主机的转速和功率能够保持不变，但螺旋桨的效率则随螺距变化而改变。

2. 动力装置的经济性好

设计参数相同，调距桨的毂径比定距桨大，因此，定距桨效率比调距桨效率稍高。但在非设计工况下运转时，由于定距桨效率线只有一条，所以它只能在这一条效率曲线上变化，在偏离设计工况时，定距桨的效率明显降低。调距桨每改变一次，螺距就有一条效率曲线，而每一条效率曲线都有一个最高效率值，因此调距桨可沿着最高效率包络线变化，其效率就比定距桨高。

经济性好还体现在可以选择转速 n 和螺距比 H/D 最佳匹配。对定距桨来说，要改变航速只有通过改变油门即转速来实现，而调距桨可根据航速的要求，在 $n-H/D$ 的多组配合中找到使柴油机油耗率最低的一组配合，使不同航速下的配合点沿着最低耗油率曲线移动。因此，调距桨可以选择兼顾两者最佳的一组配合，使其经济性好。

3. 提高船舶的机动性

调距桨的螺距可由正最大值经零值变为负最大值，反之亦然。因此，主机不用换向就可实现船舶的进退。同时，主机保持比较高的转速，依靠螺距的调节，可使船舶获得极慢的航速，又是无级调速，完全不受主机最低稳定转速的限制。此外，调距桨螺距由正值变负值的过程极为迅速，且能给出比定距桨更大的推力，故停船时间和滑行距离都比定距桨船舶短，一般只有定距桨的 30% ~50%。所以采用调距桨的船舶在靠离码头、窄水道航行、紧急避让等情况下机动性大为提高。

4. 有利于推进装置驱动辅助负载

装有调距桨的船舶在航行时，主机可以保持恒速运转状态，这对要求恒速运转的轴带发电机特别有利。这一优点也适用于某些轴带辅机的工程船舶，如挖泥船、消防船等。

5. 延长发动机的寿命

采用调距桨的动力装置，主机无须配备换向装置，减少了主机的起停次数，不但减少了运动部件的磨损和受热部件的热疲劳损坏,也使结构简化,减轻了维护管理工作。

6. 便于实现遥控

调距桨推进装置的操作可以在驾驶台由驾驶员直接操作(如同操纵车钟一样),整个控制系统较简单,容易实现遥控。

第五节 主机遥控

现代化船舶基本上都采用由微机控制的主机遥控系统,它是一种具有强大控制功能的自动遥控系统。主机遥控系统的主要设备和装置包括联络设备、发令设备、遥控装置、指示设备、安保装置、机旁应急操纵设备、模拟测试设备、其他辅助设备等。其中,联络设备包括操纵部位转换设备、辅助车令联络设备等。操作部位由机旁操纵台、集控台和驾驶台三处的转换开关或按钮组成。机旁与驾驶台/集控室的转换是通过设在机旁控制台上的机械式开关或按钮来实现的。驾驶台/集控室之间的转换则通过集控台上的机械式开关或按钮来实现。

发令设备包括遥控车钟、遥控应急/越控按钮、车钟记录仪等。驾驶台遥控车钟的作用是给出正倒车车令、起动指令、停车(停油)指令及转速设定信号。集控室有车钟手柄和调油手柄,车钟手柄给出正倒车换向和车速指令,调油手柄给出起动、停车、转速设定等信号。遥控应急/越控按钮的作用是实现应急操作和紧急停车。

应急操作是指在紧急情况下实现对主机的应急停车、应急换向、应急起动以及在主机加速过程中取消负荷程序、取消轮机最大转速限制、取消扫气空气限制等。应急操作还包括主机故障自动减速或自动停车时的越控。在不能正常停车时可采用紧急停车,使燃油供应立即中断,但用过后必须复位。

遥控装置(设备)包括实现起动、停车、换向、转速控制等各种遥控功能的控制单元,是主机遥控系统最基本的组成部分。

指示设备可以实现主机工况、系统状态、故障报警等信息的指示和显示。

一、主机遥控系统的基本功能

主机遥控系统除包括逻辑程序控制功能、转速和负荷控制功能、监测和安全保护控制功能三大功能外,还包括用于检验遥控系统工作正常与否的模拟测试与系统自检功能。

(1)逻辑程序控制功能。包括换向逻辑控制功能、起动与制动逻辑控制功能等。

换向逻辑控制功能包括停车时的换向逻辑控制、运行中的换向逻辑控制。起动逻辑控制功能包括正常起动、重复起动、重起动、慢转起动等。制动逻辑控制功能是指主机在运行中完成换向后,进行反向起动所采取的操作措施。主机的制动有能耗制动和强制制动。

(2)转速和负荷控制功能。包括加(减)速程序控制功能、转速限制控制功能、转速控制与负荷控制功能。

(3)监测和安全保护控制功能。其包括主机故障减速及故障停车控制、机旁应急操纵、应急停车、应急运行、越控等。

(4)模拟测试与系统自检功能。主机遥控系统(特别是微机控制的主机遥控系统)都具有功能强大的模拟测试与系统自检功能,以便帮助管理人员检查和排除遥控系统的故障。

二、典型主机遥控系统

AC-C20 型主机遥控系统是由 KONGSBERG 公司开发生产的 AutoChief 系列产品,是一种集控制、报警和安全保护于一体的综合推进控制系统。其采用分布式模式块化的设计,分布式模块采用标准化设计,模块之间通过双冗余 CAN 总线互连。针对不同的船舶和主机类型,可以通过软件进行灵活组态。这里主要介绍与 MAN B&W MC 主机相配套的 AC-C20 型主机遥控系统。

1. AC-C20 遥控系统的组成

与 MAN B&W MC 主机相配的 AC-C20 型主机遥控系统主要由驾驶台操作单元(Bridge Manoeuvring Unit, BMU)、集控室操作单元(Control Room Manoeuvring Unit, CMU)、主机接口单元(Main Engine Interface, MEI)、电子调速器单元(Digital Governor Unit, DGU)和主机安全单元(Engine Safety Unit, ESU)等组成,其结构框图如图 8-26 所示。结构框图按上、中、下分别对应驾驶台、集控室和机舱三个位置。

(1)驾驶台主要安装驾驶台操作单元(BMU)和车令打印机。某些特殊的船舶要求能够在驾驶台的两侧对主机进行操纵,AC-C20 系统还可以配置侧翼操作单元(Bridge Wing Manoeuvring Unit, BWU),在图 8-26 中标为 PORT WING 和 STB. WING。驾驶台操作单元 BMU 包含两部分,一部分是 AutoChief 控制面板(AutoChief Control Panel, ACP),另一部分是单手柄复合车钟(Combined Lever and Telegraph Unit, LTU),两者组装在一起形成一个整体;侧翼操作单元包括操作手柄、指灯按钮面板、起动气压力表和主机转速表等;车令打印机与驾驶台操作单元相连,对车令进行实时记录。

(2)集控室主要布置有集控操作单元(CMU)、主机起/停和转速设定手柄(Start/Stop&Speed-set Lever)与指示面板单元(Indication Panel Unit, IPU)。集控室操作单元的结构组成与驾驶台操作单元完全一致,“主机起/停和转速设定杆”设有主机起动、停车挡位和正、倒车转速设定区域,用于在集控室操作时对主机进行半自动操纵;指示面板单元包括反映主机运行状态的各种指示灯和辅助风机控制开关等。其中,“主机起/停与转速设定杆”为可选设备,如果不安装,则可通过集控室操作单元上的单手柄复合车钟(LTU)直接操纵主机。

(3)机舱设有机旁控制面板(Local Control Panel, LCP)、按钮式车钟(Push-button Telegraph, PBT)、主机接口模块(Main Engine Interface, MEI)、数字调速系统(Digital Governor System, DGS)和主机安全单元(Engine Safety Unit, ESU)等。机旁控制面板和

按钮式车钟安装在机旁控制台上,配合机旁安装的起动、停车和换向手控气动阀门以及主机油量调节手轮以完成主机的机旁应急操纵。

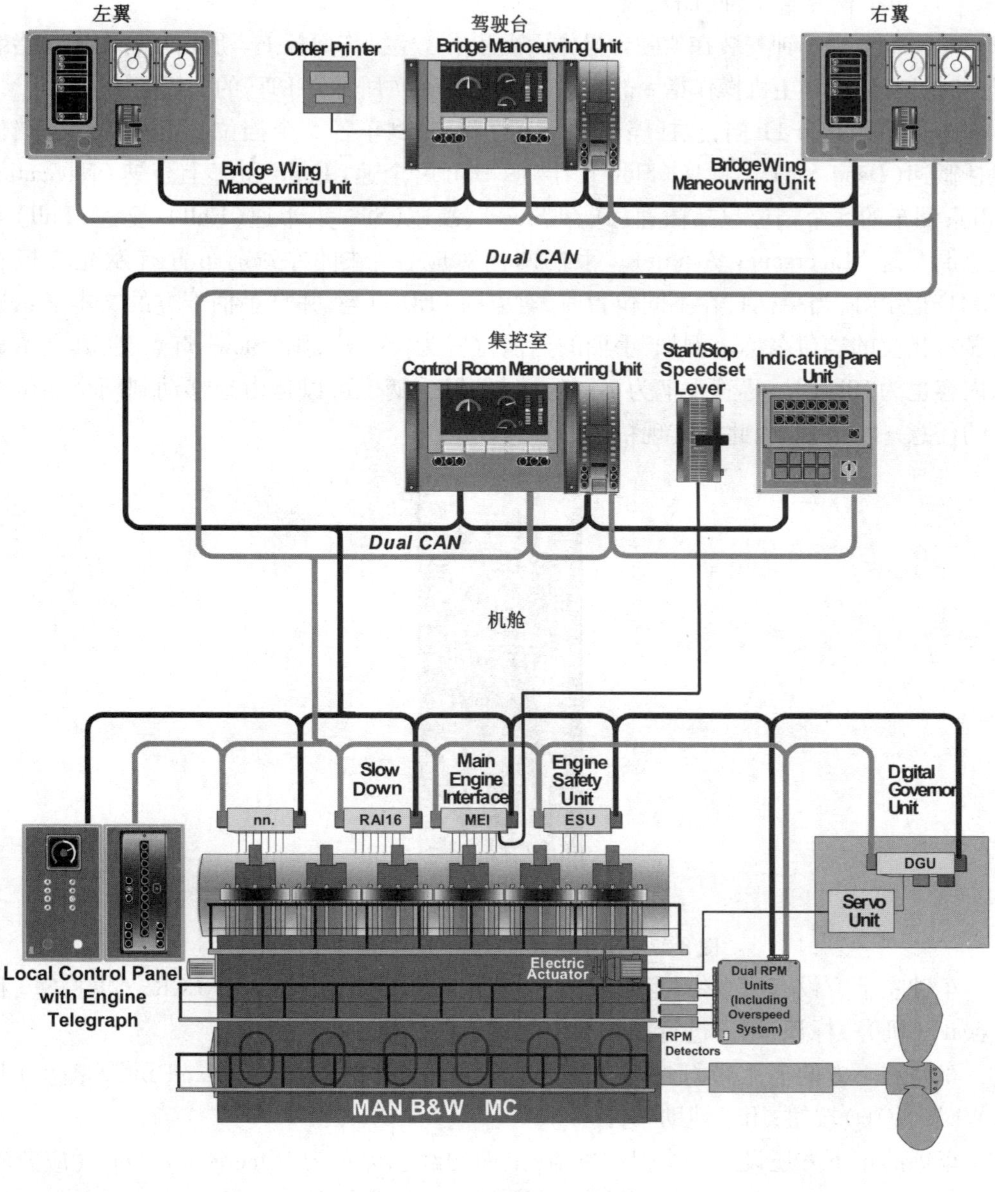

图 8-26 AC-C20 结构框图

2. 车钟系统及操作部位切换

AC-C20 车钟系统的典型配置是一个由驾驶台车钟、集控室车钟和机舱应急车钟组成的三地车钟系统。对于有侧翼操作台的系统,则还有侧翼车钟。其中,驾驶台车钟和集控车钟与 Autochief 控制面板(Autochief Control Panel,ACP)一起分别组成驾驶台操作单元和集控室操作单元,与 ACP 共用 1 个 DPU,而机舱应急车钟则单独使用一个 DPU。三地车钟系统通过 DPU 的双冗余 CAN 总线相互通信。

驾驶台车钟和集控室车钟完全相同，均为单手柄复合车钟(LTU)，而机舱应急车钟则为按键式车钟(Pushbutton Telegraph，PBT)。

(1)单手柄复合车钟(LTU)

单手柄复合车钟安装在驾驶台操作面板和集控室操作面板上。所谓复合车钟是指装置同时具有传令和主机操作指令的发信功能。图 8-27 所示为 LTU 的面板结构。

车钟手柄共分 11 挡，包括停车(Stop)位和正、倒车各 5 个挡位。正车的 5 个挡位包括微速(Dead Slow)、慢速(Slow)、半速(Half)、全速(Full)和海上全速(Navigation Full)；倒车的 5 个挡位包括微速(Dead Slow)、慢速(Slow)、半速(Half)、全速(Full)和应急倒车速(Emergency Astern)。手柄两侧对应各个挡位，分别布置有发光二极管(LED)指示灯，当手柄打在不同位置时，对应的 LED 点亮，并且手柄下方的文本显示器会显示相应的挡位名称。例如，手柄的当前位置为“Slow”，则“Slow”灯点亮，其文本显示内容也为“Slow”。尽管手柄为不同的挡位，但手柄也可以自由地移动到两个挡位之间的任意一个位置，因此可实现精细的转速设定。

图 8-27　单手柄复合车钟 LTU 的面板结构

车钟左下方设有三个带灯按钮，其上标明“Bridge”(驾驶台)、“ECR”(集控室)和“Local”(机旁)标识，用于进行操作部位的指示和切换。

车钟右下方的三个带灯按钮分别为“At Sea”(海上航行)、“Stand by”(备车)和“FWE”(完车)按钮，用于辅助车钟。

车钟的正下方还设有一个保护翻盖，上面的红色标示为“Emergency Stop”(应急停车)。紧急情况下，可打开翻盖，按下应停车按钮，此时，遥控系统将触发主机安保系统发出应急停车信号，同时也将使转速控制系统的转速设定值为 0，实现应急停车。再按一次应急停车按钮，并将车钟手柄回零，可实现应急停车的复位。

(2)按键式车钟(PBT)

按键式车钟位于机舱机旁控制台上，用于在机旁操作时与驾驶台或集控室进行传令联络，其面板结构如图 8-28 所示。按键式车钟的挡位划分与单手柄车钟完全一致，区别在于它是通过带灯按钮来进行传令操作和车令指示的。

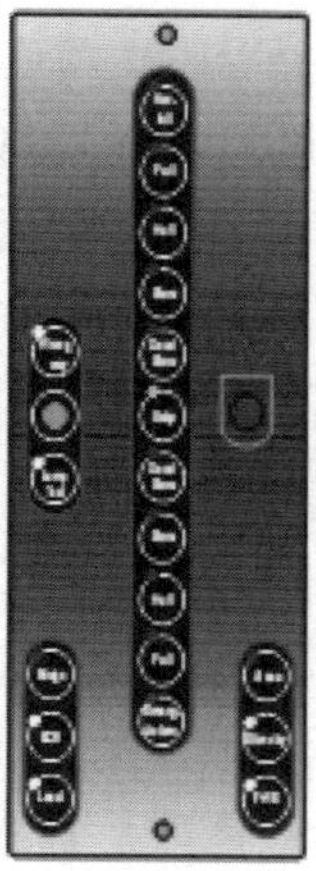

图 8-28 按键式车钟 PBT 的面板结构

按键式车钟没有主机操作指令的发信功能，因此它只是一个纯粹的传令车钟。当在机旁进行操作时，轮机员要通过机旁的主机应急操作装置对主机进行手动操作。

按键式车钟的左侧还设有一个试灯按钮和错误报警指示。

(3)操作部位及其切换

AC-C20 主机遥控系统典型的操作部位包括驾驶台、集控室和机旁三个位置，主机的当前操作部位由车钟上相应的按钮灯指示。

"Bridge"按钮上的 LED 点亮表示为驾驶台操纵，此时主机将根据驾驶台操作手柄发出的指令由遥控系统进行自动遥控。当进行驾驶台操作时，车钟传令功能将失效，但集控室和机旁车钟上挡位指示灯还将指示驾驶台手柄的位置。

"ECR"按钮上的 LED 点亮表示为集控室操纵，此时集控室和驾驶台之间的通信联络通过车钟系统进行。当驾驶台车令发生变化时，目标挡位的指示灯点亮，同时蜂鸣器响。轮机员应首先回令(即把控室车钟手柄移动到目标挡位，蜂鸣器停响)，然后通过"通过主机起/停与转速设定杆"(Start/Stop & Speed-set Lever)操作主机，使主机达到车令要求的状态。

"Local"按钮上的 LED 点亮表示为机旁操纵，此时机旁与驾驶台之间可通过车钟系统建立通信联系。当驾驶台车令发生变化时，轮机员首先通过机旁车钟的按键回令，然后通过机旁应急操纵装置对主机进行相应操纵。机旁应急操纵装置因主机类型而异，一般为主机气动操纵系统自带的手动控制阀和主机油量调节手柄或手轮。

操作部位切换可通过带灯按钮的操作来实现。例如，从集控室转到驾驶台操作时，首先按下集控车室车钟上的"Bridge"按钮，这将使集控室和驾驶台上的"Bridge"按钮的 LED 闪光且使蜂鸣器响，然后驾驶台按下"Bridge"按钮，两地"Bridge"按钮的 LED 变为平光，且蜂鸣停响，"ECR"按钮的 LED 熄灭，操作部位切换完毕。其他切换与上述过程相类似，但需要注意到以下两点：①对于有侧翼操作台的系统，当需要进行侧翼操作时，还需进行驾驶台与侧翼操作台之间的操作转换，具体方法这里不予展开。②在机旁与集控室之间进行转换时，还需根据气动操纵系统具体情况进行其他某些操作，例如进行气动阀件的转换操作和油门拉杆的离合切换等。

3. AC-C20 面板

Autochief 控制面板(Autochief Control Panel,ACP)是 AC-C20 型主机遥控系统的重要组成部分,它和单手柄复合车钟(LTU)一起构成驾驶台/集控室操作单元,如图 8-29 所示。ACP 由一个独立的 DPU 控制,内装嵌入式操作系统,通过 LED 显示窗口、按键和多功能旋转按钮为用户提供了丰富的人机交互功能,操作简单、便捷。

(1)显示窗口

显示窗口具有丰富的显示功能,通过菜单式软按钮能够调出各种 mimic 显示画面。

(2)多功能旋转按钮

多功能旋转按钮可用于点击显示窗口中菜单键和控制 mimic 图中的操作对象、移动 mimic 图中的虚拟手柄以及进行参数修改。通过左右旋转可对操作目标进行轮回选择(被选目标变为高亮),按下旋转按钮即可激活相应的功能。因此,旋转按钮是驾驶台和集控室操作面板的重要操作工具。

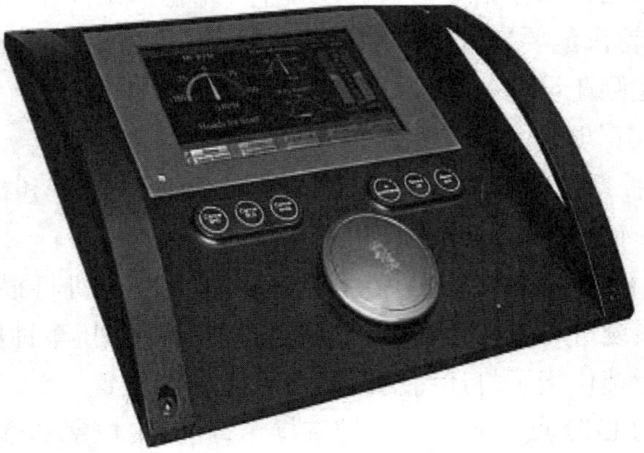

图 8-29　AC-C20 面板

(3)应急取消按钮

应急取消按钮是为紧急情况下取消遥控系统的各种限制和自动降速及自动停车功能而设置的。"Cancel SHD"键按下时将取消被设定为可取消的自动停车的项目,而按下"Cancel SLD"则可取消被设定为自动降速项目,"Cancel limits"用于取消转速和负荷限制。

(4)报警操作按钮

报警操作按钮包括"Sound off"(消音)按钮和"Alarm ackn."(报警确认)按钮。当有报警事件时,显示窗口将出现报警信息的文本显示,可通过这两个按钮进行消音和确认,恢复正常后报警文本消失。与报警确认和消音按钮并排设置的还有一个"In command"绿色指示灯,灯亮,表示该 ACP 具有对主机的操作权。

4. AC-C20 的安全保护功能

AC-C20 的安全保护系统的主要功能是在出现某些特殊情况时对主机进行应急停车或自动降速,确保主机的安全。

(1)应急停车

应急停车包括自动停车和手动停车两种情况,AC-C20 的应急停车功能主要通过安全单元 ESU 实现。

①自动停车

AC-C20 一般可设置 6 个自动停车项目,即“Shut down 1”至“Shut down 6”。其中“Shutdown 1”固定用于超速停车,其余 5 个项目可根据实际需要分配给其他应急停车传感器。

a. 自动停车的取消

对所有的自动停车项目均可通过 ACP 屏幕操作将其设置为“不可取消”(None cancellable)或“可取消”(Cancellable)两种类型,一般情况下超速停车应设为“不可取消”。对于不可取消的项目,只要传感器起作用就将立即触发主机自动停车;而对于不可取消的项目,则可分别设置一定的延时时间,并且在延时范围内可以取消。取消方法有两种,一是在集控室 ACP 上通过屏幕操作对当前出现的自动停车项目进行选择性取消(这种方法与当前操作部位无关),二是在当前操作部位按下“Cancel SHD”按钮进行一次性全部取消。

b. 自动停车的复位

一旦发生自动停车时必须在自动停车故障消失后,在当前操作部位操作手柄回零进行复位操作,然后才能再次起动主机。

②手动应急停车

当值班人员发现紧急情况时,还可通过按下应急停车按钮来实现手动应急停车。驾驶台车钟、集控室车钟和机旁应急车钟均设有应急停车按钮,对于有侧翼操作台的船舶,则在侧翼操作台也设有应急按钮,按下任意一个部位的应急停车按钮,均可发出应停车命令,且与当前操作部位无关。再按一次应急停车按钮可取消应急停车信号。

(2)自动降速

AC-C20 的自动降速最多可设置 20 个自动降速项目。此时,主机转速不会超过这一预设速,但在最低稳定期转速和该预设转速之间,手柄调速仍然有效。自动降速项目也可被设置为“不可取消”(None cancellable)或“可取消”(Cancellable)两种类型。对于不可取消的项目,只要具备相应的自动降速条件,遥控系统将指挥调速器进行立即降速。取消方法也有两种:一是在集控室 ACP 上通过屏幕操作当前出现的自动降速项目进行选择性取消;二是在当前操作部位按下“Cancel SLD”按钮进行一次性全部取消。

当引发自动降速的故障现象消失时,自动降速将自动复位。只有复位以后,手柄的转速设定功能才能在正常的转速区间有效。

不论是发生自动降速还是应急停车。AC-C20 都将发出报警信号,并在 ACP 显示屏上显示相应的文本信息。此时,可通过 ACP 上的“Sound off ”和“ Alarm ackn,.”按钮进行消音和报警确认。

第六节 船舶主要辅机

一、船用辅助锅炉与废气锅炉

柴油机动力装置的船舶中，锅炉产生的蒸汽仅用于加热燃油、滑油，驱动辅助机械以及满足日常生活需要，因此只要设置燃油辅助锅炉即可。从节能角度出发还设置了废气锅炉或废气经济器。

主柴油机的排气温度较高，一般大型低速柴油机的排气温度为 250～380 ℃，四冲程中速柴油机可达 400 ℃，制成利用柴油机排气余热的废气锅炉，在航行中满足用气量的需要。

现代化船舶将燃油辅锅炉和废气锅炉组成一个联合系统。如 MAN-B&W 公司推出两种典型的废气锅炉系统。其一为标准的废气锅炉系统，如图 8-30 所示，它用于产生饱和蒸汽以满足加热之需。给水直接泵送到燃油锅炉，废气锅炉与燃油辅助锅炉之间有循环水泵，并共用一个汽鼓。该系统具有明显的简单性和低投资成本，又完全满足船舶加热所需蒸汽量的要求，因而得到广泛应用。其二为带蒸汽透平发电机的废气锅炉系统，如图 8-31 所示，它是带有给水预热器、蒸发器和过热器的蒸汽系统，其蒸汽除用于加热之外还可以用于驱动透平发电机，系统中燃油辅助锅炉的汽鼓也作为共用汽鼓，该废气锅炉系统更先进些。

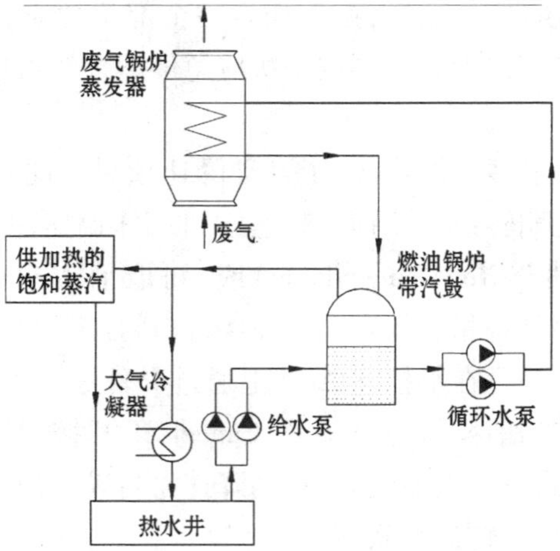

图 8-30 标准废气锅炉系统

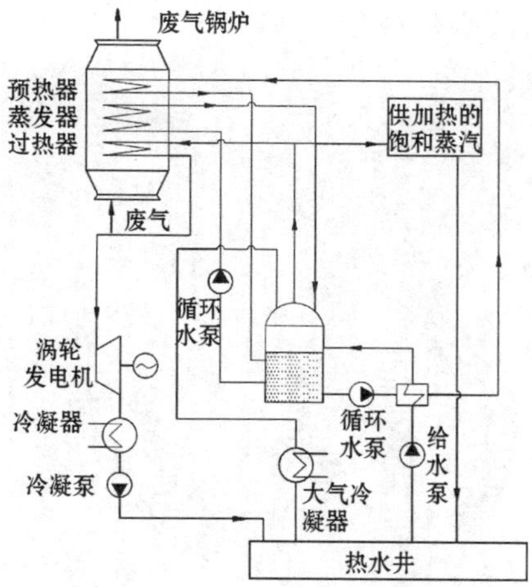

8-31　带蒸汽透平发电机的废气锅炉系统

二、船用泵

管路系统是动力装置组成部分之一，各种系统都离不开泵。船用泵按其工作原理可分为容积式泵、叶轮式泵、喷射泵等；按输送液体的种类又可把泵分为燃油泵、滑油泵、海水泵和淡水泵等；按用途泵又可分为压载泵、消防泵、锅炉给水泵、燃油驳运泵、滑油驳运泵等。

1. 容积式泵

它靠工作部件运动造成工作容积周期性地增大和缩小而吸排液体，靠挤压使液体能量增加，如往复泵和回转泵。

(1)往复泵是一种依靠运动部件往复运动，引起工作腔室的容积变化产生吸排液体，从而实现能量传递的一种机械。它的主要特点是干吸能力强，排出压力由管路负载决定而与排量无关，可获得较高压力。但受运动部件往复运动惯性限制，且排液也不均匀，排量不能太大。因此，往复泵比较适合于较高排压、低排量需自吸的场合，例如舱底水泵、油船扫舱泵。

(2)回转泵是利用回转部件做等速回转运动，造成工作容积的变化来吸排液体，达到运送的目的。与往复泵相比，它也具有干吸能力，可用高速的原动机直接带动，结构紧凑，外部尺寸小，重量轻，易损零件少，排压高，排量均匀，在船上多用作滑油泵、燃油泵、货油泵以及液压系统中的工作供油泵等。

按回转部件的形状有很多种型式，其中齿轮泵、螺杆泵、叶片泵在船上用得最普遍。

2. 叶轮式泵

通过工作叶轮的转动，把机械能传给液体，使其压力和流速增加，然后再使部分动能转换为压力能。属于这一类泵的主要有离心泵、轴流泵和漩涡泵。其中，离心泵靠叶轮的高速回转，使液体受到离心力作用，从而产生连续的吸排作用，如图 8-32 所示。与

相同功率下的活塞泵相比,离心泵具有下列优点:

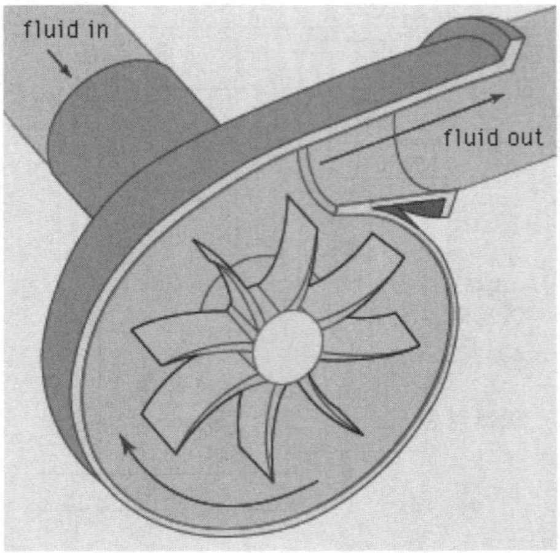

图 8-32　离心泵

(1)排量均匀,压头稳定;

(2)重量较轻而外形尺寸小;

(3)能直接和高速原动机相连,无须任何减速装置;

(4)构造简单,工作可靠,易于修理;

(5)可以运送污秽的液体。

离心泵的主要缺点是无干吸能力,因此离心泵需布置于吸入液面以下。如果泵装设在吸入液面以上,则起动前必须将吸入管和泵壳内灌满水,或者采用具有自吸装置的离心泵。

在船上离心泵多用作循环水泵、冷却水泵、凝水泵和给水泵等,还可用作全船性的泵,如饮用水泵、卫生水泵、压载泵、消防水泵和货油泵等。

用作压载水泵的离心泵,一般均为大排量泵,因此在操作该泵时应注意:

(1)压载水泵在起动时,一般采用"封闭"起动法,即将吸入阀全开,出口阀不开,目的是减少起动电流,防止在起动时,对发电机造成过大的冲击。

(2)起动后逐步开大出口阀,并用旁通阀调节至所需的压力。

(3)在排水过程中应注意压力波动。有时因流量过大,舱内水来不及集中,因进气而停泵,应稍等一会再起动排水。

(4)几个压载舱需同时排出时,应该注意及时关闭首先排空的压载舱的截止阀,以免影响其他舱的正常吸入。

(5)压载泵工作是否正常,可通过压载水泵吸入压力表的真空度进行判断。如果建立不起相应程度的真空,则说明系统有漏泄之处,应查找原因加以排除。

3. 喷射泵

喷射泵通过工作液体所产生的高速射流来吸引周围的液体进行能量交换,并把动能传给被输送的液体,然后再转换为压力能,从而完成输送任务。

三、船舶电力系统及与船舶电站

船舶电力系统由电源设备、配电装置、电网和用电负载四个部分组成。

船上常用的电源设备是交流发电机组和蓄电池。

配电装置的作用是对电源和负荷进行保护、监视、分配、转换和控制。根据功能，配电屏分为主配电屏、动力配电屏、照明配电屏、应急配电屏和蓄电池充放电屏等。

电源设备和配电装置统称船舶电站，其容量因船型而异。船舶电源有主电源和应急电源之分，主发电机组输出的称主电源，而应急电源分为大应急电源和小应急电源，大应急电源由应急发电机组输出，小应急电源由蓄电池组组成。

船舶电网是全船输电电缆和电线的总称。电网是联系发电机、主配电屏、分配电屏和负荷间的中心环节，是将电能输送到负荷端的媒体。按负荷的性质，电网分为动力电网、照明电网、应急电网、低压电网和弱电电网等。动力电网除了常规的440 V外，一些大型现代化船舶采用6.6 kV中压电网。

现代化船舶均采用自动化电站，其基本功能主要包括：

(1)发电机组根据电站运行情况和实际负荷需要，按预定顺序自动起动、自动合闸、自动停机；当电网负荷增加，运行的发电机组不能满足要求时，备用发电机组能自动起动，并自动并车运行；而当电网负荷减少时，也能按顺序自动将多余发电机组解列。

(2)当发电机投入电网以后，通过频率自动调节装置和功率自动调节装置实现各发电机之间的负荷分配。

(3)综合自动保护包括自动分级卸载、故障自动切换、故障自动停车、重载询问等。

四、船舶侧推器和减摇装置

1.侧推器

侧推器是一种能产生船舶横向推力的特殊推进装置，其工作原理与螺旋桨推进器基本相同。它装在船首或船尾水线以下的横向导筒中，产生的推力大小和方向均可根据需要改变。船舶在靠离码头、过运河、进出水闸、航行于狭窄航道和拥挤水域时，一是要慢速，二是要经常改变航向。但船速越慢，舵效越差，给船舶操纵带来困难。特别是受风面积大的集装箱船、滚装船、木材船等在低速航行时，只靠操舵改变航向往往不能满足要求，有时不得不借助拖船协助。但侧推装置就能够明显地改善船舶低速航行时的操纵性和机动性。

侧推装置的优点主要体现在：可以在船速很低或为零的情况下在较大范围内操纵船舶，能明显提高船舶的操纵性能，而且侧推器和舵共同作用时还可以增加舵效；侧推器的应用提高了船舶机动航行时的安全性和船舶在低速时的转向和定位能力，这不仅可节省拖船费用，而且缩短了船舶靠离码头的时间；对主机来说减少了起动、换向次数，延长其使用寿命，从而获得了更高的营运经济效益。

根据其工作特点，侧推器应满足如下要求：装置结构简单，工作可靠，维护管理方便。侧推器应尽可能设在船的端部，以便在同样推力下获得较大的转船力矩。应有足够的浸水深度，以提高侧推器的工作效率。侧推器的螺旋桨轴线离水线距离不得小于它的桨叶直径，以免空气进入螺旋桨，影响侧推器工作。对船体所造成的附加阻力要小，侧推装置本身的工作效率要高，能根据需要迅速改变推力大小和方向。在侧推器旁及驾驶台均能进行操作，驾驶台上的操作一般在中央与两翼均可进行。

侧推器的类型很多，按布置位置不同分为首推、尾推，舷内式、舷外式（Z 形传动就是舷外式侧推器）；按产生推力的方法不同分为螺旋桨式和喷水式；按原动机不同有电动式、电液式和柴油机驱动式等。

在诸多侧推装置中，螺旋桨式首推装置应用较多，螺旋桨式首推装置的螺旋桨可采用定距桨，也可采用调距桨。定距桨则要求其原动机具有变速、变向功能，过去因交流电机变速困难，而多采用液压马达带动。调距桨不需要驱动它的原动机换向，而且容易实现遥控，在恒速下通过液压传动改变桨叶角度从而改变推力大小，因此目前由电动机驱动调距桨的侧推器应用广泛。但现今随着变频技术的发展，交流电动机可通过采用变频调速，侧推装置也可以选用定距桨。

侧推器操作时注意事项

（1）侧推器的电动机功率较大，使用前电站容量必须足够。一般都设有发电机台数联锁装置，达不到规定工作台数时侧推器无法起动。

（2）航速在 5 kn 以下方可使用侧推器。

（3）操作地点转换前，要确认主、副控制站两者控制杆位置和负荷一致后才可切换。

（4）采用调距桨的侧推器只有在螺距为零时才能起动，从而使起动转矩最小，同时减小起动电流。

（5）操纵时不得大范围地快速操纵控制手柄，在最大推力工况下的连续使用时间不应超过规定的时间，一般为 0.5 h。

2. *船舶减摇装置*

船舶摇荡以横摇的不良影响为最大、减摇效果为最佳，因此船舶减摇装置主要以减轻横摇为目的。减轻船舶横摇能够提高船舶的安全性，改善船舶的适航性；改善船上工作条件，提高船员工作效率；避免货物碰撞及损伤；避免由摇摆引起的航速下降，提高船舶在风浪中的航速，节省燃料，确保船舶设备的使用寿命；提高船舶营运效率；保证特殊作业。

减少船舶横摇有两个途径：一是增加船体横摇阻尼；二是增加复原力矩或减少横摇力矩。减摇装置根据是否为其提供动力分为被动式和主动式两类。主动式减摇装置的动力系统有三种，即电力式、液压式和电液式。各种电液式主动减摇装置应用较普遍。

减摇装置类型主要有舭龙骨、被动式减摇水舱、主动式减摇水舱、减摇 - 防倾联合水舱、减摇鳍、减摇舵等。

(1)减摇水舱

船体内部左右舷连通的U形或槽形水舱,其减摇效果与水舱的形状、水量、位置有关。

自由液面式减摇水舱是靠船舶横摇时造成水在水舱中向左右舷做往返流动来减轻船舶横摇的。水舱的容积应足够大,以便工作时水舱的一边可容纳全部水流,得到最佳减摇效果。要注意使水舱的装水量等于舱容的一半,水量太多或太少都有不利影响。

U形管式被动减摇水舱分为不可控式和可控式两种。不可控式U形管被动减摇水舱由设在两舷的水舱和连通管组成。其工作原理与自由液面式相同,差别只是水舱在两舷离船舶中线较远,水在水舱中聚集液面更高,减摇效果更好。图8-33所示为可控式被动减摇水舱,通常是封闭的U形管水舱。两水舱间的水流和气流可通过控制系统调节,因此水流的流动周期可调范围较大。它可自动调节两封闭水舱间空气连通管上的阀门,通过控制连通管中的气流来控制舱中水的流速,使水的流动周期在较大范围内与横摇周期趋向一致,从而改善水舱的响应特性。但因储水量有限,又是靠水位差而流动的,所以,减摇能力有限,可减摇角度很少大于3°,仅适用于中等海况。

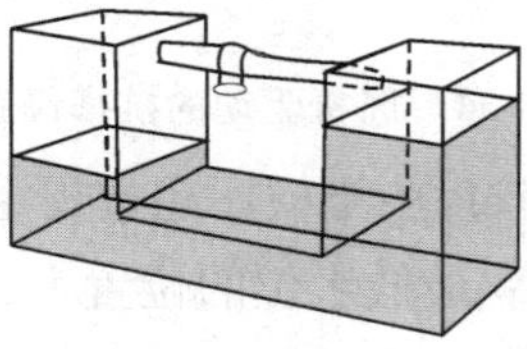

图8-33　可控式被动减摇水舱

(2)减摇-防倾联合水舱

减摇-防倾联合水舱是一种新型装置,水舱的固有周期大致等于船舶的最短横摇周期。当船舶处于短横摇周期时,可按被动式水舱方式工作;当横摇周期超出被动水舱的响应范围时,则以主动水舱方式工作,因此能在较大范围内有效地减摇。

(3)减摇鳍

减摇鳍是迄今使用最多、效果最好的一种主动式船舶减摇装置。它是在船中舭部或舭部稍上方伸出舷外的一对或数对鳍片,剖面为机翼形,又称侧舵。其减摇效果取决于航速,航速越高,效果越好,这是因为减摇鳍的升力与航速的平方成正比,因此,在低速航行时升力很小,减摇作用差,只适合于航速高于12 kn的船舶。

3. 船舶抗横倾系统

船舶抗横倾系统对由于负荷不对称引起的船舶横倾进行补偿,是一种主动式减摇水舱系统,是在U形被动式减摇水舱的基础上发展起来的。其主要分为由泵控制的抗横倾系统和由风机驱动的抗横倾系统。它通过水泵或风机强迫水在水舱间流动,并能形成较高的水位差,因此可在水量有限的条件下获得较大的减摇能力。控制系统可对水泵(或风机)、调节阀进行控制,调节水的流量,使装置在很宽的遭遇周期范围内具有良好的减摇效果。

船舶抗横倾系统出于安全原因,均不允许在公海上以任何形式运行抗横倾系统。

图 8-34 所示是风机驱动的抗横倾系统，旋转活塞风机和气阀通过管路与船舶两侧的水舱相连。一旦船舶由于负荷不对称产生而侧倾，鼓风空气立即被引至相应的边舱中，从而使得舱中的水立即沿图示方向流到另一个边舱中，直到船舶垂直。

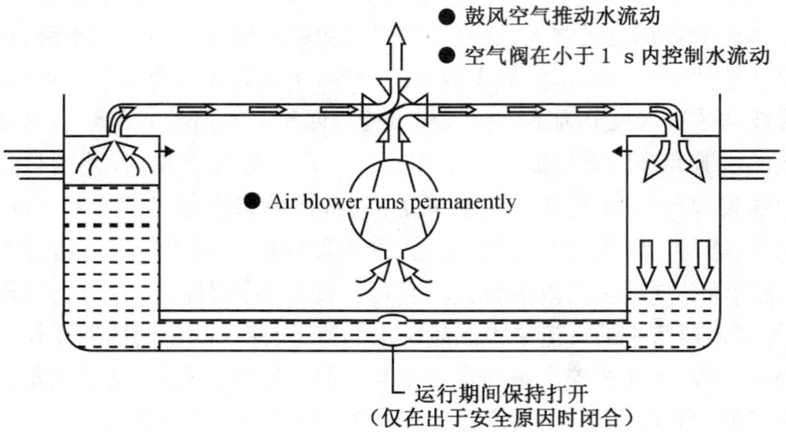

图 8-34　风机驱动的抗横倾系统

风机驱动的抗横倾系统工作过程：当横倾超过规定值时，气阀控制鼓风空气/水流，使得船舶回到倾斜度为 0°或最高/最低水位的位置上，此时气阀阻塞水舱中的水，并将鼓风空气引入大气，水的流向变化不受限制。其拥有保持横倾最小的任意转换速率，运行期间不存在电动机起动的峰值电流。

五、舵机

SOLAS 1974 公约关于操舵装置的规定是，每艘船舶应配备符合要求的主操舵装置和辅助操舵装置。主、辅操舵装置的布置应使两者之一在发生故障时不至于使另一装置不能工作。如果操舵装置有两台或几台相同的动力装置，则可不设辅助操舵装置。主操舵装置应能在最深航海吃水和以最大营运速度前进时，能将舵自一舷 35°转至另一舷 35°，以及相同条件下在 28 s 内将舵自一舷 35°转至另一舷 30°。辅助操舵装置应能在最深航海吃水和最大营运速度的 1/2 或 7 kn 前进时（取大者），在 60 s 内将舵自一舷 15°转至另一舷 15°。驾驶室与舵机室之间应设有通信设施。在驾驶室和舵机室内，应永久显示操舵装置的遥控系统和动力供应转换程序的操作说明及方框图。

公约对操舵装置的试验和操作规定：开航前 12 h 内，应对操舵装置进行核查和试验，试验应包括主、辅操舵装置，应急动力供应，动力设备的故障报警及遥控系统的故障报警，自动隔离装置及其他自动设备；对操舵装置及其连接部件的外观进行检查，进行驾驶台与舵机间的通信试验，检查在驾驶室和舵机室内永久显示操舵装置的遥控系统和动力供应转换程序的操作说明及方框图是否完好。应急操舵演习至少每 3 个月进行 1 次，内容为在舵机室内直接控制操舵装置、进行与驾驶台的通信程序和转换动力供应的操作并做记录。

按动力设备来分，现代海船上的舵机主要有电动舵机和电动液压舵机。船速较快、吨位大的船舶要求转舵扭矩大，因此多采用电动液压舵机，因为它具有传动比大、尺寸小、换向方便、可靠、耐冲击等优点。

参考文献

[1] 中华人民共和国海事局. 海船船员培训大纲(2016). 北京:人民交通出版社,2016.
[2] 孙琦. 船舶操纵. 大连:大连海事大学出版社,2015.
[3] 中国海事服务中心. 大型船舶操纵. 北京:人民交通出版社,2012.
[4] 周东平. 船舶结构. 北京:人民交通出版社,1996.
[5] 古文贤. 船舶操纵. 大连:大连海运学院出版社,1993.
[6] 何鸿锴. 船舶操纵. 大连:大连海事大学出版社,1994.
[7] 赵月林. 船舶操纵. 大连:大连海事大学出版社,2000.
[8] 王逢辰,古贤文,郑经略. 船舶操纵与避碰(上). 北京:人民交通出版社,1987.
[9] 熊炬. 船舶电气. 大连:大连海运学院出版社,1993.
[10] 汪育才,陈崇铨,方竹. 轮机概论. 北京:人民交通出版社,1981.
[11] 朱树文. 船舶动力装置原理与技术. 北京:国防大学出版社,1980.